Gudrun Pausewang

Der Schlund

Ravensburger Buchverlag

Als Ravensburger Taschenbuch
Band 58019
erschienen 1997
Erstmals in den Ravensburger
Taschenbüchern erschienen 1995
(als RTB 4132)

Die Erstausgabe erschien 1993
in der Ravensburger Jungen Reihe
im Ravensburger Buchverlag

Umschlagillustration:
Sabine Lochmann

Printed in Germany

11 10 9 07 06 05

ISBN 3-473-58019-8

**Zu diesem Buch gibt es Materialien
zur Unterrichtspraxis.**

www.ravensburger.de

Turin, 1961:

"Seitdem ich ein bisschen
Deutsch gelernt habe
(ich lernte es im Lager!),
weiß ich auch ...
dass Deutschland, heute im
Schlaf liegend, trächtig ist,
gleichzeitig Gefahr
und Hoffnung für Europa."

Primo Levi, italienischer Jude,
Auschwitz-Häftling von 1944 bis 1945

1

Gesa konnte sich noch genau erinnern: Jirgalem hatte von allen Lorbachs zuerst gespürt, was sich da anbahnte.
An seinem sechzehnten Geburtstag war es gewesen, in Opi Jupps Garten.
Er hatte sich gedankenverloren auf der Schaukel hin und her gewiegt. Sie saß vor ihm im Gras und fragte ihn, woran er denke. Da hatte er gesagt, an daheim. An sein Land. Als Gesa darauf erstaunt antwortete, er sei doch hier daheim, hatte er erwidert: »Wie lange noch?« Und er hatte hinzugefügt: »Ich hab Angst, Gesa.«
Sie hatte damals nicht verstanden, was er meinte. Denn das war ein paar Jahre nach den Lichterketten gewesen. Als man sich noch wegen der Steinwürfe in die Fenster der Asylbewerberheime schämte.
Ihr schwarzer Bruder Jirgalem.

Vati und Mutti hatten jahrelang vergeblich auf eigene Kinder gehofft und sich endlich entschlossen, ein Kind anzunehmen, eines, das sie überdies vor dem Verhungern retten konnten.
Damals herrschte wieder einmal eine Hungersnot in Äthiopien. Und so adoptierten sie ein äthiopisches Baby, das etwa ein Jahr alt war und dessen Namen niemand kannte. Es hieß, seine Familie sei verhungert. Vati und Mutti mussten zweimal nach Äthiopien fliegen und dort zäh mit den Behörden verhandeln, bis sie den kleinen Jungen endlich mit heimnehmen durften. Damit er außer seiner Hautfarbe

wenigstens noch etwas besaß, was an seine Heimat erinnerte, gaben sie ihm den äthiopischen Namen Jirgalem.
Mutti hatte Gesa einmal erzählt, sie habe Jirgalem von Anfang an sehr lieb gehabt. Dass er dunkelhäutig war, habe für sie keine Rolle gespielt. Das sei ihr immer nur dann bewusst geworden, wenn Leute das Kind anstarrten – oder wenn andere Kinder riefen: »Guck mal, ein schwarzes Baby.«
Jirgalem war aber gar nicht schwarz, sondern braun. Und seine Handflächen waren ganz hell. Er hatte ein schmales, langes Gesicht, schwarzes Kraushaar und die größten Augen der ganzen Lorbach-Familie.
Als sie Jirgalem zu sich genommen hatten, waren Vati und Mutti schon fast vierzig gewesen. Und kaum hatten sie sich an das Vater- und Muttersein gewöhnt, wurde Mutti schwanger. Von ihrem Arzt erfuhr sie, dass das gar nicht so erstaunlich war. Denn bei kinderlosen Paaren stelle sich nach einem adoptierten Kind nicht selten der ersehnte eigene Nachwuchs ein.
Gesa war knapp zwei Jahre jünger als Jirgalem. Ein Jahr später folgte Ulf, und zwei Jahre danach – Mutti hatte schon gemeint, sie sei in den Wechseljahren – war noch Ulrike angekommen. Rike.

2

Zur Weihnachtszeit des Jahres, in dem Jirgalem seinen sechzehnten und Gesa ihren vierzehnten Geburtstag gefeiert hatten, war eigentlich fast noch alles wie früher. Wie in der Zeit vor der weltweiten Wirtschaftskrise. Vatis Bücher verkauften sich zwar längst nicht mehr so gut wie noch vor einem Jahr, denn viele Bücherfreunde mussten jetzt jede Mark zweimal umdrehen, bevor sie sie ausgaben. Aber noch immer kamen Honorare von Abdrucken und Lesungen herein, und Vatis neues Buch war – trotz allem – erschienen und verkaufte sich im Vorweihnachtsgeschäft leidlich.

Auch Mutti war mit ihrer kleinen Buchhandlung noch nicht in die roten Zahlen geraten, im Gegensatz zu ihrer Freundin Mirjam in Bielefeld. Die hatte ihr Lädchen schließen müssen. Aber Mutti war nicht darum herumgekommen, Sabine zu entlassen, mit der sie sich so gut verstanden hatte. Jetzt war nur noch Elke dabei, die schon seit der Eröffnung des Ladens mitgemacht hatte und ihn zu führen imstande war, auch wenn Mutti mal mit Grippe im Bett lag.

Nein, existenzbedrohend – das war ein Wort aus Vatis Vokabular – war's noch nicht. Aber dass eisernes Sparen angesagt war, das mussten viele begreifen, nicht nur die Lorbachs. In Deutschland und in den anderen Industrienationen. Keiner der Lorbachs hatte es tragisch gefunden, dass die Geschenke an diesem Weihnachtsabend bescheidener ausgefallen waren als an allen früheren. Gesa hatte nicht die ersehnten Langlaufski bekommen. Denn die traditionelle Familienskiwoche über Silvester in Tirol musste ausfallen. Der grüne Anorak, den sie mit Mutti zusammen ausgesucht hatte, tat's auch. Sie brauchte ihn dringend. Ein günstiger Kauf. Sonderangebot.

Jirgalem hatte zwar seinen Wunsch Nummer eins erfüllt bekommen: eine Gitarre. Aber es war eine gebrauchte, die jemand im Anzeigenblättchen angeboten hatte. Noch gut erhalten, allerdings mit Comic-Aufklebern verziert. Den ganzen Heiligen Abend saß Jirgalem in einer Ecke und stimmte, summte und zupfte hochbeglückt.

Ulf war zwar etwas enttäuscht, dass seine neuen Jeans keine Levis waren. Aber der Fußball war super. Und Rike? Die war schon immer mit allem zufrieden gewesen, dieses Sunnygirl. Über den kuscheligen Pandabären, so richtig geschaffen zum Schmusen vor dem Einschlafen, geriet sie vor Freude fast aus dem Häuschen. Dass Vati ihn auf einem Flohmarkt erstanden hatte – was tat's?

Und dann gab's noch ein paar Kleinigkeiten. Sachen, die im Lauf des Jahres sowieso hätten angeschafft werden müssen: Taschenkalender, einen kleinen Wecker, Aquarellfarben, Buntstifte und dergleichen.

Frau Siebert, die Nachbarin aus der Parterrewohnung, brachte wie immer einen Stollen herauf.

Aber Herr Lehndorf von oben hatte seine Arbeit verloren, und so schenkten die Lehndorfs in diesem Jahr, ziemlich verlegen, nur noch einen ganz kleinen Weihnachtsstern. Früher waren es immer stattliche Pflanzen mit mehreren Sternen gewesen.

Weihnachtsgebäck gab es fast noch in alter Üppigkeit. Auch der Karpfen fehlte nicht. Aber nach der Weihnachtsdekoration in den Straßen – eine der Selbstverständlichkeiten seit Jahrzehnten – schaute Gesa vergeblich aus. Die war der Stadtverwaltung jetzt zu teuer. Und in den Kaufhäusern musste auch gespart werden. Ein paar billige Rauschgoldengel, ein bisschen Lametta, eine dürftige Fichte – das war alles. Vor vielen Schaufenstern gingen die Rollläden schon längst nicht mehr hoch, die Geschäfte waren geschlossen worden. Und in der Fußgängerzone begegnete man so vielen Bettlern wie noch nie.

Vati und Mutti lehnten sich am Weihnachtsabend aneinander. Vati sagte: »Uns geht's ja noch gut«, und Mutti meinte: »Komisch, dass sich niemand so richtig darauf vorbereitet hat. Wir auch nicht. Wir haben doch alle gespürt, dass das eines Tages so oder so ähnlich kommen musste. Denn so üppig *konnte* es ja gar nicht weitergehen!«

Nein, auch Gesa sah wie die Eltern noch keinen Anlass, unruhig zu werden. Natürlich machten sich Vati und Mutti Sorgen, wie es weitergehen würde. Die Preise kletterten beunruhigend schnell, und keine Wörter wurden in den Nachrichtensendungen so oft genannt wie **INFLATION** und **ARBEITSLOSIGKEIT**. Aber Vati und Mutti mochten sich, sie hielten zusammen. Das war ja wohl das Wichtigste. Gesa fand ihre Eltern in Ordnung, Jirgalem und Ulf waren, abgesehen von Kleinigkeiten, derselben Meinung, und Rike konnte sich überhaupt keine anderen Eltern vorstellen.

Gesa hätte auch ihre Geschwister nicht für andere eingetauscht. Dass Rike einen Fischmund und schräge Augen hatte, so nuschelig sprach, dass man sie kaum verstehen konnte, und nicht mehr begriff als ein sechsjähriges Kind, das war kein Thema. Auch nicht für die Brüder. Rike war so anschmiegsam und friedlich. »Pflegeleicht«, hatte Ulf einmal lachend gesagt. Sie besuchte eine Schule für Behinderte. Wenn sie nachmittags mit dem Schulbus heimkam, lächelten ihr die Lorbachs entgegen, und sie lachte zurück.

Gesa war also mit ihrer Familie zufrieden. Bei den Lorbachs konnte sich jeder auf jeden verlassen. Ein Team. Gemeinsam würde man schon über die Flaute kommen.

FLAUTE nannte man die Krise. Alle redeten von ihr: in der Schule, daheim, im Fernsehen, im Radio.

»Eigentlich ist **FLAUTE** eine zu harmlose Bezeichnung für das, was wir gerade durchstehen«, hatte Vati mal gesagt. »Eine Flaute ist eine zeitweilige Windstille, gefürchtet von Seglern. Man weiß, dass früher oder später wieder Wind kommt. Das Wort **FLAUTE** signalisiert Hoffnung, also Besserung. Aber wenn alles so bleibt wie jetzt, können wir noch von Glück reden.«

Vati hielt gern solche Vorträge. Gesa fand sie meist langweilig. Aber bei diesem hatte sie aufgehorcht. Nur war das, was Vati gesagt hatte, noch lange kein Grund zur Aufregung. Arm sein: ein Anlass, Neugier zu empfinden. Vieles würde anders werden. Gesa spürte sogar so etwas wie Abenteuerlust.

Am ersten Weihnachtsfeiertag kamen immer die Großeltern zu Besuch. Mittags die Geschners: Muttis Eltern. Sie vertrugen sich nicht mit Vatis Vater. Deshalb kam er, Opi Jupp, zum Abendessen. Am Tag darauf, am zweiten Weihnachtsfeiertag, lief das Ganze in umgekehrter Richtung ab: Mittags waren die Lorbachs bei den Geschners, abends bei Opi Jupp. So war's schon immer gewesen, seit Gesa sich erinnern konnte.

3

An diesem zweiten Weihnachtsfeiertag fuhren die Lorbachs in Muttis Wagen zu den Geschners. Denn Vati hatte seinen Opel verkauft. *Ein* Wagen statt zwei – das machte sich im Familienetat schon bemerkbar. Gesa, Jirgalem und Ulf hat-

ten sich daran gewöhnt, mehr Wege als früher zu Fuß, mit dem Rad oder im Bus zurückzulegen.
Die Lorbachs waren nicht die einzigen Gäste. Die ganze Verwandtschaft war gekommen: Bernd, Muttis Bruder, mit seiner Frau Irene und Sohn Boris. Bernd wollte immer mit »Onkel« angeredet werden und Irene mit »Tante«. Gesa war von klein auf an diese altmodische Albernheit gewöhnt worden, »um des lieben Friedens willen«, wie Mutti das formulierte. Aber Gesa hatte vor, diesen Blödsinn nicht mehr lange mitzumachen.
Onkel Bernd, Juniorchef in Großvaters Fabrik, war ebenso klein wie die Großmutter und für sein Alter zu rundlich. Sein Haar hatte die gleiche dunkle Farbe wie das von Mutti und ihr, Gesa. Auch Tante Irene war von Natur dunkelhaarig. Aber das wussten die wenigsten. Gern trug sie ihr blondiertes Haar hochgesteckt, und sie liebte Dirndlkleider. Meist war sie nicht daheim. Als Mitglied mehrerer Vereine und in deren Vorstand nahm sie an unzähligen Kaffeekränzchen teil. Natürlich gab sie auch selbst mindestens ein Mal wöchentlich eine Kaffeegesellschaft. Mutti wurde so gut wie nie dazu eingeladen und war froh darüber.
Boris sah seiner Mutter sehr ähnlich, außer dass er sein Haar nicht blondieren ließ. Nie hing ihm eine Locke in die Stirn. Und natürlich trug er zu solchen Anlässen wie dem Festessen am zweiten Weihnachtsfeiertag einen **BOSS**-Anzug mit Krawatte. Für Jirgalem war er ein Dressman. Boris hielt sich in seiner Freizeit am liebsten vor dem Computer oder auf dem Tennisplatz auf. Jirgalem, eineinhalb Jahre jünger, war Mitglied der Schulband. Schlagzeuger. Und er dachte sich Lieder aus, Text und Melodie. Doch die verschiedenen

Hobbys waren nicht der einzige Grund, weshalb die beiden einander nichts zu sagen hatten und sich aus dem Weg gingen. Gesa vermutete, dass Boris seinen Cousin Jirgalem nicht als »vollwertigen« Verwandten ansah, und Jirgalem konnte nicht ausstehen, dass Boris »immer so war, wie die Erwachsenen ihn haben wollten«. Angepasst. Total angepasst.

Auch mit Gesa ließ sich Boris nur selten in ein Gespräch ein. Kleine Mädchen waren wohl unter seiner Würde. Schließlich war er schon fast achtzehn und hatte nur noch ein Jahr bis zum Abitur. Natürlich würde er später in die Fabrik eintreten, nach seinem Studium. Textilingenieur wollte er werden. Großvaters Fabrik war spezialisiert auf Tisch- und Bettwäsche, Luxusqualität.

Boris war Großvaters Lieblingsenkel. Er hielt ihn Jirgalem und Ulf oft als Beispiel vor: ordentlich, pünktlich, fleißig, sauber, pflichtbewusst, strebsam, gehorsam und und und. Noch dazu hervorragende Umgangsformen! Ulf ließ sich das grinsend gefallen, zog aber hinter Boris' Rücken Grimassen. Er war wirklich das Gegenteil von Boris: Sein blonder Schopf ließ sich von keinem Kamm zähmen; und ganz bestimmt hing ihm entweder das Hemd aus der Hose, oder er hatte kein Taschentuch zur Hand, wenn er dringend eines brauchte.

Jirgalem dagegen rebellierte gegen Großvaters Ideal-Enkelbild. Er sprach aus, was er dachte: »Wie Boris? Nie!«, schrie er einmal dem Großvater ins Gesicht. »Der kuscht vor seinem Vater. Und sein Vater kuscht vor dir! Ich nehm mir die Freiheit, so zu sein, wie *ich* sein will!«

Er und Großvater konnten einander nicht ausstehen. Großvater mochte keine Schwarzen. Sie waren ihm zuwider. Das ließ er Jirgalem spüren. »Glaubst du, du bist was Besseres als ich, nur weil du weißhäutig bist?«, hatte ihn Jirgalem mal spöttisch gefragt. Da hatte Großvater richtig die Fassung verloren. Und ein andermal hatte Jirgalem gegen Großvater gewettet, dass die ersten Menschen in Afrika zu Hause gewesen seien. Großvaters Meinung dazu: »Überall, nur nicht in Afrika.« Jirgalem hatte gewonnen. Großvaters Gesicht war danach ganz verkniffen gewesen.

Großmutter, die seelengute, traute sich nur in Großvaters Abwesenheit, Jirgalem an sich zu drücken. Gesa hatte Mutti einmal sagen hören: »Vater verzeiht uns nie, dass wir ein *dunkles* Baby adoptiert haben. Als ob wir damit seine Familie beschmutzt hätten!«

Dann war da noch Corinna, Muttis Schwester, in allem das Gegenteil von Onkel Bernd, aber auch ganz anders als Mutti. Ihr dunkles Haar trug sie nicht glatt wie sie, sondern gelockt. Eine wilde Mähne. Ihre Figur war makellos. Dafür tat sie eine Menge. Ihre Kleider hatten immer »irgendwie Pfiff«, wie Vati meinte. »Kommt bloß nicht auf die Idee, mich ›Tante‹ zu nennen!«, hatte sie zu den Lorbach-Kindern gesagt. »Dann kenn ich euch nicht mehr …«

Sie war unverheiratet, aber so gut wie immer wohnte ein Mann bei ihr. Gesa mochte Corinna gern. Die Namen ihrer Freunde sich zu merken war allerdings schwierig. Denn kaum hatte Gesa sich den Sascha eingeprägt, war der schon wieder weg, und ein Mike war da. Corinna besaß eine Boutique in der Fußgängerzone und hatte bisher gut davon leben können.

Zwischen Corinna und Großvater gab's dauernd Krach. Er

sprach von ihrem »liederlichen Leben«, sie nannte ihn ein »Fossil aus Hitlers Zeiten«. Ihren jeweiligen Freund durfte sie nie mitbringen. Und wenn sie 's getan hätte? Nun, Großvater hätte die beiden sicher nicht ins Haus gelassen. Und ganz bestimmt würde Corinna überhaupt nie gekommen sein, genauso wenig wie Vati und Mutti, wenn da nicht noch Großmutter gewesen wäre, die einfach nicht anders konnte, als *alle* zu mögen, auch solche Typen wie Großvater, weil sie an allen noch irgendetwas Gutes entdeckte.

Tatsächlich hatte auch Großvater seine guten Seiten: Er konnte unglaublich freigebig sein; er sagte einem seine Meinung offen ins Gesicht; er nahm Kinder, die er mochte, sehr ernst; er war ein Naturfan und Umweltschützer. Mit den Lorbach-Enkeln hatte er tolle Wanderungen gemacht, sie sogar mit in die Berge genommen, und gewohnt hatten sie in einem teuren Hotel in den Allgäuer Alpen. Seitdem war Ulf bergsüchtig. Und was Gesa über Blumen und heimische Vögel wusste, hatte sie fast alles von Großvater gelernt.

Aber dieses Mittagessen am zweiten Weihnachtsfeiertag endete fast immer in wilden, meist unversöhnlichen Diskussionen. Darunter litt Großmutter sehr. Sie hätte es viel lieber harmonisch gehabt. Um ihretwillen kam man, und Corinna, Tante Irene und Mutti halfen ihr in der Küche, denn Großvater erwartete von ihr, dass sie wie eine Haushaltsmaschine funktionierte. Dabei war sie nur ein halbes Persönchen und schon seit ein paar Jahren kränklich. Aber das wollte Großvater nicht wahrhaben. »Wer gesund sein *will*, der ist gesund«, war sein Motto. Deshalb huschte sie möglichst so zu den Ärzten, dass er nichts davon merkte.

Zu zwölft saßen sie um den Tisch. Am Kopfende thronte Großvater, der große, breite alte Herr mit weißem Stoppelhaar und weißem Schnauz- und Spitzbart. Das Essen war wie immer köstlich. Daran war auch jetzt nicht gespart worden. Die Weberei hatte noch genug Aufträge, wenn auch weniger als vor der Flaute.

Aber es blieb wenig Gelegenheit, das Essen zu genießen, denn kaum hatte sich Großmutter – noch mit hochrotem Gesicht – auf ihrem Platz niedergelassen, ging's auch schon los, obwohl sie schüchtern-vorwurfsvoll dazwischenwarf: »Könnt ihr damit nicht wenigstens warten, bis wir gegessen haben?«

Aber Großvater *konnte* einfach nicht warten. »Die Zeichen stehen gut!«, rief er und schwenkte die Gabel. »Bald bläst hier ein anderer Wind …«

Onkel Bernd, sein Sohn, wirkte nicht überrascht. Er war schließlich jeden Tag mit Großvater zusammen. Aber für Vati schien neu, was er da zu hören bekam. Am Tag zuvor hatten sich die Gespräche um ganz andere Dinge gedreht. Das nämlich hatten sich Mutti und Vati ausbedungen: Wenn die Großeltern am ersten Weihnachtsfeiertag zu ihnen auf Besuch kamen, blieb jegliche Politik außen vor. Sonst wäre kein friedliches Beisammensein möglich gewesen. Nicht einmal über Vatis Bücher wurde dann gesprochen, denn die mochte Großvater nicht. Sie waren ihm »zu links und zu modern«. Meist ging deshalb der Gesprächsstoff aus. Denn auch wenn sie über Unzulänglichkeiten der Müllverwertung sprachen, ja, auch wenn sie sich nur über

Kindererziehung unterhielten, immer näherte sich das Gespräch doch wieder der Politik, und dann brach man ab, bemüht Frieden zu wahren.

In früheren Jahren hatte sich Großvater dann zu den Kindern auf den Fußboden gesetzt und mit ihnen Lego gespielt. Von den Lorbach-Kindern mochte er Ulf am liebsten. Aber auch Gesa »besonnte er mit seiner Huld«, wie Vati das nannte. Gesa war ja hellhäutig und gesund. Einmal hatte er ihr einen Puppenwagen mit einer ganzen Puppenschar darin geschenkt und geduldig den Vater gespielt.

Und nun, da die Kinder zu alt für Lego und Puppenwagen waren, spielte er mit ihnen Domino, Mühle und Schach und ließ sich von ihnen auch in andere Gesellschaftsspiele einführen.

Jirgalem spielte nur selten mit. Das war Großvater nur recht.

Und Rike? Die konnte nicht mithalten. Mutti setzte sich oft neben sie und sagte ihr, welchen Stein sie wohin setzen sollte. Das tat Rike, das kleine, pummelige Mädchen mit dem glatten Blondhaar, voller Eifer und freute sich, wenn sie gewann.

Aber es war schwer, gegen Großvater zu gewinnen. Sogar für Mutti und Vati.

Hier, am zweiten Weihnachtsfeiertag in Großvaters Haus, an Großvaters Tisch, bestimmte Großvater, worüber gesprochen wurde. Natürlich über Politik.

Schon als Gesa noch gar nicht zur Schule gegangen war, hatte ihr Großvater gern von »damals« erzählt, aus seiner

Kindheit, als er bei der Hitlerjugend gewesen war. Mit blitzenden Augen und großen Gesten hatte er Sonnwendfeuer, Fahnenparaden und Sportfeste geschildert, und von seinem Dienst als Luftwaffenhelfer. Drei feindliche Flugzeuge hatten sie abgeschossen! Und zum Schluss des Krieges sei er sogar noch Soldat geworden und habe mitgeholfen, eine Rheinbrücke zu verteidigen. Wenn der Krieg ein paar Tage später nicht zu Ende gewesen wäre, hätte er sicher das Eiserne Kreuz bekommen.

Eisernes Kreuz? Gesa erinnerte sich an eiserne Grabkreuze auf Friedhöfen in den Alpen. Und sie hatte sich gewundert, dass Soldaten für besondere Tapferkeit Grabkreuze geschenkt bekamen.

»Das war eine große Zeit!«, hatte Großvater oft gerufen, und Vati und Mutti mühten sich, wenn er gegangen war, Gesa und ihren Geschwistern alles das, was sie eben gehört hatten, zurechtzurücken: Dass dieser Hitler ganz und gar kein so großartiger Mann gewesen war. Dass er die Menschen dazu gebracht hatte, andere Menschen zu hassen. Dass er den schrecklichen Krieg ausgelöst hatte und schuld war am Tod von Millionen.

Gesa konnte das damals nicht verstehen: Wieso war Großvater von Hitler so begeistert, wenn der doch so viel Böses getan hatte? Vielleicht wusste er es besser als Vati und Mutti, weil er doch zu Hitlers Zeiten gelebt hatte? Vati und Mutti waren ja erst viel später geboren.

Jahre danach, als Gesa schon im Gymnasium war, hatte sie Großmutter danach gefragt. Aber die reagierte auf Gesas Frage merkwürdig kurz und fast unwillig: Man habe damals von dem Bösen nichts gewusst. Das sei erst später herausgekommen. Im Übrigen sei das nichts für Kinder. Wenn sie darüber Näheres erfahren wolle, solle sie damit warten, bis sie erwachsen sei. Aber am besten gehe man der Politik ganz aus dem Weg und überlasse sie den Politikern.

Vor ein paar Jahren, als die ersten Unruhen rund um die Asylbewerberheime ausgebrochen waren – Gesa konnte sich erinnern, dass sie damals besonders oft die Namen der Städte Hoyerswerda, Rostock und Mölln hatte nennen hören –, war Großvater bei den Republikanern Mitglied geworden. Darüber hatten sich Mutti und Vati so aufgeregt, dass sie nicht zum Weihnachtsessen gekommen waren. Auch Corinna nicht. Mit Mühe hatte Großmutter wieder Frieden gestiftet. »Er ist nun mal so«, hatte Gesa sie sagen hören. »Ihr müsst ihn nehmen, wie er ist.« Ihr zuliebe waren sie im nächsten Jahr wieder hingegangen.

5

»Ich begreife es nicht«, rief jetzt Großvater hitzig, »dass man noch immer diese vielen Hungerleider und Schnorrer aus Bangladesch und Afrika und sonst woher hereinlässt, wo es uns zur Zeit doch selber dreckig geht! Und die vielen falschen Asylanten, denen daheim garantiert kein Härchen gekrümmt worden ist …«

»Den Juden ist unter Hitler wohl auch kein Härchen gekrümmt worden?«, antwortete Vati aufgebracht.

»Wärmt doch die Judensache nicht wieder auf«, jammerte Großmutter. »Ihr Lieben, könnt ihr denn kein anderes Thema finden als die Politik? Es soll doch ein *friedliches* Familientreffen sein …«

»Aber keins, bei dem wir auf einem Teppich sitzen, unter den das alles hier gekehrt wurde«, sagte Mutti.
Das überhörte Großvater. Er machte eine ungeduldige Handbewegung in Richtung Großmutter und sagte: »Es wird doch niemand bestreiten können, dass wir gerade eine Notzeit durchmachen. Da ist sich jeder selbst der Nächste, da geht's ums pure Überleben. In den vergangenen Jahrzehnten haben wir sowieso schon viel zu viele Ausländer hereingelassen. Die sitzen jetzt zwischen uns wie die Made im Speck – auf unsere Kosten.« Er warf einen Blick auf Jirgalem. »Wenn wir so weitermachen, wir Deutschen, so weltfremd und übertrieben human, dann richten wir unser Volk zugrunde!«
»Uns geht's doch noch gut, uns Deutschen«, sagte Mutti. »Wir müssen nur das Teilen lernen.«
Gesa warf einen Blick auf Corinna. Die schwieg. Teilen mochte sie wohl auch nicht. Sie hatte mal zu Mutti gesagt, sie könne sich nicht vorstellen, mit einem niedrigeren Lebensstandard klarzukommen. Den Komfort, den sie habe, brauche sie nun mal.
»Auf Kosten unserer Kinder, was?«, polterte jetzt Großvater. »Merkst du denn nicht, Ingrid, wie unser Volk schon dabei ist, zu verarmen? Sollen wir angesichts der Wirtschaftskrise auch noch teilen? Vor fünf Jahren bist du noch kaum einem Bettler begegnet. Jetzt sitzt an jeder Straßenecke einer, in jedem Heuhaufen schnarcht ein Landstreicher, die Stadtparks sind bevölkert von Obdachlosen. *Deutschen* Obdachlosen! Und da sollen wir noch teilen?«
»Reg dich doch nicht so auf«, jammerte Großmutter. »Wo doch dein Herz schon einen Knacks hat ...«

»Teilen mit Leuten, die überwiegend Faulenzer oder Kriminelle sind?«, eiferte Großvater weiter. »In den Zeitungen liest man fast nur noch Berichte über Einbrüche und Raubüberfälle, und fast immer sind 's Ausländer gewesen –«

»Jetzt mach mal 'n Punkt«, rief Vati.

Aber Großvater ließ sich nicht unterbrechen. »Wollen wir unseren Enkeln so ein Chaos, so ein Mafia- und Kriminellenparadies hinterlassen? Wo sie an die Wand gedrückt und überfremdet werden? Wo sie Mühe haben zu überleben?«

»Die Welt würde nicht daran zugrunde gehen, wenn die Deutschen ausstürben«, sagte Corinna trocken.

Großvater starrte sie entrüstet an. »Eine Welt ohne die Deutschen? Bist du denn schon so dekadent, dass dir nichts mehr an deinem Volk liegt? Wir Deutschen vertreten eine Führungsposition in der Welt, wir sind Vorbilder für viele Völker –«

»Großer Gott«, seufzte Corinna. Aber Tante Irene nickte höflich.

Großvater ließ sich nicht unterbrechen. »Unsere Nationaltugenden wie Fleiß, Ordnung, Pflichterfüllung –«

»Alles zweitrangige Tugenden«, unterbrach ihn Vati. »Auch Hitler war wahrscheinlich fleißig, ordentlich und pflichtbewusst –« Und er setzte hinzu: »Was *er* darunter verstand.«

»Ich finde Zivilcourage wichtiger als Ordnung oder Fleiß«, sagte Jirgalem, der sehr aufmerksam zugehört hatte.

»*Du* bist nicht gefragt!«, rief Großvater scharf.

»Warum denn nicht?«, rief Mutti empört. »Er ist schließlich sechzehn Jahre alt!«

»Aber er ist kein Deutscher!«

Rike fing an zu weinen. Sie hatte sicher nicht verstanden,

worum es ging. Aber sie ertrug es nicht, wenn man sich in ihrer Gegenwart zankte. Großvater warf ihr einen ärgerlichen Blick zu. Mutti hatte mal gesagt, er würde sich nie damit abfinden, eine mongoloide Enkelin zu haben. Normalerweise beachtete er das Kind nicht. Aber jetzt störte es. Großmutter führte Rike – liebevoll an sich gedrückt – hinaus in die Küche.

»Natürlich ist er ein Deutscher!«, riefen Gesa, Vati und Ulf gleichzeitig. Und Ulf fügte hinzu: »Schau dir doch seinen Pass an!«

»Das hat nichts mit dem Pass zu tun«, sagte Großvater langsam und betont deutlich. »Es ist eine Frage der Rasse.«

Vati sprang auf. »Ja, wo leben wir denn?«, rief er zornig. »Hitlers Zeiten sind ein für alle Mal vorbei!«

Onkel Bernd zog ihn wieder auf seinen Stuhl zurück. »Nimm doch Rücksicht auf seine Gesundheit, Erik«, flüsterte er ihm halblaut zu. »Das regt ihn alles so auf. Sag Ja und Amen und denk dir dein Teil.«

»Nein«, sagte Mutti so laut, dass es alle hören konnten, »was gesagt werden muss, das muss gesagt werden. Nie wieder Ja-und-Amen!«

»Wenn du dich nur nicht verrechnest, Tochter«, sagte Großvater. Mutti wollte etwas sagen, aber Corinna kam ihr zuvor: »Wenn nicht Ausländer immer wieder frische Luft in unseren deutschen Mief brächten, wär's hier nicht auszuhalten.«

Gesa sah, dass Boris grinste. Er dachte wohl an Corinnas Freunde. Darunter waren auch Ausländer.

»Wenn du dich nur nicht verrechnest?«, wiederholte Mutti Großvaters Worte. »Was meinst du damit?«

»Im übernächsten Sommer sind Bundestagswahlen«, antwortete er fast feierlich. »Die ersten Bundestagswahlen seit der Flaute. Im Volk gärt's. Sieben Millionen Arbeitslose, und tagtäglich strömen neue Scharen von Ausländern herein. Ich sag euch nur: Es wird einen Erdrutsch geben!«

»Du denkst an deine Partei, nicht wahr?«, sagte Onkel Bernd. »Jetzt bundesweit durchschnittlich fünfzehn Prozent. Wenn kein Aufschwung kommt, könnte ich mir im nächsten Jahr zwanzig Prozent schon vorstellen.«

»Wenn nicht mehr!«, rief Großvater und schwenkte das Messer.

Tante Irene nickte eifrig. »Es wird ja auch Zeit, dass die Gewerkschaften gedämpft werden«, sagte sie. »Die Arbeiter tun immer noch so, als wären sie die Herren. Wo sich doch schon fünfzig oder mehr um einen freien Arbeitsplatz schlagen.«

»Und wenn ihr auch zwanzig Prozent bekämt, ihr Republikaner«, sagte Vati, »wärt ihr, zum Glück, deswegen noch lange nicht an der Macht.«

»Wo ein Wille, da ein Weg«, antwortete Großvater.

»Ihr Mittelständler«, sagte Vati kopfschüttelnd, »seid krank vor Angst um euren Besitz ...«

»Und wozu rechnest du *dich*?«, fragte Onkel Bernd.

»Mein materieller Besitz ist nicht der Rede wert«, sagte Vati. »Aber ich habe auch Angst. Um unsere Demokratie. Um unsere Freiheit.«

»Esst doch, esst!«, rief Großmutter, die inzwischen mit Rike wieder hereingekommen war, betont munter und schob Vati die Bratenplatte zu. Aber der sagte, ihm sei der Appetit vergangen. Und auch Mutti und Jirgalem hatten aufgehört zu essen. Die anderen aßen schweigend weiter. Boris schaufelte sich eine Riesenportion auf seinen Teller, sah sich um und fragte mit hochgezogener Braue: »Is' was?« Dann wandte er sich an Großmutter: »Dein Braten ist einfach unwiderstehlich ...«

Erst beim Nachtisch kam wieder ein leises Gespräch auf. Es drehte sich nicht mehr um Politik, sondern um die Fabrik. Man wolle jetzt umsteigen auf bescheidenere Qualitäten, meinte Onkel Bernd. Luxus-Bett- und Tischwäsche könnten sich, wie die Lage zur Zeit sei, nur noch wenige leisten. Zu wenige, um das Unternehmen aus Existenzschwierigkeiten heraushalten zu können.

Während des Kaffees, den die Erwachsenen dann in der Sitzecke »zu sich nahmen« – O-Ton Großmutter –, wurde Tante Irene lebhaft und erzählte von der Reise, die sie und Onkel Bernd nach Bangladesch gemacht hatten, um die dortige Filiale des Betriebs zu kontrollieren. In ihr ließen Großvater und Onkel Bernd einen großen Teil der Bettwäsche nähen, denn der Arbeitslohn betrug in Bangladesch nur ein Bruchteil dessen, was ein Textilarbeiter in Deutschland verdiente.

»Nein«, hörte Gesa Tante Irene erzählen, »ihr könnt euch diesen Schmutz nicht vorstellen. Und dann die Bettler! Ganze Schwärme sind hinter uns hergezogen. Wie die Fliegen. Manchmal wurden sie richtig aufdringlich. Wir haben uns in den Wagen oder ins Hotel flüchten müssen ...« Und sie fügte hinzu: »Wenn es hier eines Tages auch so viele Bettler gäbe, die hinter allen herzögen, auf deren Suppe noch ein paar Fettaugen schwimmen – nicht auszudenken!«

Sobald Vati und Mutti ihre Tassen geleert hatten, brachen

sie auf. Sie verabschiedeten sich kühl, und Großmutter wischte sich hinter Großvaters Rücken mit dem Taschentuch die Augen. Corinna ging zur gleichen Zeit, Onkel Bernd und seine Familie blieben noch.

Auf der Heimfahrt machte Vati seiner Wut Luft. »Wenn ich in einem meiner Romane deinen Vater so präsentieren würde, wie er ist«, rief er, »empfänden die Leser das als Zumutung. Als zu übertrieben, als unglaubwürdig!«

»Nimm ihn nicht zu ernst«, meinte Mutti. »Er ist immerhin schon weit in den Achtzigern. Manches von dem, was er sagte, war so absurd, dass man darüber nur lachen kann.«

»Ich hab dich nicht lachen hören«, sagte Vati.

»Mir hat's die Sprache verschlagen. Obwohl ich doch weiß, wie er denkt. Aber wirklich: Das nächste Mal sollten wir einfach bei allem, was er zur Politik sagt, nur lachen.«

»Ich glaube kaum, dass ich noch mal hingehe«, grollte Vati.

»Denk an Mutter«, sagte Mutti sanft.

Gesa saß mit Jirgalem, Ulf und Rike im Fond. Es war so eng zu viert! Rike, an Gesas Schulter gelehnt, war eingeschlafen.

»Dem hab ich's gegeben, gelt, Jirgalem?«, prahlte Ulf. »Das mit dem Pass, das war doch gut – oder?«

Jirgalem grinste und nickte. Aber als Gesa seinem Blick begegnete, spürte sie seine Angst.

6

Sie fuhren nicht auf kürzestem Weg heim. Der Besuch bei Opi Jupp stand noch aus. Dort war's ganz anders. Dort waren sie alle gern.

Opi Jupp hatte ein bewegtes Leben hinter sich. Aus der Obersekunda war er ausgerissen und Seemann geworden. Den Krieg hatte er als Sanitäter durchgestanden. Nach Kriegsende hatte er das Abitur nachgeholt und begonnen, Medizin zu studieren. Mittendrin hatte er geheiratet, und da war ihm bald das Geld zum Studieren ausgegangen. Denn Vati war da schon unterwegs. Deshalb konnte Omi Beate nicht arbeiten gehen.

So wurde Opi Jupp Krankenpfleger und blieb es auch.

Und Omi Beate, an die sich Gesa nur noch ungenau erinnern konnte – sie war gestorben, als Gesa fünf Jahre alt gewesen war –, hatte immer ein bisschen dazuverdient mit der Züchtung von Hunden. Von Spitzen. Zu Omi Beates Lebzeiten hatten sich manchmal bis zu zwanzig Hunde im Garten getummelt. Aus deren Nachkommenschaft besaß Opi Jupp jetzt noch zwei Spitze, für ihn Erinnerung an Omi Beate.

Das kleine, alte Fachwerkhaus am Stadtrand, in Niederzwehren, hatte Omi Beates Eltern gehört. Im Obergeschoss waren zwei Zimmer, die Opi Jupp seit Omas Tod nie mehr genutzt hatte. Darüber war ein Dachboden. Die Kinder liebten ihn, weil dort oben so viel altes Gerümpel herumstand, mit dem es sich herrlich spielen ließ. Das Interessanteste an diesem Dachboden war, dass sich auf der dem Garten zugewandten Giebelseite ein winziges Kämmerchen befand, viel zu klein zum Darinwohnen: eine Puppenstube für Omi Beate, als sie Kind gewesen war. Vier Meter lang, eineinhalb Meter breit, spitz wie ein Zelt, mit einem runden Fensterchen, das sich sogar öffnen ließ. Sie hatte sich diese Puppenstube von ihrem Vater zu Weihnachten gewünscht.

Und er, ein Lehrer und Hobbyschreiner, hatte sie ihr wirklich gebaut.

Die Lorbach-Kinder waren seit langem zu groß für Dachbodenspiele. Bis auf Rike. Aber sie wollte immer nur dort sein, wo auch die anderen waren. Und so blieben alle vier unten im Parterre bei Opi Jupp und den Eltern. Opi kochte Tee und trug Gebäck auf, das er selbst gebacken hatte, und man unterhielt sich über alles Mögliche, aber natürlich am meisten über die Flaute. Opi Jupps Rente war auch schon beschnitten worden, und durch die Inflation schrumpfte sie noch mehr.

Aber er zuckte nur mit den Schultern. So schnell werde er nicht am Hungertuch nagen, meinte er. Darüber mache er sich keine Sorgen. Nur, die Politik beunruhige ihn. Bisher habe man es in Deutschland mit einer Schönwetterdemokratie zu tun gehabt. Würde man es in diesem Land schaffen, auch bei schlimmem Wetter demokratisch zu bleiben?

»Wenn nicht, dann gnade uns Gott«, sagte er beim Abschied, wobei er Rike an sich zog, ihre Wange tätschelte und dann seine Hand auf Jirgalems Schulter legte. Opi Jupp und Jirgalem verstanden sich besonders gut.

Gesa schaute sich noch einmal nach ihm um. Er war ein paar Jahre älter als Großvater Geschner, aber viel kleiner und magerer. Er trug weder Spitzbart noch Schnauzbart. Sein dichtes weißes Haar stand ihm meist wirr um den Kopf. Sein Gesicht war eine Landschaft aus Runzeln. Dass seine Nase immer rot war, seit er den kalten Kriegswinter an der russischen Front überlebt hatte, störte niemanden. Die gehörte zu ihm.

Gesa winkte ihm noch einmal zu, bevor sie in den Wagen

stieg, und merkte, dass auch Jirgalem winkte. Jirgalem hatte oft seine Ferien bei Opi Jupp verbracht.

7

Es wurde ein böses Jahr. Mutti musste ihre Buchhandlung schließen. Sie wunderte sich darüber, wie der andere kleine Buchladen in der Parallelstraße es schaffen konnte, unbeschadet über die Runden zu kommen. Doch bald kam sie dahinter. »Stellt euch vor«, erzählte sie beim Abendessen, »die haben sich auf Erinnerungsbücher an die Nazizeit spezialisiert: Hitler und die Kinder. Hitler und die Autobahn. Der deutsche Sport im Dritten Reich. Wie Hitler der Arbeitslosigkeit ein Ende machte. Hitler auf dem Obersalzberg. Hitler als Feldherr. Und so weiter. Dieses Zeug scheint wegzugehen wie warme Semmeln, trotz der Arbeitslosigkeit. Wer kauft das bloß?«

»Leute wie dein Vater«, meinte Vati.

»Lieber würde ich mein Lädchen angezündet haben«, seufzte Mutti, »als Hitler und seinen Spätgetreuen zu verdanken, dass es noch existiert.«

Auch Vati verdiente nicht mehr viel mit seinen Büchern. Kaum mehr der Rede wert. Neun Lesungen im ganzen Jahr, das war alles. Früher waren es dreißig bis vierzig gewesen. Seine Erzählungen wurden nur noch selten abgedruckt. Dass sein Verlag Bankrott ging, traf ihn am meisten. Es war kein großer, aber ein alter, renommierter Verlag gewesen.

Zum Glück bekam Vati über einen alten Schulfreund einen Aushilfsjob in der Lokalredaktion des **KASSELER TAGBLATTS**. Nun war er viel unterwegs: heute zur Ausstellung eines

Kaninchenzüchtervereins, morgen zur Theateraufführung eines Gymnasiums, übermorgen zum Festkommers des Lohfeldener Schützenvereins. Oft waren es drei oder vier solcher Veranstaltungen pro Tag, die er besuchen musste.

Gesa wusste, wie sehr er so was hasste. Aber sie wusste auch, dass er es sich nicht leisten konnte, auf diesen Job zu verzichten. Allein schon deshalb nicht, weil er vier Kinder hatte. Gerade erst hatte eine neue Hiobsbotschaft alle wenig verdienenden Eltern schulpflichtiger Kinder geschockt: Ab dem neuen Schuljahr mussten die Schulbücher wieder von den Eltern bezahlt werden!

Es war ein mühsames Geldverdienen für Vati, denn Lorbachs war nichts anderes übrig geblieben, als sich auch von ihrem zweiten Auto zu trennen. Vati musste jetzt sehen, wie er zu Fuß oder mit Straßenbahn, Bus oder Rad zu seinen Schulen und Vereinen kam. Onkel Bernd bot Mutti einen Sekretärinnenjob in der Betriebsbuchhaltung an. Aber sie lehnte ab. Sie wollte ihm und seiner Frau, aber auch ihrem Vater keinen Dank schulden. Nach dem Ende des Schuljahres verdiente sie etwas dazu, indem sie in der leeren Garage einen Handel mit gebrauchten Schulbüchern einrichtete.

Aber als das neue Schuljahr angefangen hatte, kam niemand mehr. Alle waren mit Büchern versorgt. Also schaute sich Mutti nach einem neuen Job um und wurde schließlich Pflegerin und Gesellschafterin einer alten, wohlhabenden Dame, die sich nur im Rollstuhl fortbewegen konnte. Wenn Mutti nachmittags heimkam, radelte sie oft noch zu Opi Jupp hinaus, um ihm bei der Gartenarbeit zu helfen. Mindestens die Ausgaben für Kartoffeln und allerlei Gemüse konnte sie auf diese Weise einsparen.

Auch die Kinder halfen mit: Jirgalem und Gesa gaben Nachhilfestunden für jüngere Schüler. Immerhin konnten sich manche Leute diesen Luxus noch leisten. Außerdem waren die Stundenpreise auf ein Drittel der früheren Höhe gesunken. Und Ulf? Der trug Zeitungen aus und führte täglich zwei alten Damen ihre Hunde spazieren, Spitze aus Omi Beates Züchtung.

In Großvaters Textilfabrik sah es jetzt auch nicht mehr rosig aus. Die Umstellung auf preiswertere Webware kam teurer, als Onkel Bernd kalkuliert hatte. Nur indem er und Großvater ein Viertel der Arbeiter entließen, konnten sie ihren Betrieb retten.

Oft blieb Rike jetzt stundenlang allein. Das war sie nicht gewöhnt. Wenn Gesa spätnachmittags heimkam, erwartete Rike sie nicht selten mit verweinten Augen schon an der Haustür.

Zum Abendessen waren die Lorbachs neuerdings oft nicht vollzählig beieinander. Meist fehlte Vati. Und für Jirgalem und Gesa veränderten sich die Abende auch in anderer Hinsicht: Disco oder Kino konnten sie sich nur noch selten leisten. Aber das ging nicht nur ihnen so. Viele Klassenkameraden waren in der gleichen Lage. Man traf sich wieder oft daheim im Zimmer – wenn man noch eines hatte. Nun ja, immer mehr Leute verschafften sich ein Zubrot durch Zimmervermietung.

»Das geht abwärts – fast wie im freien Fall«, sagte Vati einmal, als er die letzten Arbeitslosenzahlen aus der Zeitung vorlas.

Wirklich, es änderte sich vieles in atemberaubender Geschwindigkeit. An immer mehr Häusern hing ein Schild:

ZU VERKAUFEN. In der Fußgängerzone und vor den Banken bettelten jetzt auch deutsche Kinder – neben denen, die das schon lange taten: kleine Sinti und Roma, Polen, Pakistani oder Nigerianer. Wenn Gesa zu Opi Jupp radelte, sah sie die Slums an den Stadträndern von Mal zu Mal größer werden. Sie wusste, dass das nicht nur hier in Kassel geschah. Auch in allen anderen deutschen Großstädten entstanden fast über Nacht wilde Hüttensiedlungen ohne fließendes Wasser und Kanalisation. Darin hausten vor allem Flüchtlinge aus den ärmsten Ländern der Welt.

Der Friedrichsplatz, das Herz Kassels, war samstags nicht wiederzuerkennen. Ein einziger Flohmarkt. Aber es hieß, fast alle Ware stamme aus Diebstählen.

Es dauerte nicht lange, bis dieser Markt der Diebe und Hehler nicht nur samstags, sondern *jeden* Tag auf dem Friedrichsplatz stattfand. Und es mangelte nicht an Käufern, denn das Warenangebot war extrem billig. Nicht einmal die Kaufhäuser konnten da mit Sonderangebotspreisen mithalten.

Auch auf den Parkplätzen der Supermärkte musste man sich an allerlei Neues gewöhnen: Dort lauerten kleine Jungen – sieben, acht, neun Jahre alt –, die für ein paar Groschen die geparkten Wagen »bewachen« wollten. Lehnte ein Wagenbesitzer ihre Dienste ab, konnte er damit rechnen, dass sein Autolack ein paar tiefe Kratzer abbekam – natürlich so, dass sich der Missetäter nicht erwischen ließ.

Wenn Gesa morgens zur Schule fuhr, sah sie an den Straßenbahnen Trauben von Kindern und jungen Leuten hängen, die auf diese Weise gratis mitfuhren. Stoppte die Bahn, sprangen sie ab. Tauchte ein Polizist auf, verschwanden sie

blitzschnell. Und die Leute, die in den Mülltonnen wühlten, mehrten sich.
Ja, auf den Straßen hatte sich in letzter Zeit viel verändert. Nicht nur verschlechtert: Vor allem, seit der Benzinpreis so gestiegen war, hatte der Verkehr stark abgenommen. Während sich Busse und Bahnen füllten, reduzierten auch die Fluggesellschaften ihre Flüge, und manche gaben ganz auf. Wer konnte sich denn noch eine Flugreise leisten?
In Gesas Klasse saßen jetzt fünfundvierzig Schüler statt wie früher fünfundzwanzig. Manche von ihnen trugen gestopfte Pullover.
Und die Preise stiegen und stiegen.
Gesa wurde manchmal ganz verwirrt: Überall veränderte sich etwas, veränderte sich immer schneller. Auch in der Politik blieb nichts so, wie es gewesen war. Die Staatsgrenzen wurden jetzt viel schärfer bewacht als noch vor einem Jahr. Vor den Grenzen stauten sich all die Menschen, die einwandern wollten, bildeten sich riesige Wartelager, nichts anderes als Slums. Überquerer der grünen Grenze, die auf Anruf nicht stehen blieben, riskierten, angeschossen zu werden. Neuerdings gab es unter ihnen – wie die Zeitungen meldeten – skrupellose Leute, die zurückschossen. Über zwei Dutzend deutsche Grenzwächter hatten schon ihr Leben gelassen.
Aber nicht nur Deutschland war Ziel vieler Einwanderer. Auch die europäischen Mittelmeerländer konnten sich der Flüchtlinge, die vor allem nachts in Booten von Afrika herüberkamen, kaum erwehren. Immer öfter sah Gesa Bilder dieser Boatpeople in den Fernsehnachrichten.
Manche Gemeinden in Deutschland errichteten Straßen-

sperren, wenn neue Asylbewerbertransporte zu erwarten waren. Und in letzter Zeit wurden wieder Morde an farbigen Ausländern verübt, wurden solche, denen man die Herkunft aus nichteuropäischen Ländern ansah, angepöbelt, flogen wieder Steine in Unterkünfte, in denen man Fremde wusste.

Großes Aufsehen erregte eine ungenehmigte Demonstration von etwa fünftausend Sozialhilfeempfängern, die nach einer erneuten Kürzung der Sozialhilfe vergeblich versucht hatten, den Finanzminister zu sprechen, darauf zum Bundestag zogen und den Parlamentariern, die sich einige Tage zuvor eine Diätenerhöhung von drei Prozent genehmigt hatten, Prügel androhten. Die Parlamentarier verschanzten sich im Parlament, das von starken Polizeiverbänden geschützt wurde, bis die Sozialhilfeempfänger wieder abzogen.

Das war der Anfang einer Reihe großer Unruhen: Riesendemos von Arbeitslosen und Verzweifelten folgten, mit Teilnehmerzahlen, die die großen Friedensdemos aus den achtziger Jahren weit übertrafen. Massenstreiks legten tagelang den gesamten bundesdeutschen Verkehr lahm. Überfälle auf die Viertel der Nochvermögenden waren an der Tagesordnung, auch in Kassel. Terroranschläge auf Banken fanden statt, verbunden mit der Forderung, die Zinsen zu senken, ja, die Schulden zu erlassen.

»Bei diesen Zuständen kann man's niemandem verdenken, wenn er auf die Barrikaden geht«, meinte Vati. »Nur – mancher macht's auf die falsche Art.«

Dazu drohte nach wie vor, ja, mehr denn je, der ökologische Kollaps. Fast in ganz Deutschland war das Grundwasser weiter gesunken. Im Rhein-Main-Gebiet und in den Ballungsräumen des Ruhrpotts herrschte rund ums Jahr Wassernotstand. Der Wald war weiter gestorben, die Jahresdurchschnittstemperatur hatte sich weiter erhöht, die Ozonschicht war noch dünner geworden, und natürlich wurden in diesem Jahr weltweit mehr Menschen denn je geboren, und weltweit verhungerten mehr Menschen als in allen vorangegangenen Jahren.

Das alles gab Grund genug, sich zu ängstigen. Was aber die Lorbachs noch zusätzlich verstörte, waren Großvaters politische Aktivitäten.

Erst trat er aus der Partei der Republikaner aus. Eine Sensation! Mutti besuchte ihn, um ihm zu diesem Schritt zu gratulieren. Gesa begleitete sie.

Großvater empfing sie ziemlich reserviert. »Mutter hat's dir erzählt, nicht wahr? Sie weiß zwar, dass ich die Republikaner verlassen habe, nicht aber, dass ich bei der DF eingestiegen bin.«

Mutti fuhr zurück und starrte ihren Vater an. Auch Gesa erschrak. DF – Deutsche Front: eine ultrarechte Partei. Vati hatte mal gesagt, im Vergleich zu denen seien die Republikaner geradezu harmlos. Eine Zeit lang war die DF sogar verboten gewesen.

»Man muss ihnen den Rücken stärken«, sagte Großvater, »damit sie Einfluss gewinnen. Wenn die eine Chance hätten – sie würden den Stall schon ausmisten!«

»Was ist nur in dich gefahren, Vater«, sagte Mutti. »Du hast doch früher, als wir Kinder waren, nicht so extrem gedacht …«

»Oh doch«, antwortete Großvater und lachte. »Nur hab

ich meine Gedanken bei mir behalten. In den ersten Jahrzehnten nach dem Krieg war es nicht opportun, darüber zu sprechen – außer, wenn man sich mit ehemaligen Kameraden traf. Jetzt ist die Zeit gekommen, da man sich wieder offen zu den alten Idealen bekennen darf, ohne Risiken einzugehen. Und glaub mir: Solche, die so denken wie ich, gibt's in Mengen. Auch unter den Jungen!«

Als Mutti und Gesa daheim berichteten, zuckte Vati mit den Schultern. »DF?«, sagte er. »Die hat nicht mehr als drei, allenfalls dreieinhalb Prozent. Völlig bedeutungslos. Sie gerät höchstens mal in die Schlagzeilen, wenn ihre Mitglieder Rabatz vor den Asylbewerberheimen machen.«

Mutti warf einen Blick auf Jirgalem, wie immer, wenn von Gewalttaten gegen Ausländer die Rede war. Gesa begriff, dass sie Angst um ihn hatte.

In diesem Jahr fanden zwei Landtagswahlen statt – in Hessen und in Thüringen. Beide Wahlen gingen weit schlimmer aus, als die Lorbachs befürchtet hatten. In Hessen verlor die SPD haushoch, und die ebenfalls geschwächte CDU ging mit den Republikanern eine Koalition ein. In Thüringen erreichten die Republikaner satte dreißig Prozent und waren somit zweitstärkste Partei! Die DF verfehlte dort die Fünfprozenthürde nur knapp.

Nach beiden Wahlen verschlug es Vati den Appetit. »Das Gescheiteste wäre, wir würden auswandern«, hörte ihn Gesa zu Mutti sagen.

»Als was denn?«, antwortete Mutti bitter. »Als politisch Verfolgte? Sind wir nicht. *Noch* nicht. Und als simple Einwanderer sind wir für kein Land interessant genug. Denn uns fehlt das Geld, das uns für andere Länder attraktiv macht. Bist du Millionär, findet sich überallhin ein Weg. Wir aber haben so gut wie nichts. Fazit: Uns würde niemand haben wollen.«

»Aber in solchen politischen Verhältnissen, wie sie sich bei uns anbahnen, kann ich nicht leben«, rief Vati. »Da kriege ich keine Luft!«

»Außerdem ist da noch dein Vater«, sagte Mutti. »Er hat niemand anderen als uns. Du würdest es doch nicht übers Herz bringen, ihn allein zu lassen – oder?«

Ein paar Tage nach der Thüringen-Wahl beunruhigte eine neue Meldung: Rund um das Regierungsviertel wurde das Polizeiaufgebot verdoppelt, und alle Militäreinheiten in der Hauptstadt wurden in erhöhte Alarmbereitschaft versetzt. Es wurde gemunkelt, es bestehe Putschgefahr.

Aber alles blieb ruhig.

8

Einmal, bei einem Klassenausflug in die Rhön, bekam Gesa einen Aufmarsch der DF zu sehen. Die Schüler hatten die Fahrt in Fulda unterbrochen und waren durch das Barockviertel gebummelt. Da hörten sie schon von weitem das stramme Getön von Märschen. Und dann kam's herangezogen: vorneweg die Musikkapelle mit Glockenspiel und reichlich viel Trommel, danach ein Dutzend Fahnen, knallrot alle – mit einem großen schwarzen Kreis in der Mitte, von dem acht schwarze, kurze, spitze Strahlen ausgingen. Das sollte wohl eine Sonne darstellen, aber Gesa fühlte sich an einen Morgenstern erinnert, diese eiserne Stachelkugel, die, angekettet wie ein Dreschflegel, von einem hölzernen Stiel herabhing. Auf Abbildungen von Landsknechten konnte man ihr begegnen. Diese Waffe riss, wenn man sie kreisen oder mit Wucht niedersausen ließ, entsetzliche Wunden.

Unter den Fahnen marschierten Männer, allesamt in schwarzem Dress, schwarze Barette schief auf den Köpfen. Sie trugen keine Uniformen, aber von weitem sah es doch so aus. Das Kinn reckten sie hoch, und alle trugen auf der Brust eine Plakette mit dem schwarzen Stachelkreis auf rotem Grund.

Gesa hörte ihre Schulkameradinnen neben sich kichern. Das Ganze sah aber auch wirklich zu komisch aus. Sie fand, dass das genau die richtige Reaktion auf so einen an Karneval erinnernden Unfug war: zu lachen. Das tat sie auch – lauter, als sie sonst lachte.

Aber da erhielt sie einen groben Stoß von einer alten Frau, die hinter ihr stand.

»Ihr jungen Leute habt doch vor nichts Respekt«, zischte sie.

»Wovor soll man denn hier Respekt haben?«, fragte Gesa erstaunt über die Schulter zurück.

Aber das Lachen war ihr vergangen. Bestürzt las sie die Texte, die hinter den Fahnen hergetragen wurden:

Deutschland den Deutschen! Deutsche wehrt euch! und **Für Ordnung und Sauberkeit in unserem Land!**

Sie hörte Applaus. Auch die Frau hinter ihr klatschte. Und eine männliche Stimme tönte: »Jawohl – bringt Deutschland wieder auf Vordermann! Macht das Land wieder regierbar! Schluss mit dem demokratischen Affentheater!«

»Ordnung in Deutschland! Sicherheit!«, rief ein anderer Mann. »Ein System, das funktioniert!«

Gesa traute ihren Ohren nicht. Aus einer ganz anderen Richtung schrillte eine Stimme: »Schluss mit Drogenhandel und Abtreibungen –«

»– und den Homosexuellen!«, rief wieder der Mann von weiter hinten.

Schluss mit den Homosexuellen? dachte Gesa. Das war ja Aufruf zum Mord! Die Konzentrationslager der Nazis kamen ihr in den Sinn.

»Wir brauchen einen Führer!«, schrie die alte Frau hinter ihr. Gesa ballte die Fäuste und rief: »Ohne uns!«

»Oh, Mann«, sagte Annika, ihre Freundin, neben ihr, »das alles hier ist ja zum Kotzen. Das erinnert an die Hitlerzeiten.« Und sie rief ebenfalls: »Ohne uns! Ohne uns!«

»Was für eine Jugend«, hörte Gesa die alte Frau hinter sich sagen, Zorn und Ekel in der Stimme.

Aber Gesas Klasse brüllte jetzt im Chor: »Ohne uns! Ohne uns!« Dann ging sie über in Pfui-Geschrei, in das auch viele andere Zuschauer am Straßenrand einstimmten.

Hinter den Transparenten schritten noch ein paar Schwarzgekleidete. Danach kam eine Herde von Anhängern in normaler Alltagskleidung. Alles in allem, samt Musikkapelle, folgten den Fahnen nicht mehr als vierhundert Leute, schätzte Gesa.

»So was hab ich bisher immer nur in Filmen gesehen«, meinte Annika. »In historischen natürlich. Dass die sich nicht genieren …«

»Stellt euch mal vor, wenn die zu ihren Trommeln und Fahnen auch noch einen Hitler hätten«, hörte Gesa einen Jungen aus ihrer Klasse sagen. Andreas hieß er. Ein sonst ganz Stiller.

Wenn Gesa später an diese Klassenfahrt zurückdachte, fiel ihr immer zuerst die DF-Demo ein, nicht etwa die Wanderung durch die wunderschöne herbstlich bunte Landschaft der Rhön.

9

Jirgalem und Gesas Geburtstage lagen nur eine Woche auseinander. Da beschlossen sie, um Kosten einzusparen, in diesem Jahr zusammen zu feiern. Bei sich zu Hause. Beide hatten je fünf Leute aus ihren Klassen eingeladen, aber von Jirgalems Freunden kamen nur vier. Nummer fünf, ein Mädchen, erhielt keine Erlaubnis von ihren Eltern. Nach einigem Zögern hatte sie ihm, zornig auf ihre Eltern, den Grund genannt: seine Hautfarbe.

»Ich wäre trotzdem gegangen«, sagte Gesa, als er ihr davon erzählte. »Da hätten sich Vati und Mutti auf den Kopf stellen können!«

»Ja, du«, sagte er düster.

Es wurde ein schönes Fest – vielleicht gerade deshalb, weil es in Jirgalems Zimmer so eng war und alle dicht gedrängt sitzen oder auf dem Fußboden kauern mussten. Ulf und Rike waren auch eine ganze Weile mit dabei. Um elf schlichen sie hinaus, todmüde. Man lachte viel und diskutierte heiß über Lehrer und Mitschüler, und dann sang Jirgalem seine Lieder zur Gitarre. Seit Weihnachten hatte er jeden

Tag geübt. Und nicht nur Gesa fand seine Lieder Spitze. Da gab es eines gegen den Krieg und ein anderes über eine Sommernacht mit Vollmond und Grillengezirp. Dann sang er mehrere, die Äthiopien schilderten, obwohl er nach seiner Adoption nie mehr dort gewesen war. Aber er besaß Bildbände über das Land, und Gesa dachte, vielleicht wären die Lieder nicht so schön geworden, wenn er Äthiopien wirklich kennen gelernt hätte. Vielleicht hätte das Hässliche dann das Schöne überdeckt.

Am besten gefiel ihr das Lied mit dem Refrain: »Ich bitt euch – dich und dich und dich: Ach lasst mich, Freunde, nicht im Stich …«

Dieses Lied sang Jirgalem nicht traurig und getragen, sondern fetzte es über die Saiten. Es war ein heißer Rhythmus, der alle mitriss. Schon bei der zweiten Strophe sang er den Refrain nicht mehr allein, alle fielen ein, klatschten und stampften, dass der Fußboden bebte. Ein richtiger Ohrwurm. Und alle bewunderten Jirgalem.

Als sie dann gegangen waren, warf er sich glücklich auf sein Bett und sagte: »Vielleicht sehe ich alles zu schwarz.«

Da umarmte Gesa ihn und sagte: »Ich würde dich für keinen anderen Bruder eintauschen, Jirgalem. Und überhaupt: Du kannst dich auf mich verlassen.«

»Du bist in Ordnung, Gesa«, antwortete er. »Sehr sogar.«

10

Im Spätherbst schreckte eine sensationelle Meldung die Welt auf: Putschversuch in Deutschland! Trupps rechtsradikaler Splitterparteien, darunter auch Großvaters Deutsche Front, hatten in einer gemeinsamen Aktion mit Waffengewalt versucht, die deutsche Regierung zu stürzen. Zwar war der Putsch gescheitert. Aber dass er überhaupt hatte stattfinden können, verstörte. Die deutsche Demokratie war doch allen so stabil und verlässlich erschienen! Ein politisch instabiles Deutschland mitten in Europa – nicht auszudenken!

Die Regierungskoalition, obwohl noch einmal davongekommen, verhielt sich hilflos. Auch den Politikern der Opposition fiel nichts Besseres ein, als mit Vorwürfen und Schuldzuweisungen zu reagieren. So gut wie niemand fragte nach den Ursachen des Putsches – und was ihn überhaupt möglich gemacht hatte. Zwar wurden die am Putsch beteiligten Splitterparteien sofort verboten, aber sonst änderte sich wenig in der Innenpolitik, außer dass ein paar Politiker in Reden und Interviews die Treue zur Demokratie beschworen.

Das tat auch Vati ... und hatte Erfolg. Vier Zeitungen veröffentlichten seine Texte, darunter die **ZEIT**.

Es waren keine *kurzen* Artikel! Ein paar Tage lang klingelte bei den Lorbachs das Telefon fast ununterbrochen, und Leserbriefe erreichten Vati in rauen Mengen, pro und contra: Jawohl, der Ruf des Volkes nach Stabilität sei rechtens! Weg mit den Politikern, die aus Angst vor dem Schwinden der Wählergunst nicht wagten, über den Tellerrand zu gucken! Her mit fähigen Köpfen, die langfristig und mit Konzept zu planen imstande waren! Das Volk habe all das kleinliche Gezänk im Parlament, die politischen Skandale, dieses ewige Um-sich-selbst-Drehen auf der Kommandobrücke satt. Es verlange nach schnellen und wirksamen Maßnahmen. Vor allem nach Visionen, auf die es sich zubewegen könne!

Vati war in seinem Element. Natürlich wurden die Abdrucke auch bezahlt. Und so leisteten sich die Lorbachs ein kleines Fest. Dazu lud Vati seinen ehemaligen Verleger Meinhard und dessen Frau ein. Und natürlich auch Opi Jupp. Und Mutti bat Corinna und ihren Freund zu kommen. Auch Onkel Bernd mit seiner Familie – aus Höflichkeit. Aber der sagte ab. Sie seien alle drei stark erkältet. Darüber waren die Lorbachs nicht traurig.

Es wurde eine kleine, bescheidene Party mit einer Bowle und leckeren Häppchen. Man prostete einander zu: »Auf die Demokratie!« und »Auf genügend Linksauslastung!«, was immer das sein mochte, und »Auf Arbeit, die Spaß macht!«

Corinnas Freund war ein afghanischer Arzt, der als Asylbewerber nach Deutschland gekommen war und nun versuchte, bleiben und als Arzt arbeiten zu dürfen. Mustafa hieß er. Sein schwarzer Vollbart erschreckte Rike, aber nachdem er ihr lachend eine Spielkarte aus dem Mund gezogen und die dann in seiner Hand sich in Nichts hatte auflösen lassen, wich Rike nicht mehr von seiner Seite.

Er erzählte viel von den politischen Verhältnissen in Afghanistan. Und Gesa fand, dass Corinna keinen schlechten Geschmack habe. Übrigens: Ihre Boutique behauptete sich noch. Allerdings hatte sie das vielleicht Großmutter mitzuverdanken, die alle ihre weiblichen Bekannten nötigte, dort einzukaufen.

Meinhards Frau war Russin. Bekümmert erzählte sie von den verschiedenen Nationalitäten in ihrer Heimat, die sich bitter bekämpften. »Gibt es heutzutage nichts Wichtigeres als die Frage, ob man Georgier oder Aserbaidschaner ist und ob die Grenze zwischen Land A und Land B zwei Kilometer weiter östlich oder westlich zu verlaufen hat?«, fragte sie erregt.

»Und ob man eine schwarze oder eine weiße Haut hat«, fügte Jirgalem bitter hinzu.

Meinhard hatte dunkle Ringe unter den Augen. Er arbeitete jetzt in einem anderen Verlag. Das schien ihm nicht leicht zu fallen. Sein ganzes Leben war er selbstständig und unabhängig gewesen. Gesa wusste, dass Meinhard sehr unter dem Verlust seines eigenen Verlags litt. Aber an diesem Abend erzählte er komische Begebenheiten aus früheren Jahren, dass sich alle vor Lachen bogen.

Je später es wurde, umso tiefer gerieten die Erwachsenen in die Politik. Rike verzog sich gähnend, ihr folgte Ulf, und schließlich ging auch Gesa schlafen. Gegen Morgen erwachte sie vom geräuschvollen Aufbruch der Gäste. Sie hörte auch Jirgalems Stimme.

11

Noch vor Weihnachten machte eine neue Partei viel von sich reden: Die **DEUTSCHE VOLKSBEWEGUNG**, abgekürzt DVB. In jedem Provinzblatt wie auch in allen großen Zeitungen stieß man auf ihre Werbung, Handzettel informierten über ihr Programm, in den Radio- und Fernsehnachrichten begegnete man immer wieder ihrem Namen.

Auch Vati musste über die Veranstaltungen der DVB berichten.

»Rechtsaußen«, erzählte er daheim missgelaunt. »›Deutsche Volksbewegung‹ – schon der Name ist eine Anmaßung! Und offensichtlich trifft sich in der DVB alles aus den verbotenen Splitterparteien. Ihr Programm: ein einziger Horror. In vielen Passagen fast identisch mit dem der Nazis. Ihr Slogan: Das Land regierbar machen. Was das bei denen heißt, kann man sich vorstellen. In ihren Schriften kommen Juden übrigens nicht vor –« Er lachte verächtlich. »Weil es bei uns so gut wie keine mehr gibt. Außerdem würde eine antisemitische Tendenz das Ausland sofort hellhörig machen. Da reagiert die Welt gegenüber uns Deutschen noch allergisch. Für Ausländerfeindlichkeit hat man dagegen zumindest in Europa und den USA ein gewisses Verständnis. Man hat ja selber große Probleme mit der Flut der illegalen Einwanderer aus Asien und Afrika.«

Gesa sah, dass Vatis Hände zitterten. Das taten sie nur, wenn er sehr erregt war.

»Ein Hauptpunkt ihres Programms ist übrigens«, fuhr er fort, »die Gewerkschaften zu entmachten. Jede Mitbestimmung zu streichen. Also organisierte Streiks unmöglich zu machen.«

»Ist die DVB denn eine Partei der Arbeitgeber?«, fragte Mutti erstaunt. »Der Industrie?«

Vati zuckte die Achseln. »Zumindest versucht sie, Industrielle auf ihre Seite zu kriegen. Unternehmer. Die Mächtigen im Land. Viele von ihnen würden doch zu gern die Mitbestimmung der Arbeitnehmer wieder streichen. Damit sie heuern und feuern können, wen, wann und wie sie wollen. Und damit sie allein in der Hand haben, wie viel Lohn sie zahlen.«

»Das ergäbe ja ein soziales Wildwest«, meinte Jirgalem.
»Eine totale Ellbogengesellschaft, ja«, sagte Vati. »Und natürlich wissen die von der DVB ganz genau, dass sie mit Unternehmern auch Geld in ihre Kasse kriegen. Ohne Geld ist jede Partei zum Scheitern verurteilt.«
Er schlug zornig mit der Faust auf den Tisch. »Ich hab mir nicht verkneifen können, in meinem Bericht darauf hinzuweisen, dass bei denen von der DVB vieles an die Hitlerzeit erinnert – bis hin zu der aufdringlichen Fahnendekoration in den Veranstaltungssälen. Und dass wir, wenn diese Partei ans Ruder käme, unser gesamtes demokratisches System von heute auf morgen verlören. Aber das hat mir der Chef herausgestrichen. Das muss man sich mal vorstellen! Es klänge zu aggressiv und würde manche Leser verprellen. Es solle ›alles im Rahmen bleiben‹. Das ist das Prinzip unseres Chefs: Alles glatt hobeln und leicht bekömmlich machen ...!«

12

Der Innenstadt konnte man die Vorweihnachtszeit kaum anmerken. Nur vor dem Rathaus stand noch ein großer Weihnachtsbaum mit ein paar armseligen Glühlampen. Aber er blieb dort nicht einmal bis zum Heiligen Abend. Denn ein paar Tausend Obdachlose waren in einer unangemeldeten Demonstration durch die Stadt gezogen mit der Forderung, erst *ihnen* Auskommen und Unterkunft zu verschaffen, bevor die Ausländer drankämen. Tausende von Slumbewohnern schlossen sich ihnen an, brüllend, Dachlatten schwingend. Die Demonstranten lieferten sich vor dem Rathaus, dessen Scheiben schon ein paar Tage vorher dem Steinhagel verzweifelter Landwirte zum Opfer gefallen waren, eine Straßenschlacht mit der Polizei. In deren Verlauf stürzte der Baum um und erschlug eine obdachlose Frau und einen Polizisten.

Viele Leute ließen von nun an ihre Kinder nicht mehr allein in die Innenstadt gehen. Eine Ansprache des Oberbürgermeisters an die Kasseler, die zur Beruhigung der Gemüter beitragen sollte, wirkte hilflos.

Kurioserweise fanden in dieser Adventszeit überall Bastelkurse statt. Das Basteln von Weihnachtsgeschenken war plötzlich in. Wohl, weil das billiger war. Auch Mutti nutzte den Trend und bot ein paar Bastelkurse an, zusammen mit Elke, ihrer ehemaligen Helferin im Buchladen, die nach dessen Schließung keine Arbeit mehr gefunden hatte. Stofftiere, Strohsterne, Puppenkleider. Sie hielt die Kurse im Wohnzimmer ab. Auf diese Weise kam wieder ein bisschen Geld herein.

»Eigentlich grotesk, dieses hektische Gebastel«, meinte Vati. »In der früheren Sowjetunion bringen die Menschen sich in Massen um; die Industrienationen werden von Streiks erschüttert, *sogar* von Streiks der Polizei; auf Mitteleuropa hat ein Ansturm von Verhungernden eingesetzt, der alles Bisherige in den Schatten stellt. Unser Staat nähert sich einem Bürgerkrieg – und hier müht man sich um Strohsterne und Puppenkleider ...«

Mutti antwortete gereizt: »Du kannst ja an die Front in Aserbaidschan gehen oder den Streikenden die Transparente tragen. Du kannst die Verhungernden trösten oder den Weihnachtsbaum vor dem Kasseler Rathaus festhalten.

Ich muss sehen, dass zu den Mahlzeiten was auf dem Tisch steht!«

»Ist ja gut«, seufzte Vati. »Ich weiß: Man kann nicht immerzu das Große im Auge haben, wenn man im Kleinen lebt.«

»Glaub du nur ja nicht«, sagte Mutti müde, »dass ich nichts anderes im Kopf hätte als diese verdammte Bastelei. Ich spüre das, was jetzt im Land und in der Welt vorgeht, bis in die Knochen. Ich habe Alpträume!«

Zwei Tage vor dem Heiligen Abend begegnete Gesa Tante Irene und Sohn Boris in der Stadt. Tante Irene klagte: Der Weihnachtsabend drohe zu einem Tränenabend zu werden. Angesichts der Zurückhaltung, die man sich neuerdings beim Einkauf von Geschenken auferlegen müsse, und angesichts der bescheidenen Gaben, die man selbst erhalte, werde man mit Wehmut an die Zeiten erinnert, in denen Geschenke unter hundert Mark geradezu popelig wirkten. Sie fügte hinzu: »– in unseren Kreisen.«

»Wir *basteln* jetzt Geschenke«, sagte Gesa.

»Basteln?«, fragte Tante Irene verwundert.

Boris grinste und wandte sich seiner Mutter zu. »Kannst du dich nicht an meine Kerzenständer erinnern, die ich dir im Werkunterricht gebastelt hab? Ich glaube, ich war damals neun. Oder an die Heilige Familie, aus Knete geformt und dann bemalt, im vierten Schuljahr?«

»Na ja«, meinte Tante Irene, »über so was muss man sich als Vater oder Mutter natürlich freuen, sonst tut man dem Kind ja weh. Aber für Erwachsene – ich weiß nicht …«

»Ich wünsch mir von Jirgalem ein Lied«, sagte Gesa und warf den Kopf in den Nacken.
Tante Irene und Boris brachen gleichzeitig in Gelächter aus, und Tante Irene drohte Boris schelmisch mit dem Finger und sagte: »Von der Lorbacher Genügsamkeit kannst du dir eine Scheibe abschneiden, mein Lieber.« Dann wandte sie sich zum Gehen. »Tschüss, Gesa – und grüß daheim.«
»Grüß Ulf von mir«, rief Boris, als sie schon ein Stück von Gesa entfernt waren.
»Jirgalem und Rike nicht?«, fragte Gesa scharf.
»Natürlich auch Rike!«, rief Tante Irene.
»Und Jirgalem?«
Aber die beiden antworteten nicht mehr.

13

Dieser Weihnachtsabend gefiel Gesa eigentlich noch besser als der des vergangenen Jahres, obwohl sie noch weniger geschenkt bekam. Opi Jupp war mit dabei. Und auch Elke. Das war neu. Bisher hatten sie immer nur im engsten Familienkreis gefeiert. Aber Elke hatte in diesem Jahr nicht nur ihren Job, sondern auch kurz nacheinander ihre Eltern verloren, und so mochte Mutti sie am Heiligen Abend nicht ihrer Einsamkeit überlassen. Und Opi Jupp? Er hatte bisher immer für sich feiern wollen. Jetzt stellte er sich plötzlich von ganz allein ein.
»Es wird einem kalt in diesen Zeiten«, seufzte er.
»Was meinst du damit?«, fragte Ulf.
»Es fängt einem zu grauen an«, sagte Opi Jupp. »Wer weiß, wie wir das *nächste* Weihnachtsfest feiern werden. Ob uns

bis dahin nicht schon das Feiern vergangen sein wird. Es steht so viel Finsteres vor der Tür und wird sich Eingang verschaffen ...«

»Du Pessimist«, sagte Ulf lachend.

Die Faltsterne aus Metallfolie, die den Baum schmückten, hatte Rike in ihrer Schule gebastelt. Als sie im Kerzenlicht schimmerten, glühte sie vor Stolz. Ulf hatte ein Sortiment von Holzbrettchen für den Haushalt gesägt und gefeilt. Gesas Geschenke, im Kunstunterricht getöpferte Blumenvasen, wurden von allen bewundert. Und Jirgalem sang wieder Lieder zur Gitarre. Gesa bekam das Lied »Löwenzahn« geschenkt: ein wunderschönes Loblied auf dieses Wucherkraut.

»Das Lied, das ich *dir* widme«, sagte er zu Vati, »passt nicht unter den Weihnachtsbaum. Ich singe es dir später vor. Vielleicht am Silvesterabend.«

Vati wollte den Titel des Liedes wissen.

»Der Schlund«, sagte Jirgalem düster.

Vati schaute erstaunt auf. »Das Wort erinnert mich an Schillers Ballade ›Wer wagt es, Rittersmann oder Knapp', zu tauchen in diesen Schlund?‹«

Jirgalem nickte. »Daran hab ich auch gedacht.«

Jetzt war Vati so neugierig geworden, dass er Jirgalem doch noch dazu brachte, das Lied vorzutragen. Der griff ein paar schrille Dissonanzen, bevor er zu singen begann: »Ich starr in den Schlund / bis hinab auf den Grund / und kann mich nicht rühren vor Grauen. / Und höb doch so gern / meinen Blick zu dem Stern, / zur Sonne, zum Himmel, dem blauen ...«

Die Akkorde taten weh. Er sang weiter: »Ich starr in den

Schlund, / in die Schwärze am Grund: / Gewürm, Gewalt, Verderben. / Ich höre mich schrei'n: / Stoßt mich *nicht* hinein! / Nein, so will ich nicht sterben! …«

Da brach Rike in Tränen aus und ließ sich kaum beruhigen. Auch für Elke war das Lied wohl zu viel gewesen. Jedenfalls verließ sie das Zimmer und kam erst nach einer Weile mit rot geweinten Augen wieder. Mutti warf Vati einen vorwurfsvollen Blick zu. Der hatte seinen Arm um Jirgalem gelegt und sagte: »Das ist ein gutes Lied, Junge, ein ehrliches Lied. Es tut richtig wohl vor dieser ganzen verlogenen Weihnachtsinnigkeit …«

»Ach Jirgalem«, sagte Mutti und umarmte ihn. »Was geht in dir vor!«

»Er hat Angst«, antwortete Gesa für ihn. »Wie wir alle.«

Es schellte. Corinna erschien, ganz unverhofft. Diesmal brünett mit einer feuerroten Stirnlocke. Sie war allein. Und Mustafa? Der sei ja kein Christ. Außerdem stimme es zwischen ihnen nicht mehr. Sie habe vor, sich demnächst wieder von ihm zu trennen. Er wolle immer mehr über sie bestimmen. Aber Freiheit gehe ihr über alles. Sie kuschelte sich an Rike, die noch rote Augen hatte, und sagte: »Nur für ein Viertelstündchen. Bei euch ist es so schön warm …«

»Funktioniert bei dir die Heizung nicht?«, fragte Vati besorgt.

Da lachte sie nur und antwortete: »Doch, doch, die Heizung schon.«

Es wurde weit mehr als ein Viertelstündchen. Erst um Mitternacht brach sie auf und bot sich an, auch Elke und Opi Jupp mitzunehmen, samt seinen Spitzen. Sie besaß noch ein Auto. »Wie lange noch?«, sagte sie und fügte hinzu: »Ehrlich, ich kann mir nicht vorstellen, ohne so ein Vehikel zu leben.«

»Haltet euch morgen und übermorgen tapfer«, sagte Opi Jupp, als er einstieg. »Der alte Geschner wird diesmal besonders strapaziös sein.«

Die Lorbachs winkten dem Wagen noch nach, als er schon um die Ecke war.

14

Wie immer kamen Großvater und Großmutter am ersten Weihnachtsfeiertag zu Besuch und brachten großzügige Geschenke mit. Diesmal war es für jedes Familienmitglied ein reichlich bemessener Gutschein für ein Paar Schuhe aus dem Schuhhaus Kalbert. Der Besitzer dieses Ladens war ein Kriegskamerad von Großvater gewesen, und es war zu vermuten, dass Großvater mit diesen Gutscheinen nicht nur der Familie seiner Tochter, sondern auch ihm, dem Schuhhausbesitzer, einen Dienst erweisen wollte.

Wie immer hielt sich Großvater an die Abmachung. Er spielte mit Ulf Dame und mit Vati eine Partie Schach, die Vati, wie meistens, verlor. Er spielte mit Rike Memory, wobei Ulf seiner Schwester liebevoll beistand. Großvater verlor haushoch, was ihn sehr ärgerte. Jedenfalls war seine gute Laune wie weggeblasen. Schließlich spielte er Monopoly mit der ganzen Familie und musste es ertragen, dass auch Jirgalem mit dabei war. Unklugerweise hatte sich Großmutter neben Großvater gesetzt und erduldete nun, dass er ihre Entscheidungen dauernd korrigierte. Nachdem Jirgalem gewonnen hatte, was Großvaters miese Laune noch zusätzlich verdüsterte, wollte er nicht mehr spielen, sondern erzählte den Kindern wieder aus seiner Hitlerjugendzeit und veranlasste auch Großmutter, aus ihrer Kindheit zu berichten. Nein, waren das Zeiten gewesen! Da hatten Mädchen vor Erwachsenen noch knicksen und Jungen einen »Diener« machen müssen! Schließlich landeten beide bei der Schilderung der wöchentlichen »Heimabende«, auf denen man – Jungen und Mädchen natürlich getrennt – so viele Lieder gelernt hatte.

»Singt doch mal eins«, sagte Ulf neugierig.

Großmutter und Großvater sahen sich an und lachten, und dann einigten sie sich und begannen gemeinsam mit ihren alten, brüchigen Stimmen zu singen: »Nur der Freiheit gehört unser Le-e-ben, lasst die Fahnen dem Wind. Einer stehet dem anderen dane-e-ben, aufgeboten wir sind. Freiheit ist das Feuer, ist der helle Schein. Solange sie noch lo-o-dert, ist die Welt nicht klein ...«

Stille. Gesa dachte nach. Sie hörte Ulf sagen: »Den Text versteh ich nicht.« Und Mutti rief aus dem Hintergrund: »Eigentlich ein unglaublicher Blödsinn, den sie euch da eingetrichtert haben. Nichts als Wortgeklingel – vom Ästhetischen ganz abgesehen.«

»Ich hab die Texte nie verstanden«, sagte Großmutter. »Aber danach fragte keiner. Darum ging's auch nicht. Nur um die Stimmung.«

»Und keiner von euch hat mal gefragt, worin die Freiheit, von der ihr gesungen habt, besteht?«, fragte Gesa.

»Das hat sich niemand getraut«, sagte Großmutter. »Wir haben uns um so was auch keine Gedanken gemacht. Und wir haben weder daheim noch in der Schule gelernt zu fragen oder etwas in Frage zu stellen. Im Gegensatz zu euch. Wir durften nur nicken zu dem, was uns die Erwachsenen eintrichterten.«

»Habt ihr auch Weihnachtslieder gelernt?«, fragte Ulf.

Ja, auch ein Weihnachtslied hatten Großmutter und Großvater zu bieten. Es hieß »Hohe Nacht der klaren Sterne« und handelte – ziemlich verworren, wie Gesa fand – von Sternen, Feuern, neugeborenen Kindern, und die letzte Strophe lautete: »Mütter, euch sind alle Feuer, alle Sterne aufgestellt. Mütter, tief in euren Herzen schlägt das Herz der weiten Welt ...«

»Wenn unser Musiklehrer mit so was ankäme, würden wir meutern«, sagte Jirgalem.

»Ja, ihr«, antwortete Großvater finster.

»Hört euch doch mal Jirgalems Lieder an«, sagte Vati. »Wir finden sie schön und ehrlich.«

»Jirgalems Lieder?«, fragte Großvater und starrte Jirgalem an wie einen Schimpansen, der im Ruf stand, Schubertlieder singen zu können. »Afrikanische, was? So was haben wir damals auch gesungen, nicht auf den Heimabenden, sondern am Lagerfeuer.« Er schmetterte los: »Negeraufstand ist in Kuba, Schüsse gellen durch die Nacht ...« Er hielt inne, lachte und sagte: »Oder dieses«, und stimmte ein anderes Lied an: »Wir lagen vor Madagaskar und hatten die Pest an Bord ...«

»Das sind doch keine afrikanischen Lieder«, sagte Vati ärgerlich. »Außerdem sind Jirgalems Lieder nicht afrikanisch. Er ist hier aufgewachsen.«

»Aber das Exotische liegt ihm im Blut, dagegen kannst du sagen, was du willst«, konterte Großvater.

»Sing uns doch mal eins, Junge«, sagte Großmutter sehr herzlich.
Aber Jirgalem schüttelte nur den Kopf, griff nach seiner Gitarre und verließ das Zimmer. Das nahmen die Großeltern zum Anlass, auch aufzubrechen.
»Das ist gerade noch mal gut gegangen«, meinte Mutti, als sie fort waren.
»Ich halte so einen Frieden auf Biegen und Brechen nicht mehr lange aus«, grollte Vati. »Dein Vater benimmt sich wie eine Dampfwalze. Ich versteh nicht, wie er so eine Tochter wie dich hingekriegt hat!«
»Vergiss nicht, dass zwei dazugehören, eine Tochter zu machen«, sagte Mutti lachend. »Mutter ist herzensgut zu allen. Wir Töchter haben Vater immer getrotzt, sobald wir halbwegs erwachsen waren. Nur Bernd blieb angepasst – bis heute.«

15

Das Essen am zweiten Weihnachtsfeiertag wurde zum Alptraum. So schlimm war es noch nie gewesen. Schon bei der Begrüßung präsentierte Großvater eine überlegen heitere Laune. Und kaum war die Suppe auf den Tellern, legte er los: »Der Putsch hat euch einen Schrecken eingejagt, was? Leider schief gegangen. Das Ganze war zu dilettantisch aufgezogen. Es hat an kampferprobten Offizieren gefehlt. Sind ja auch kaum noch welche da. Das nächste Mal klappt's besser.«
»Was?«, rief Gesa. »Ein neuer Putsch?«
»Wer redet denn von einem Putsch? Ich spreche von Machtübernahme!«

»Aber deine DF ist doch verboten worden«, sagte Vati. Großvater lachte dröhnend. »Ja glaubst du denn, die kuscht? Die hat die Hand längst wieder mit am Drücker. In der Deutschen Volksbewegung. Und ich rate euch: Merkt euch den Namen **SCHLOTT**.«

»Dieser Mark Schlott?«, fragte Vati erstaunt. »Der Fernsehmoderator? Was macht der denn bei *euch*?«

»Das, wofür er wie geschaffen ist: Massen dorthin zu führen, wo er sie hinhaben will. Schlott sieht gut aus, kommt an bei Frauen, war früher in der Werbebranche tätig, kann druckreif reden und weiß, was er sagen muss, um einen Saal voller Menschen zu begeistern. Er ist Reserveleutnant und hat ausgezeichnete Verbindungen zur Großindustrie. Genau der richtige Mann für uns. Jetzt baut er gerade eine Jugendorganisation für die DVB auf. Was sagst du dazu? Ein Allround-Talent. Und hart im Nehmen. Auch körperlich. Der übersteht eine schlaflose Nacht spielend. *Solche* Männer braucht unser Land! Noch ein halbes Jahr, dann kriegt ihr was zum Staunen!«

»Du tust ja gerade so«, sagte Corinna spöttisch, »als ob ihr die absolute Mehrheit schon vorbestellt hättet. Ihr werdet eure Mühe haben, über die Fünfprozenthürde zu kommen. Gegen euch sind die Republikaner Riesen.«

»Ich sage nur: Koalition!«, rief Großvater und vergaß zu essen. »Und alles schön brav nach den demokratischen Regeln. Die Großkopfeten in der Regierung werden sich noch umgucken. Seit Jahren kriegen sie den Hintern nicht mehr hoch und werden nur noch wach, wenn's um ihre Diäten geht. Die sind doch gar nicht mehr Herr der Lage! Nichts kriegen sie in den Griff – weder die Inflation noch die Arbeitslosigkeit, weder das Asylantenproblem noch die Streiks. Das Volk will Ruhe und Ordnung im Land haben, will sehen können, wo's langgeht! Will keinem ständig wachsenden Druck ausgesetzt sein! Will eine kalkulierbare Lage ...«

»Als ob dir das Schicksal des Volkes so sehr am Herzen läge«, sagte Mutti. »Dir geht's doch immer nur um dich und die anderen in deinem Herrenclub. Um *euren* Lebensstandard und um *euren* Besitz!«

Großvater rang nach Luft. Aber Corinna sattelte noch eins drauf: »Und wenn ihr auch neunzig Prozent aller Stimmen bekämt, ihr von der DVB, könntet ihr's doch nicht verhindern, dass Millionen arbeitslos sind und Ausländer scharenweise illegal ins Land strömen.«

»Und *ob* wir's verhindern könnten!«, rief Großvater so laut, dass Rike zusammenfuhr.

»Nehmt doch Rücksicht auf Großvaters Herz«, jammerte Großmutter, aber niemand nahm davon Notiz.

»Autobahnen gibt's schon«, bemerkte Vati trocken. »Da ist dir Hitler zuvorgekommen.«

»Wenn die Inflation gestoppt und der Zinssatz gesenkt würden«, meinte Onkel Bernd, »ließe sich damit die Konjunktur schon ein bisschen ankurbeln.«

»Das allein genügt nicht«, dröhnte Großvater. »Daran basteln sie ja schon die ganze Zeit herum, die in der Regierung. Nicht Kleckern, sondern Klotzen ist die Devise. Ich sage nur: Mauer!«

»Was?«, fragten Jirgalem, Vati und Mutti gleichzeitig. Gesa warf einen Blick auf Onkel Bernd. Der tat nicht erstaunt. Offenbar wusste er schon, was Großvater meinte.

Corinna beugte sich vor: »Sprichst du etwa von einer Mauer rund um unsere Republik?«

»Genau davon«, antwortete Großvater und lehnte sich zufrieden zurück.

Corinna brach in Gelächter aus. »Jetzt wirst du aber kindisch, wirklich«, kicherte sie.

»Corinna!«, rief Großmutter streng.

»So eine Mauer«, sagte Tante Irene nachdenklich, »würde Hunderttausende von Arbeitsplätzen schaffen …«

»Millionen!«, rief Großvater triumphierend.

»Arbeitsplätze, Arbeitsplätze«, schimpfte Vati. »Die heiligen Kühe unserer Republik. Als ob die Schaffung von Arbeitsplätzen an sich schon eine moralische Großtat wäre. Es kommt doch darauf an, wozu die Arbeitsplätze dienen sollen. Dienen sie dem Zweck, Minderheiten auszugrenzen, dann ist ihre Schaffung verwerflich!«

»Ja, zum Teufel«, donnerte Großvater, »wie lange sollen wir denn noch die Faulpelze und Versager, die Kriminellen und Kranken in unser Land hereinströmen lassen? Bis jede deutsche Familie eine Schar von Kanaken in der Wohnung hat? Bis wir alle ausgeraubt sind? Bis unsere Jugend durch und durch drogensüchtig und aidsverseucht ist? Bis sich auf unseren Kinderspielplätzen nur noch Mischlinge tummeln? Die DDR lag gar nicht so falsch mit ihrer Mauer!«

»Gegen die Mischlinge hättest du nicht das Geringste, wenn sie dir Geld einbrächten«, konterte Corinna.

Und dann beugte sich Jirgalem vor und sagte: »Wenn du könntest, wie du wolltest, Großvater, dann würdest du mich ausweisen, nicht wahr?«

Tante Irene kicherte, um die Stille, die jetzt entstand, zu

entschärfen. Aber schon antwortete Großvater langsam: »Dumm bist du nicht, Junge.«
In die Stille hinein fragte Jirgalem weiter: »Und was, Großvater, würdest du mit Rike tun?«
»Kein Kommentar«, antwortete Großvater.
Vati wollte aufspringen, Mutti hielt ihn zurück. Rike brach in Tränen aus. Großmutter schob ihren Stuhl so heftig zurück, dass er kippte, lief zu Rike und drückte sie an sich.
»Jetzt ist aber Schluss!«, rief sie zu Großvater hinüber, so zornig, wie man es von ihr nicht gewohnt war.
»Wieso?«, antwortete er sanft und räusperte sich. »Ich hab doch gar nichts gesagt …«
Das war zu viel. Vati sprang nun doch auf und Mutti mit ihm. Und obwohl Großmutter bat und bettelte und in Tränen schwamm, und obwohl auch Onkel Bernd und Tante Irene zu vermitteln suchten, brachen Lorbachs auf, und Corinna schloss sich ihnen an.
»Ich hab schon gefürchtet, du bleibst diesmal wieder sitzen, Vati«, sagte Jirgalem. »An deiner Stelle wäre ich schon im vergangenen Jahr mit einem Knall fortgegangen.«
»Aber Großmutter«, sagte Mutti bekümmert. »Hast du nicht gesehen, wie sie sich das alles zu Herzen nahm?«
»Ich verstehe nicht, wie sie einen Mann heiraten konnte, der solche Ansichten hat«, rief Gesa.
»Damals, nach dem Kriegsende«, sagte Vati, »stand der mit seinen Ansichten durchaus nicht allein.«
»Heute doch auch nicht«, sagte Jirgalem.
»Nein, heute auch nicht«, seufzte Vati. »Nichts dazugelernt seit Fünfundvierzig, nicht aus Schaden klug geworden, nichts bereut und nun weiteren Schaden anrichtend …«

»Zum Glück sitzt er an keiner Schaltstelle«, meinte Corinna. »Aber er kann überzeugen. Viele hören auf ihn. Er ist kein harmloser Narr.«

»Und er hat eine Stimme für die Wahlurne«, sagte Jirgalem finster. »Ich wette, dass er auch Großmutter vorschreibt, was sie zu wählen hat. Und dass sie ihm gehorcht.«

»Wenn die DVB ans Ruder käme«, meinte Vati, »gäbe es keine Wahlen mehr. Jedenfalls keine demokratischen. Gott bewahre uns vor solchen Zuständen!«

Ulf schüttelte den Kopf: »Eine Mauer um Deutschland. Irre Idee. Könnt ihr euch das vorstellen? Ich nicht.«

»Jetzt wird Großvater mit den anderen über uns herziehen«, sagte Mutter traurig, »wobei ihm alle drei nach dem Mund reden werden. Und Großmutter wird in der Küche sitzen und weinen.«

Der Tag nahm aber noch ein schönes Ende – bei Opi Jupp und seinen Spitzen. Rike wälzte sich mit ihnen auf dem Teppich herum und ließ sich belecken. Ulf, Gesa und Jirgalem aber saßen im Kreis der Erwachsenen. Und auch Corinna war diesmal dabei. Bisher war sie nie zu Opi Jupp gekommen. »Das ist *euer* Opi«, hatte sie gesagt, wenn die Lorbachs sie eingeladen hatten, und war ihre eigenen Wege gegangen. Bisher hatte sie über Weihnachten immer einen Freund bei sich gehabt. In diesem Jahr blieb sie allein.

16

Das Jahr, in dem Gesa ihren sechzehnten und Jirgalem seinen achtzehnten Geburtstag feierten, wurde noch schlimmer als das Jahr davor. Jirgalem bekam das zuerst zu spüren: Eine Gruppe rechter Skinheads, die – nach ihrem norddeutschen Akzent zu urteilen – keine Kasseler waren, fiel in der Nähe seiner Schule über ihn her. Er kam mit einer Platzwunde auf der Stirn und ein paar Blutergüssen davon. Denn zu seinem Glück näherten sich Schüler aus seiner Oberstufe. Entsetzt riefen sie den Kerlen zu: »*Den* doch nicht! Das ist doch der Jirgalem Lorbach!«

Grinsend machten sich die Skinheads davon.

Jirgalem – so erfuhr Gesa später von einem dieser Schüler – sei aufgestanden, habe sich das Blut aus dem Gesicht gewischt und finster gefragt: »Was heißt ›*den* doch nicht‹? Welche anderen *dann*?« Und als die Jungen verlegen erklärten, das sei ihnen so herausgerutscht, natürlich dürfe *niemand* zusammengeschlagen werden, da habe Jirgalem höhnisch gesagt: »Es kann nicht rausrutschen, wie ihr es nennt, was nicht in euch ist.« Und sei fortgegangen, ohne ihnen zu danken.

Das tat dann Gesa. Aber sie wusste: Ihr Bruder hatte Recht.

Von da ab wurde Jirgalem noch stiller als vorher. Ihm fehlte jetzt ein gutes Jahr bis zum Abitur. Er war einer der besten Schüler seines Jahrgangs. Vor allem in Mathe, Bio und Musik war er Spitze. Er war beliebt und schon seit den zwei letzten Jahren Sprecher der Schülerselbstverwaltung. Es gab selten eine Schulfeier, auf der nicht auch er eine Ansprache halten musste. Vati hatte sich das ein paarmal angehört. Seine Meinung dazu: »Jirgalem macht das mit Bravour. Besser hätte ich's auch nicht gekonnt.«

Über dieses Lob freute sich Jirgalem unbändig.

Doch, an Mädchen hatte er schon Interesse, und die Mädchen interessierten sich auch sehr für ihn. Aber von ihren

Eltern hatte er öfter massive Ablehnung zu spüren bekommen.
Manchmal sprach er mit Gesa über seine Probleme. Er hatte keine Geheimnisse vor ihr. Was er ihr anvertraute, erzählte sie nicht weiter. Auch das wusste sie: Dass er unbedingt Arzt werden und dann nach Äthiopien gehen wollte, um dort mitzuhelfen, ein modernes Gesundheitswesen aufzubauen. Arzt werden – zu schaffen, was Opi Jupp nicht vergönnt gewesen war.
Als es Sommer wurde, starb die alte Dame, die Mutti seit einem Jahr betreut hatte. Mutti suchte verzweifelt nach einem anderen Job. Vati, der jetzt einigermaßen fest in der Lokalredaktion saß, verschaffte ihr eine Putzstelle im Zeitungsgebäude.
Als sie am ersten Tag vom Putzen heimkam, schluchzte sie eine Weile in der Küche. Dann hatte sie sich wieder unter Kontrolle.
»So ein blöder Stolz«, sagte sie. »Als ob's nicht egal wäre, was und wo ich arbeite. Hauptsache, ich bringe Geld heim.«
»So egal ist das nun auch wieder nicht«, sagte Vati, zog sie zum Vergnügen der Kinder auf seinen Schoß und wischte ihr die Tränen ab. »Du würdest zum Geldverdienen doch wohl nicht auf den Strich gehen – oder?«
Da musste auch sie lachen. »Du vergisst«, sagte sie, »dass ich schon Mitte fünfzig bin …«
Gesa fand, dass man ihr dieses Alter nicht ansah. Ihr glattes, kurzes Haar war noch ganz dunkel, und in ihrem Gesicht gab es höchstens Lachfältchen. Sie war etwas kleiner als Corinna, die jüngere der Schwestern, und ihre Figur war

ein bisschen üppiger. Das stand ihr gut. Freilich, gegen Vati, den Hünen, wirkte sie sehr klein. Aber daran hatte man sich gewöhnt. Und sie ließ sich von ihm ja auch nicht unterbuttern.

»Genug geschmust«, sagte sie, rutschte von Vatis Schoß und machte sich über Jirgalems alten Pullover her, der an den Ellbogen schon durchgewetzt war. Sie trennte ihn auf, denn sie wollte daraus einen neuen Pulli für Rike stricken.

17

Im Sommer ging es los mit der Wahlwerbung. Die großen alten Parteien hatten wenig Neues zu bieten. Auf ihren Plakaten, die Köpfe bekannter Politiker zeigten, stand meist nur langweiliges und wenig originelles Zeug wie **Für Sicherheit und Wohlstand** oder **Mit uns in eine sichere Zukunft** oder **Keine Experimente**.

»Leeres Geschwätz!«, kommentierte Vati ärgerlich. »Aus welchem Hut wollen sie denn eine sichere Zukunft zaubern? Das weiß doch inzwischen das letzte Ömchen, dass wir auf unsichere Zeiten zustolpern. Was sonst als Experimente? Viel zu lange haben wir am Herkömmlichen geklebt, das uns in unserer gegenwärtigen Lage nicht weiterhelfen kann. Und der Wohlstand aus den ›guten alten Zeiten‹, von denen Lieschen Müller träumt, der kommt nie wieder. Bestenfalls ein schwacher Abglanz davon, eine kleine Zacke nach oben in der Kurve des Lebensstandards. Ehrlichkeit täte jetzt Not! Die Karten offen auf den Tisch legen! ›Leute‹, müsste es heißen, ›versuchen wir gemeinsam, die Probleme anzugehen! Oder *alles* geht den Bach runter!‹«

Einer von Vatis Vorträgen.

Am eigenwilligsten war noch das Plakat mit dem riesigen Arm in Hitlergrußpose, vor dem ein Stoppschild aufragte. Darüber stand: Nicht noch einmal! Und darunter: Bündnis 90/Die Grünen.

Die Werbung der rechten Parteien war viel aggressiver. Da hieß es zum Beispiel: Wir räumen auf! Man sah auf diesem Plakat einen wuchtigen Kerl, Typ Meister Proper, die Straße kehren. Sein Besen schob allerlei vor sich her: Fixerbesteck, Pornohefte, einen Turban.

Ein anderes Plakat zeigte eine einsame Frau auf nächtlicher Straße. Darunter stand in großen Lettern: Wir wollen uns nicht mehr fürchten! Auf einem dritten Plakat dümpelte ein Kahn im Meer. Von allen Seiten schwammen Menschen auf ihn zu und kletterten an Bord, obwohl er schon überfüllt war. Quer darüber war gedruckt: Das Boot ist voll! Wieder ein anderes Plakat rief den Passanten entgegen: Deutschland – ein sauberes, sicheres, wohlhabendes Land! Noch nicht, aber bald! Und dann war da noch, in ganz Kassel hundertfach vervielfältigt, das schwefelgelbe Plakat mit dem DVB-Slogan: Zurück zum Wohlstand!

Die meisten Plakate aber zeigten Großaufnahmen des Vorsitzenden der DVB, Mark Schlott. Da reckte der drahtige, jung und dynamisch wirkende Mann den Arm und machte das V-Zeichen. Oben stand: Uns nach! Darunter: Mark Schlott – DVB. Hinter Schlott ging die Sonne auf – die mit den Stacheln. Nur war sie jetzt rot und leuchtete riesig auf gelbem Hintergrund. Die DF war ja in der DVB aufgegangen, und die schwarze DF-Stachelsonne auf rotem Grund war Schlott wohl nicht werbewirksam genug – oder aber den Hitlerfahnen als zu ähnlich erschienen.

Dann: Schlott winkend auf einem Segelboot. Hinter ihm blähte sich das gelbe Segel mit roter Stachelsonne. Text: **Raus aus der Flaute!** Oder Schlott als Strahlemann mit erhobenem Daumen: **Handfeste Politik – Kein leeres Gewäsch!** Oder Schlott, umringt von mageren blonden Kindern, die die Arme nach ihm ausstreckten: **Euer Vati hat bald wieder Arbeit!**

Vati konnte sich vor allem über das **Uns Nach!**-Plakat nicht beruhigen. »Das kann doch nicht sein!«, rief er immer wieder und schlug sich an die Stirn. »Niemand scheint was zu merken, keiner schlägt Alarm! Diese Art von Wahlwerbung hätte längst verboten werden müssen. Warum hängen die Schlott-Plakate noch? Warum haben wir Deutschen sie noch nicht heruntergerissen? Das ganze Land müsste auf die Barrikaden gehen gegen das, was sich da anbahnt!«

Er telefonierte erregt mit Meinhard, seinem ehemaligen Verleger. Nachdem er den Hörer wieder aus der Hand gelegt hatte, sagte er niedergeschlagen zu Mutti: »Der hat schon aufgegeben. Der verhält sich wie das Kaninchen vor der Schlange …«

Er saß jetzt nächtelang und schrieb Artikel: Dass der Slogan **Uns nach!** die Absichten Schlotts verrate. Hier wolle ein neuer Führer eine Herde sammeln, dummes Stimmvieh, das allen gesunden Menschenverstand, alle Kritikfähigkeit, alle Mitverantwortung fahren lasse – wie gehabt – und hinter dem Rattenfänger herstolpere.

Aber diesmal wurde er seinen Text nur an zwei Zeitungen los, zwei unbedeutende Provinzblätter. Alle anderen Redaktionen, die er angeschrieben hatte, hielten Vatis Artikel für zu überzogen, zu schwarzseherisch. In einer Zeit wie dieser wolle der Durchschnittsbürger etwas Aufmunterndes lesen.

Schon ein Jahr zuvor hatte Schlott, wie man jetzt erfuhr, eine »Schutztruppe« gegründet. Für seinen eigenen Schutz. Zuerst waren es nicht mehr als ein Dutzend Leibwächter gewesen, schwarz uniformiert. Aber schon während der Wahlkampagne war diese Mannschaft angewachsen. Inzwischen gab es die Männer mit dem Stachelsonnenbarett, die »Schwarze Garde«, in jeder größeren Stadt. Sie gerieten immer öfter in die Schlagzeilen. Hier störten sie die Aufführung des Kultfilms »Der Marsch«, in dem hungernde Afrikaner, die nichts mehr zu verlieren haben, auf Europa, das Gelobte Land, zuwandern. Dort schlugen sie eine Gruppe von Sinti und Roma zusammen. Und immer wieder fielen sie in Schwulenkneipen ein, wo sie alles kurz und klein schlugen. Sie störten Demonstrationen gegen Menschenrechtsverletzungen, rissen Wahlplakate anderer Parteien ab und griffen alles an, was Schlott verdammte. Nur an ihren Gesichtern konnte man die Uniformierten identifizieren. Wer diesen oder jenen unter ihnen erkannte, hütete sich meist ihn anzuzeigen, um nicht Rache fürchten zu müssen. Wer Schlotts Garde begegnete, war gut beraten, wenn er nichts sah, nichts hörte, nichts sagte.

Schlotts »Schwarze« taten aber auch vieles, was in den Augen der Bevölkerung löblich war: Sie veranstalteten Kinderfeste, Sport- und Sängerfeste, wobei sie zahlreiche Stachelsonnenfahnen flattern ließen, klapperten sonntags mit Sammelbüchsen an den Straßenecken für die Armen, fuhren mit stachelsonnenbemalten Gulaschkanonen in die Slums und teilten Erbsensuppe gratis aus. Sie bedachten Alte und Kranke mit Stärkungsmitteln und sorgten dafür, dass bei allen diesen Aktionen die Presse dabei war.

Einmal, als Gesa aus der Schule kam, sah sie kleine Jungen »Schwarze Garde« spielen. Sie hatten gelbe Barette mit der Stachelsonne auf dem Kopf, salutierten vor einem Halbwüchsigen und stürmten dann auf ein dunkelhäutiges Kind zu, das mit einem Sack auf dem Rücken von Mülltonne zu Mülltonne zog. Gesa fuhr dazwischen und rettete die Kleine. »Schämt ihr euch nicht, fünf gegen einen?«, rief sie den Jungen zu. »Was hat sie euch getan?«

»Das ist doch keine Deutsche«, antwortete ihr der Anführer trotzig. Er war sicher nicht älter als acht oder neun.

In diesen Tagen hörte Gesa Vati und Mutti öfter über ein Buch sprechen, das, schon etwas vergilbt, in Vatis Bücherschrank stand und einen merkwürdigen Titel hatte: **HITLER KAM AUS DER DANKWARTSGRUBE UND KOMMT VIELLEICHT BALD WIEDER.** Ein Rolf Winter hatte es geschrieben. »Genau das ist es«, hatte Vati gesagt. »Ein Volk in Angst, ein Volk in materieller Not ist zu allem fähig. Sogar dazu, seinen gesunden Menschenverstand fahren zu lassen und nach einem Leithammel zu blöken! Winter hat davor schon gewarnt, als noch dicke Fettaugen auf unseren Suppen schwammen!«

»Wie findet *ihr* denn diese Plakate mit Schlott?«, fragte

Gesa ihre Klassenkameradinnen, als sie mit ihnen in einer Pause auf dem Schulhof stand.

Einige zuckten nur mit den Schultern. Politik. Wie gehabt. Leeres Geschwätz, Worthülsen. Also langweilig. Manche von ihnen hatten noch gar nicht mitbekommen, wer Schlott war. Aber zwei Mädchen waren genau im Bild. Sie gehörten der neuen Jugendorganisation der DVB an und fanden es dort »toll«. Sie seien jetzt dabei, Leute aus anderen Klassen anzuwerben. »Übrigens«, sagte die eine, »dein Cousin Boris ist auch dabei, Gesa. Von Anfang an. Der hat das hier in der Stadt überhaupt erst angeleiert. In knapp drei Monaten hat er über vierzig Mitglieder zusammengekriegt ...«

Gesa stutzte. Boris? Aber ja, das lag nahe – bei *diesem* Großvater! Offensichtlich war er schon bei dem letzten Weihnachtsbesuch Mitglied der DVB gewesen, hatte aber nichts davon verraten, weil er sich wohl keine großen Chancen ausrechnete, sie und ihre Brüder anzuwerben.

»Inzwischen gehören schon hundertzwanzig zur Gruppe Kassel«, sagte die andere.

»Und in den Sommerferien kriegen wir für zwei Wochen eine Almhütte, und die Reise dorthin wird von der DVB übernommen. Wer von uns könnte sie sich sonst leisten? Wahrscheinlich nur Boris. Und dort gibt's ein tolles Programm: Lagerfeuer, Geländespiele, Baden im See, Basteln, Singen ...«

»Nur der Freiheit gehört unser Leben?«, fragte Gesa schroff.

»Was ist denn *das*?«, wunderten sich die Mädchen.

»Ein Nazisong«, antwortete Gesa. »Ein ganz bekannter.«

»Wie kommst du denn darauf, uns mit denen in Verbindung zu bringen?«, sagte die eine lachend. »Das mit den Nazis ist lange vorbei.«

»Ich könnte mir vorstellen«, sagte Gesa, »dass ihr auch die Fahne hisst und der Fahne gelobt und marschieren und stramm stehen lernt und so was wie eine Uniform habt und gehorchen müsst ...«

»Stimmt«, sagte die eine verblüfft. »Woher weißt du das?«

»Ich kombiniere«, antwortete Gesa.

»Bei uns bekommt man ein ganz anderes, ein ganz neues Feeling«, beeilte sich die zweite zu erklären. »So ein Zusammengehörigkeitsgefühl, ganz anders als in den üblichen Jugendgruppen, wo man kommen und gehen und mitmachen oder nicht mitmachen kann. Wo man motzen und kritisieren kann. Bei uns ist man ein festes Glied in der Gemeinschaft. Schau doch mal rein. Gruppenstunde ist mittwochs um vier ...«

»Aber du, bei *dem* Vater ...«, setzte die erste zweifelnd hinzu. Dann wandten sich beide von ihr ab.

»Mir geht dieser Schlott auf den Keks«, sagte Annika. »Das ist einer, der sich für unwiderstehlich hält. Einer, der sich wünscht, dass seine Zuhörer schon vor Ergriffenheit ohnmächtig werden, wenn er nur sagt: ›Mieses Wetter heute.‹ Dem wünsch ich eine deftige Wahlniederlage.«

18

»Aber *du*, bei *dem* Vater ...« Gesa wusste, dass *der Vater* in den vergangenen Wintermonaten ein neues Buch geschrieben hatte. Ein ganz dünnes nur, aber ein brisantes. Er hatte einen mutigen Ein-Mann-Verlag dafür gefunden. Das Buch war eine Warnung vor Schlott. Und es prangerte alle an, die die Verteidigung der Demokratie anderen überließen und sich gegenüber den rechtsradikalen Parteien still verhielten. Die sich aus allem heraushielten.

Vati hatte viel mit Jirgalem und ihr über dieses Buch gesprochen. Auch mit Ulf. Aber den hatte das Thema weniger interessiert. Er fühlte sich wohler auf Fußballplätzen. Er war ja auch erst vierzehneinhalb Jahre alt. Begriff er überhaupt schon richtig, dass er auf seinen Vater stolz sein konnte? Der steckte den Kopf nicht in den Sand. Er tat was. Er beobachtete, was im Land, in der Welt geschah, und griff ein.

Gesa musste an das Buch von Rolf Winter denken, das in Vatis Bücherschrank stand. Das mit dem komischen Titel. Vati hatte in den letzten Wochen kein Buch so oft erwähnt wie dieses.

Als sie heimkam, fing sie an, darin zu lesen – und konnte es nicht mehr aus der Hand legen. Der Autor erzählte von seiner Kindheit in der Zeit vor Hitler, als es über sechs Millionen Arbeitslose in Deutschland gab und seine Mutter, eine Wasch- und Putzfrau, nicht wusste, wovon sie ihre beiden Kinder satt machen sollte. Sie war Hitler nachgelaufen, jawohl, und mit ihr so viele aus ihrer Straße, die in ähnlicher Not lebten. Aus der Armeleutestraße, die Dankwartsgrube hieß. Hitler nachgelaufen, weil er Arbeit versprach – und sein Versprechen auch hielt. Um was für einen Preis, das erkannten die Leute aus allen Dankwartsgruben Deutschlands zu spät. Als sie nicht mehr zurückkonnten, ohne Kopf und Kragen zu riskieren.

Gesa dachte nach. Noch ging es den jetzigen Arbeitslosen

nicht so schlecht wie den Arbeitslosen der zwanziger und dreißiger Jahre. Die Leute von damals waren, bevor sie ihre Arbeit verloren hatten, kein so üppiges Leben gewohnt gewesen wie das, aus dem die Lorbachs und ihre Zeitgenossen während der letzten Jahre in die Not abgesackt waren. Viele konnten sich noch aus dem Besitz, den sie in den fetten Zeiten angesammelt hatten, über Wasser halten. Aber die Angst, die Angst! Die war mindestens ebenso groß wie damals. Das zeigten die Unruhen der letzten Monate. Und hinter der Angst, ob man die nächste fällige Miete zusammenbekam, lauerte noch die Angst vor den Folgen der Ozonlöcher, der sterbenden Wälder, der Klimaaufheizung ...

Allerdings – ein schwacher Trost – hatten sich durch die Flaute einige der Umweltprobleme entschärft, so auch das der Verkehrsdichte. Auf den Straßen war jetzt wieder reichlich Platz. Parkplätze und Parkhäuser standen halb leer. Viele Tankstellen mussten schließen. Die Autoindustrie war binnen weniger Jahre um die Hälfte geschrumpft, und das nicht nur in Deutschland, sondern in allen Industrienationen. Sie schrumpfte weiter. Smog in den Großstädten? Gab's nicht mehr. Dafür wurden die großen Mülldeponien – in Kassel wie auch anderswo – mit hohen Zäunen umgeben, um die Scharen von Müllwühlern fern zu halten.

Gesa sah jetzt oft, wie Mutti sorgenvolle Blicke auf den Stromzähler warf. Frau Siebert im Parterre hatten sie schon zweimal den Strom gesperrt, weil sie die Rechnung nicht bezahlen konnte. Ihr Sohn Benno war drogensüchtig und holte ihr aus dem Portmonee, was er nur finden konnte.

Auch Vati drehte die Heizung in letzter Zeit so niedrig, dass die Temperatur im Wohnzimmer nicht über sechzehn Grad stieg. Nur wenn Großmutter ab und zu zum Kaffee kam, musste es mollig warm sein.

Ja, bald würde auch die Lessingstraße eine Dankwartsgrube werden. Man sprach jetzt viel von einer geplanten neuen, drastischen Kürzung der Arbeitslosengelder und der Sozialhilfe. Aber die Regierung schien diese Maßnahme erst nach der Wahl vornehmen zu wollen. Wie üblich. Angeblich sollte ein Drittel sämtlicher Gelder weggekürzt werden – nicht auszudenken! Dabei kaufte man doch seine Klamotten schon auf dem Flohmarkt oder nähte aus Altem Neues. Man ließ seine Schuhe zum zweiten und dritten Mal besohlen bei einem der vielen Schuhmacher, von denen es jetzt fast in jeder Straße einen gab. Man lernte wieder Strümpfe stopfen und Fahrradreifen flicken. Urlaubsreisen? Für die meisten nur zu Verwandten, wo es nichts kostete.

19

Es war ein unruhiger Sommer. Die Zeitungen waren voll von Nachrichten über Anschläge auf Ausländerunterkünfte, wilde Demonstrationen, Attentate, Schusswechsel an den Grenzen, zunehmende Verelendung, Bankrotterklärungen führender Industrieunternehmen. Und die Kriminalität nahm rapide zu und zeigte sich immer brutaler. Früher war Kassel, war das ganze Land im August halb leer gewesen, weil die meisten Menschen außerhalb der Grenzen Erholung gesucht hatten. Jetzt blieben die Deutschen daheim. Wer sich überhaupt noch eine Reise leisten konnte, zog es trotzdem vor, seine Wohnung nicht zu verlassen, aus Angst,

sie könne ausgeraubt werden. Und in den Kasseler Fuldaauen war eine riesige Zeltstadt für Asylbewerber aufgestellt worden. Dort gab es jetzt jeden Tag Zusammenstöße zwischen Ausländern und Einheimischen.
An einem strahlenden Augusttag lud sich Großmutter zum Kaffee ein. Großvater sei nach Frankfurt gefahren, dort spreche Schlott auf einer Kundgebung. Großvater wolle ihn einmal persönlich erleben. Er habe ja so einen Zulauf! Kuchen bringe sie mit.
Gesa, die das Telefonat angenommen hatte, rief Mutti.
»Fein«, hörte sie sie sagen. »Komm nur. Hast du was dagegen, wenn ich auch Elke dazubitte, meine frühere Mitarbeiterin? Sie ist in einem Tief, verstehst du?«
Großmutter ließ sich von Boris herfahren. Aber er kam nicht mit herauf. Mutti hatte auf dem Balkon gedeckt. Wenn man sich über die Brüstung beugte, konnte man ganz im Westen, auf der Wilhelmshöhe, die mächtige Figur des Herkules sehen, Wahrzeichen der Stadt Kassel, beliebtes Ausflugsziel.
»Jetzt kann man sich dort nicht mehr hinwagen«, seufzte Großmutter. »Oder man wird schnell seine Handtasche los ...«
Elke kam. Gesa setzte sich dazu. Dann erschien auch schon Jirgalem, magisch angezogen von der Kuchenplatte.
»Bei euch riecht's anders als sonst«, sagte Großmutter.
»Das liegt am Untermieter, den wir jetzt haben«, erklärte Jirgalem. »Er benutzt ein starkes Parfüm.«
»Ein Parfüm?«, fragte Großmutter erstaunt. »Ein Mann?«
»Warum denn nicht?«, antwortete Jirgalem seelenruhig und langte nach dem dritten Kuchenstück. »Herrenparfüm

ist doch vor ein paar Jahren ganz groß in Mode gekommen ...«

Großmutter dachte nach, dann seufzte sie und sagte: »Seid ihr schon so weit, dass ihr Untermieter nehmen müsst? Da hat doch eines der Kinder auf sein eigenes Zimmer verzichten müssen, nicht wahr?«

»Ulf und ich sind zusammengezogen«, antwortete Jirgalem mit vollem Mund. »Freiwillig.«

»Wenn's noch schlimmer kommt«, sagte Gesa, »ziehe ich mit Rike zusammen. Dann haben wir *noch* ein Zimmer zum Vermieten.«

Plötzlich brach Elke, die bisher still dagesessen hatte, in Tränen aus und stürzte vom Balkon in die Wohnung. Mutti lief ihr nach. Die Wohnungstür schlug zu. Kurz danach hörte Gesa unten auf der Straße schnelle Schritte, die sich entfernten. Sie beugte sich über die Brüstung. Es war Elke.

Traurig kehrte Mutti zurück. »Wir hätten nicht so viel von den Zimmern reden sollen«, sagte sie. »Die haben sie an ihr Problem erinnert.« Und sie erzählte Großmutter von Elkes Eigentumswohnung. »Sie ist noch längst nicht abbezahlt. Hätte ich meinen Buchladen weiterführen können, wäre das kein Problem gewesen. Aber so – sie findet keinen neuen Job. Sie ist ja schon zweiundfünfzig. Sie wird ihre Wohnung verkaufen müssen. Und sie hängt so an ihr!«

»Die Arme«, sagte Großmutter bekümmert. Sie legte die Kuchengabel hin und dachte nach. Dann sagte sie: »Diese Zeit verlangt einem viel ab.« Pause. Und plötzlich: »Was ist er denn von Beruf, euer neuer Untermieter?«

»Verkäufer bei Koschke in der Herrenabteilung«, sagte Mutti. »Früher war er Balletttänzer.«

»Aha«, sagte Großmutter und warf Mutti einen seltsamen Blick zu. Gesa erriet, was sie dachte. »Er ist sehr nett«, sagte sie trotzig.
»Ist ja gut, Kind«, sagte Großmutter und machte eine beschwichtigende Handbewegung. »Warum denn auch nicht?« Und dann wechselte sie eilig das Thema und sprach von Großvater. »Er ist so gut beieinander in letzter Zeit«, berichtete sie. »Das macht wohl die Politik. Er lebt richtig auf. Dabei hat er sich doch so viele Jahre nicht mehr um Politik gekümmert.«
»Wenn er sich nur nicht um die falsche kümmern würde«, seufzte Mutti.
»Jeder hält seine Richtung für die richtige«, gab Großmutter sanft zurück. »Man muss gegenüber Andersdenkenden auch ein bisschen Toleranz üben. Jedenfalls ist er durch die DVB wieder richtig aufgeblüht. Vor allem dieser Schlott gibt ihm Hoffnung.«
»Ein Verführer ist das!«, rief Mutti zornig. »Ich wette, der geht, wenn nötig, über Leichen!«
»Wenn er so ein Monster wäre, wie du befürchtest, würden ihn nicht so viele vernünftige Leute unterstützen«, sagte Großmutter milde. »Du willst doch nicht behaupten, dass solche Männer wie der Weckner und der Löffler und der Rückemeier aus Rosenheim und die Hambergs – der alte wie der junge – solche Dummköpfe sind, dass sie sich verführen lassen!«
Mutti sah verstört aus. Kein Wunder. Auch Gesa horchte auf.
Der Weckner und der Löffler waren Jugendfreunde von Großvater. Der eine war Bürgermeister a. D., der andere In-

haber einer Möbelhauskette. Den Rückemeier, einen Hotelbesitzer, hatte Großvater auf einer Urlaubsreise kennen gelernt. Und mit dem alten Hamberg, einem pensionierten Richter, war er im selben Bataillon gewesen. Noch jetzt spielten sie einmal wöchentlich im Schachklub zusammen. Dass sie alle gleichen Sinnes wie Großvater waren – nun ja, das ließ sich schlucken. Aber dass der »junge« Hamberg auch Anhänger der DVB war, alarmierte: Dr. Hamberg war Direktor des Gymnasiums, das Jirgalem, Gesa und Ulf besuchten!

»Ich könnte dir noch eine Menge Leute aus dieser Stadt aufzählen, die auch in die DVB eingetreten sind«, sagte Großmutter. »Aber ich weiß nicht, ob das Großvater recht wäre. Im Übrigen hat die Partei auch einiges im Programm, das wirklich gut ist. Das musst du zugeben, Ingrid. Zum Beispiel, dass die Pornografie wieder aus den Illustrierten und den Fernsehprogrammen verschwinden soll. Es gibt doch heute keinen Zeitungsstand, an dem nicht reihenweise Fotos von nackten Busen und Frauenpos hängen. Kein Wunder, dass unsere Jungend unter solchen Verhältnissen –«

»Wie steht denn die DVB zur Venus von Milo?«, fragte Mutti heiter.

»Das ist doch *Kunst*!«, rief Großmutter.

»Und wo und wie zieht die DVB die Grenze zwischen beidem? Mit Hilfe einer strengen Zensur und drastischen Strafen? Womit wir wieder bei der Hitlerzeit gelandet wären. Dazu gehört, dass die Kunst dann nur noch so sein dürfte, wie die DVB sie haben möchte. Und ganz gewiss würde Vaters Partei keine solchen Romane dulden, wie Erik sie schreibt!«

Großmutter schwieg betroffen. Darüber hatte sie offenbar noch nicht nachgedacht.

»Aber die vielen Ausländer in Deutschland«, fing sie wieder an, stockte und setzte hinzu: »Warum kommen noch immer so viele? Bei ihnen daheim muss es sich doch herumgesprochen haben, dass hier nicht mehr Milch und Honig fließen, wie noch vor ein paar Jahren ...«

»Wahrscheinlich kommen sie, weil es ihnen daheim noch viel schlechter geht«, sagte Jirgalem geduldig.

»Und dann die Aidsgeschichte«, fuhr Großmutter fort, offenbar in der Absicht, die Kluft zwischen den politischen Ansichten ihres Mannes und denen der Lorbachs zu verringern. »Ihr müsst doch zugeben, dass die Seuche gestoppt werden könnte, wenn man die bereits Verseuchten von den noch Gesunden trennen würde.«

»Du denkst an so etwas Ähnliches wie Lepra-Inseln?«, fragte Mutti scharf. »Oder Lager mit hohen, elektrisch geladenen Zäunen?«

»Man muss ja nicht gleich so etwas Drastisches meinen«, wich Großmutter aus.

»Und hast du dir mal klargemacht, dass dann jeder mindestens zweimal im Jahr zur Aidskontrolle antreten müsste, vom Säugling bis zur Urahne?«, fragte Jirgalem.

»Und was, wenn du plötzlich selber Aids erwischt hättest und mit Zwang in so eine Aussätzigenstation eingewiesen würdest?«, sagte Gesa.

»Nun, mit einer Lebensführung, wie unsere Kreise sie praktizieren, ist unsereiner doch von dieser Seuche wenig gefährdet«, sagte Großmutter unsicher und ging schnell auf ein neues Thema über: »Und darin bin ich mit Großvater ganz und gar einig: Die Strafen müssen erhöht werden. Vor allem die für Drogendealer. So hoch, dass sie wirklich abschrecken. Großvater ist sogar für die Wiedereinführung der Todesstrafe. So weit möchte ich nicht gehen, denn über Tod und Leben sollte allein unser Herrgott entscheiden. Aber für Abschreckung bin ich auch, genauso wie alle meine Freundinnen. Und ebenso für eine Bestrafung von Abtreibungen.«

»Aber mit Bestrafungen wirst du Abtreibungen nicht verhindern«, sagte Mutti und lächelte spöttisch. »Das ist keine Sache der Justiz.«

Sie holte tief Atem. »Mutter, das alles, was du eben aufgezählt hast, ist schlimm und muss gelöst werden. Aber ob das mit Verboten erreicht werden kann, bezweifle ich. Und dafür einen starken Mann herbeizurufen, halte ich für gefährlich. Dem Schlott geht's doch um nichts anderes als die Macht. Die Macht über das Volk. Wenn aber das Volk sich von jemandem die Macht nehmen lässt, liefert es sich auf Gedeih und Verderb aus. Nach Schlotts Programm zu urteilen, wäre es unser Verderben!«

»In unserer jetzigen Regierung gibt's doch auch eine Menge Leute, die auf nichts anderes als Macht aus sind«, warf Großmutter ein.

»Wir haben die Möglichkeit, Druck auf sie auszuüben, ja, sie abzusetzen«, sagte Mutti. »Gegen Schlott hätten wir keine Chance. Denn er würde die Demokratie wegfegen.«

Ulf kam heim. Er stürzte sich auf den Kuchen. Großmutter fand, dass er elend aussehe. Sicher überanstrenge er sich in der Schule.

Gesa musste sich auf die Lippen beißen, um nicht zu lachen.

Ulfs Ringe unter den Augen stammten von der letzten Nacht. Da war er wieder mal mit der langen Vorhangstange unterwegs gewesen, in die er einen dicken Eddingstift gesteckt hatte. Anfangs hatte Ulf ein großes Geheimnis aus seinen spätabendlichen Ausflügen gemacht. Aber als Gesa auf dem Schulweg Schlott-Plakate mit Schielaugen und Schnurrbärten à la Salvador Dalí begegnet war, hatte sie Ulfs Aktivitäten erraten. Und auch Vati war ihm hinter die Schliche gekommen. »Lass das«, hatte er gesagt und dabei gegrinst, »das ist kein guter Stil. Du würdest auch nicht wollen, dass die Politiker der von *dir* favorisierten Partei lächerlich gemacht werden. Außerdem riskierst du Prügel, wenn du erwischt wirst. Und mich könnte das allerlei kosten.«

Ulf hatte trotzdem weitergemacht, nur viel vorsichtiger. Aber inzwischen trugen auch die Politiker auf den Plakaten anderer Parteien Schnurrbärte und schielten.

Mutti musste aufbrechen. Zeit zum Putzen »in der Zeitung«. Aber sie bat Großmutter, noch eine Weile zu bleiben.

Rike, die gerade aus der Schule heimkam, umarmte Großmutter stürmisch, und so entschloss sie sich, noch ein halbes Stündchen dranzugeben. Sie bat Jirgalem, ihr etwas auf der Gitarre vorzuspielen. Er spielte bereitwillig und sang dazu. Großmutter staunte: »Nein so was – wie ist das nur möglich? Wo doch deine Eltern sicher nie eine Gitarre zu Gesicht bekommen haben …«

Da stand Jirgalem auf und verließ den Balkon.

»Hab ich was falsch gemacht?«, fragte Großmutter erschrocken.

Als Ulf und Gesa schwiegen, zog sie Rike auf den Schoß, streichelte sie und flüsterte: »*Du* hast wenigstens keine Launen, mein Sonnenscheinchen, mein armes ...«

»Warum denn ›armes‹?«, fragte Ulf scharf.

Großmutter ließ Rike los, zog ein Taschentuch aus ihrem Handtäschchen und brach in Tränen aus. »Was für Zeiten«, jammerte sie. »Großeltern und Enkel verstehen einander nicht mehr! Was jahrhundertelang galt, gilt plötzlich nicht mehr. Woran soll man sich noch orientieren?«

»Zwei mal zwei ist immer noch vier«, sagte Gesa und drückte Großmutter einen Kuss auf die Wange.

»Wie lange noch?«, schluchzte Großmutter.

Nachdem sie Boris angerufen hatte, er solle sie jetzt abholen kommen, sprach sie nur noch über Großvater. Wenn er mit dieser Reise nach Frankfurt seinem Herzen nur nicht zu viel zugemutet habe!

Kurz nachdem sie abgefahren war, kam der neue Untermieter heim. Dennis Korf hieß er. Gesa bat ihn auf den Balkon. Gemeinsam machten sich die Lorbach-Kinder und er über die letzten Kuchenstücke her. Zwei ließen sie übrig: für Vati.

Am nächsten Abend rief Elke voller Freude an: Der alte Herr Geschner sei bei ihr vorbeigekommen und habe ihr einen Scheck gegeben. Den Druck der Wohnungsschulden sei sie jetzt für drei Monate los. Nein so was –!

 »Ja, so kann er sein«, hörte Gesa Mutti lachend sagen. Obwohl seine Fabrik nahe daran war, ins Aus zu geraten. Großmutter hatte erzählt, dass er erst in der vergangenen

Woche wieder zwei wichtige Kunden verloren hatte. Bankrott.

20

Vatis neuer Verleger arbeitete unglaublich schnell. Ende Mai hatte Vati das Manuskript abgeliefert. Jetzt, Ende August, war das Buch da. **NICHT NOCH EINMAL!** hieß es. Vati war außer sich vor Freude, und die ganze Familie freute sich mit. Es stand in den Schaufenstern der meisten Buchhandlungen Kassels, die die Flaute bisher heil überstanden hatten.

Trotz aller Eile kam es zu spät. Denn am ersten Septembersonntag fand die Bundestagswahl statt. Ihre Ergebnisse übertrafen die schlimmsten Befürchtungen der Lorbachs. Die Republikaner hatten 35,6 Prozent aller Stimmen errungen. Das war sensationell. Aber noch sensationeller waren die 15,7 Prozent der DVB. Sozusagen aus dem Stand!

An diesem Abend betrank sich Vati in der nächsten Kneipe, und Mutti saß daheim und weinte. Sie war nicht fähig, zum Telefon zu gehen, als es klingelte. Gesa nahm ab. Es war Großmutter. Sie wollte Mutti sprechen, aber die wollte nicht.

»Was habt ihr denn nur«, sagte Großmutter bekümmert. »Es wird alles so weitergehen wie bisher, nur mit ein paar kleinen Änderungen. Wie nach jeder Bundestagswahl …«

Gesa hörte Großvater im Hintergrund schallend singen. Er sang nicht allein, und es klang ziemlich schräg. Sie erfuhr von Großmutter, dass er zusammen mit Onkel Bernd, Boris, Weckner, Löffler und dem alten Hamberg den Sieg der

Rechten feierte. Sie seien schon reichlich betrunken. Sie, Großmutter, habe Großvater noch selten so euphorisch erlebt. Eine Rede habe er gehalten – auf dem Tisch! Sie halte den Atem an, wenn sie an sein Herz denke. Er lasse sich aber auch nichts sagen!

Am nächsten Morgen wachte Großvater nicht mehr auf. Herzversagen.

Eigentlich hatte er, aus seiner Sicht, einen Tod, wie er schöner nicht sein konnte, dachte Gesa. Er ist an Freude gestorben.

Es gab ein sehr großes, sehr feierliches Begräbnis. Auch ein Funktionär der DVB war gekommen, hielt eine kurze Ansprache und legte einen Kranz nieder. Großvater war schließlich nicht irgendwer gewesen.

Als Gesa, Rike an der Hand, neben Jirgalem und Ulf hinter dem Sarg herging und Großmutter, geführt von Onkel Bernd und Corinna, schluchzen hörte, tönte aus der Stadt herüber Marschmusik – wie bestellt.

21

So unmittelbar nach diesem plötzlichen Tod ließ sich kein Geburtstag feiern. Und es geschah in der Zeit, die Großvaters Begräbnis folgte, so viel, dass der Familie Lorbach – und mit ihnen unzähligen anderen Menschen in der Republik – die Lust am Feiern verging. Gesa und Jirgalem schoben die Party immer wieder hinaus. Dann vergaßen sie sie ganz.

Jirgalem war jetzt achtzehn Jahre alt. Er musste zur Musterung und wurde für tauglich erklärt. Er entschied sich für den Zivildienst.

Auch in der Geschnerfamilie änderte sich allerlei: Onkel Bernd übernahm den Betrieb ganz. Großmutter zog in die Einliegerwohnung im Parterre, weil sie, wie sie sagte, in der alten Wohnung im ersten Stock der Villa zu sehr an Großvater erinnert werde. In die zogen jetzt Onkel Bernd und Tante Irene ein. Boris übernahm für sich die Wohnung im Dachgeschoss, in der sie bisher zu dritt gewohnt hatten.

»Das reinste Umzugskarussell«, kommentierte Vati trocken.

Dass Großvaters Testament für seine beiden Töchter nicht viel mehr als den Pflichtteil in Aussicht stellte, störte Mutti und Corinna wenig. Onkel Bernd steckte zur Zeit so tief in den roten Zahlen, dass er nicht einmal *den* auszahlen konnte.

In diesen Tagen fand Gesa selten Zeit, sich die Nachrichten anzusehen. Nur so viel bekam sie mit: Die alten Parteien schienen wie gelähmt.

»Kein Wunder«, meinte Vati. »Die Republikaner als stärkste Partei bilden natürlich mit der DVB eine Koalition. Damit haben sie die Mehrheit und übernehmen die Regierung. Alle haben sich an die demokratischen Spielregeln gehalten, auch die Rechten. Ganz demokratisch sind sie ans Ruder gekommen. Genauso wie damals. Noch eine Zeit lang werden sich die internationalen Medien wie aufgescheuchte Hühner verhalten. Aber bald wird der Unterhaltungswert

des deutschen Rechtsrucks sinken, und dann ist wieder Alltag.«
Er hatte Recht. Der Alltag zog wieder ein.
Der Chef der Republikaner, ein alter Herr, war nun Bundeskanzler, Schlott Außenminister. Im Fernsehen sah man Schlott jetzt oft – nicht in Wahlwerbespots, sondern in den Nachrichten: Wie er als Gast anderer Regierungen Ehrenkompanien abschritt, Kränze niederlegte, Verträge unterschrieb, Reden hielt. Es war nicht zu leugnen, dass er eine gute Figur abgab.
Auch der Innenminister war einer von der DVB. »Ein Intimus von Schlott«, wusste Vati. »Der führt nur aus, was Schlott anordnet.«
Schon Ende September erschienen Schlagzeilen in den Zeitungen, die für Aufregung sorgten: Meldepflicht für Drogenabhängige, geistig Behinderte und Aidsinfizierte. Im Oktober begann die Abschiebung von Tausenden von Asylbewerbern und Wirtschaftsflüchtlingen, die sich noch nicht länger als zwei Jahre in Deutschland aufhielten oder straffällig geworden waren. Die Strafen für fast alle Delikte wurden drastisch angehoben, vor allem aber für Drogenhandel, Gewaltverbrechen, Verbrechen gegen die Umwelt, Asylmissbrauch und Schwarzarbeit. Im Parlament fand sich eine Mehrheit dafür, dass die Abtreibung wieder zu einer kriminellen Handlung erklärt wurde. Auch die Herstellung von Pornofilmen und der Handel mit ihnen waren nun wieder strafbar. Und eine strenge Zensur sollte ab dem Beginn des kommenden Jahres über die »Sauberkeit der Medien« wachen.
Die Opposition schlug Alarm. In allen ihren Medien be-

schwor sie die Bundesbürger, sich gegen diese Maßnahmen zu wehren, und machte die Taktik der neuen Regierung bewusst: Das »gesunde Volksempfinden« müsse herhalten und werde zufrieden gestellt, um das *politisch* Wichtige durchzusetzen! Das Volk dürfe sich von einer machtbesessenen Clique nicht benutzen und degradieren lassen!

Sie bewegte wenig. Die breite Masse schien mit dieser neuen Situation zufrieden zu sein. Denn außer ein paar Demonstrationen in den großen Städten, zu denen die Sozialdemokraten, die Grünen und die Gewerkschaften aufgerufen hatten und auf denen man auch viele Jugendliche und Vertreter der evangelischen Kirche sowie Pax-Christi-Gruppen sah, gab es wenig Echo.

Die größte der Demos – die in Berlin – umfasste laut Polizeibericht nicht mehr als hunderttausend Teilnehmer. Die Veranstalter sprachen von zweihunderttausend. Trotzdem: zu wenig.

Alle, die daran teilgenommen hatten – auch die Lorbachs, die alle sechs in einem Bus der Gewerkschaft Medien nach Berlin gefahren waren –, reagierten empört gegen die Versuche der Polizei und der Regierungsorgane, die Größe und Bedeutung dieses Widerstands gegen »die neue Richtung« herunterzuspielen. Zeitungen der Opposition wiesen darauf hin, dass sich auch CDU-Parlamentarier den Demonstrationen angeschlossen hatten, mit stattlichem Anhang.

Aber insgesamt, meinte Vati, sei die Auflehnung gegen den Rechtsruck viel zu lahm ausgefallen. Zu Millionen hätten die Leute auf die Straße gehen müssen! Stattdessen warteten viele ab in der Hoffnung, dass sich alles von selber regeln werde.

Was besonders aufgefallen war: Kein Würdenträger der katholischen Kirche war auf einer der Demonstrationen gesichtet worden. Nur ein paar Priester, die als kirchenkritisch bekannt waren.
Gesa sah den neuen Bundeskanzler in den Nachrichten. Er äußerte sich zufrieden darüber, dass die Situation sich zusehends bessere, vor allem was die öffentliche Sicherheit betreffe. Zum Beispiel zeichne sich bereits ein Rückgang der Drogenkriminalität ab. Bald werde man auch die Arbeitslosigkeit und die Inflation in den Griff bekommen. Er dankte »den Deutschen« für das ihm entgegengebrachte Vertrauen und bat, ihm dieses auch weiterhin zu schenken.
»Ich kann das Wort ›deutsch‹ nicht mehr hören«, sagte Opi Jupp in diesen Tagen. Und er setzte hinzu: »Obwohl das Wort selbst nichts dafür kann.«
Bei jeder neuen Meldung zitterten Mutti vor Zorn die Hände. Vati bekam eine Reihe von Artikeln los, sogar an einige große Zeitungen, die die Meinung der Opposition vertraten und gegen die Regierung der Rechten Front machten. Und auch sein Buch verkaufte sich sehr gut.
Er erhielt viel Echo. Fast unaufhörlich klingelte das Telefon. Viele Anrufer lobten ihn: »Gott sei Dank, dass es noch Leute gibt, die den Mund aufmachen!« und »Sie haben mir aus der Seele gesprochen.« Gesa hörte Vati oft antworten: »Machen Sie doch auch den Mund auf! – *Alle* müssen den Mund aufmachen, wenn solche Verhältnisse herrschen!«
Auf diese Forderung reagierten viele der Anrufer hilflos: »Wie denn? Ich bin doch kein Journalist …« Und wenn Vati dann darauf hinwies, dass es noch andere Möglichkeiten gebe, seine Missbilligung politischer Vorgänge kundzutun,

zum Beispiel durch Leserbriefe an Zeitungen oder Teilnahme an Demonstrationen oder »einfach nur bei jeder Gelegenheit offen bekennen, dass man dagegen ist und warum«, dann bekam er oft zu hören, man sei es nicht gewohnt, sich so zu exponieren, oder : »Dann gibt's Diskussionen, und dazu bin ich nicht informiert und nicht schlagfertig genug.«

Andere Anrufer diskutierten mit ihm. »Was wollen wir denn mehr, Erik?«, gab ihm eine sehr engagierte Umweltschützerin aus seinem Bekanntenkreis zu bedenken. »Wer jetzt seinen Bauschutt in den Wald kippt, riskiert ein Jahr Gefängnis ohne Bewährung. Ja, wer sich nur dabei erwischen lässt, seine Kippe aus dem Autofenster zu werfen, muss schon mit einer empfindlichen Geldbuße rechnen. Ist das nichts? In Anbetracht dessen sollte man doch über kleine Schönheitsfehler der neuen Politik wie zum Beispiel die Aktion ›Saubere Medien‹ hinwegsehen können ...«

»Kleine Schönheitsfehler«, sagte Vati hinterher fassungslos. »Sieht so aus, als hätten viele noch gar nicht begriffen, was in der deutschen Politik vorgegangen ist ...«

Andere Anrufer beschimpften ihn. Wieder andere warnten ihn. Wenn er sich weiter so aus dem Fenster lehne, werde er bald »weg vom Fenster« sein ...

Und einer, der seinen Namen nicht nannte, sagte nur: »Vergasen müsste man dich!«

22

»Warum regt ihr euch eigentlich so auf?«, fragte Großmutter arglos, als sie einmal vorbeikam. Außer Gesa waren nur

Vati und Mutti daheim. »Das alles bedroht euch doch nicht«, fuhr sie fort. »Es handelt sich nur um Maßnahmen, die Ordnung im Land schaffen sollen. Ihr seid keine Ausländer, die sich illegal hier aufhalten. Ihr seid auch keine Drogenhändler, keine Umweltsünder, vertreibt keine Pornos. Und du, Ingrid, bist aus dem Alter heraus, in dem du dich mit der Frage ›Abtreibung oder nicht‹ befassen müsstest.«

»Und für die anderen, denen es unter dieser neuen Regierung dreckig geht, sollen wir uns nicht zuständig und mitverantwortlich fühlen?«, rief Mutti aufgebracht. »Hauptsache, *uns* geht's gut, was? Elke hat einen aidskranken Cousin. Frau Siebert unten im Parterre hat einen drogenabhängigen Sohn. Wie ist *denen* jetzt zumute?«

»Ja ist es denn den Verantwortlichen zu verdenken«, antwortete Großmutter mit zitternder Stimme, »wenn sie genau wissen wollen, wie weit Drogensucht und Aidsseuche schon um sich gegriffen haben? Sie müssen doch Maßnahmen ergreifen …«

»Was heißt ›die Verantwortlichen‹?«, rief Vati, nun auch in Rage. »Wir *alle* sind verantwortlich für das, was in unserem Land geschieht!«

Großmutter brach in Tränen aus und schluchzte: »Schade, dass Vater nicht mehr lebt. Der hätte die richtigen Argumente gefunden, um euch antworten zu können!«

»In der Nazizeit hat man auch die geistig Behinderten erst mal melden müssen«, schrie Mutti. »Was dann mit vielen von ihnen passiert ist, weißt du ja!«

»Aber Ingrid«, rief Großmutter empört, »*die* Zeiten sind doch vorbei!«

Es schellte. Rike kam aus der Schule heim und freute sich, dass Großmutter da war. Die strich ihr übers Haar, fingerte eine Schokoladentafel aus ihrem Täschchen, reichte sie ihr und verabschiedete sich dann eilig. Unten an der Wilhelmshöher Allee wollte sie ein Taxi nehmen.

Gesa ging in ihr Zimmer, Rike lief ihr nach. »Warum hast du mich denn so komisch angeschaut?«, fragte sie.

»Ach Rike«, flüsterte Gesa und umarmte ihre kleine Schwester, »weil ich dich so lieb hab …« Sie wandte sich um, damit Rike ihre Tränen nicht sah.

23

Auch in der Schule kam das Thema »neue politische Lage« zur Sprache. Gesas Gesellschaftskundelehrer Kröger war SPD-Mitglied, das wusste sie. Er hatte nie ein Geheimnis daraus gemacht. Gesa konnte sich vorstellen, wie widerwärtig ihm dieser neue Trend sein musste. Immer wieder hatte er den Schülern Filme über Dachau, Sobibor und Auschwitz gezeigt, hatte sie Ausschnitte aus Hitlerreden anhören lassen, hatte ihnen die nationalsozialistische Rassentheorie erklärt und ihnen den Naziterror geschildert. Bis allen, auch Gesa, dieser Stoff zum Hals heraushing.

»Was halten Sie von Mark Schlott?«, rief ihm jetzt eines der Mädchen zu, das in der Jugendorganisation der DVB mitmachte.

»Wie soll ich nach so kurzer Amtszeit schon ein klares Bild von ihm haben?«, antwortete Kröger. »Man muss abwarten.«

Gesa spürte, wie vorsichtig er geworden war. Er schien sich

zu hüten, etwas Abfälliges über die neue Regierungskoalition zu sagen. Sie konnte sich auch denken, warum: In der Klasse gab es jetzt schon mehr als zwei, die sich als Rechte verstanden. Der Vater eines dieser »Schlotten«, wie Gesas Freundin Annika die Gruppe in einer hitzigen Pausendiskussion genannt hatte, war Vorsitzender des Schulelternbeirates. Außerdem – der Direktor war doch auch –!

So weit war's also schon.

Als Gesa an diesem Tag aus der Schule heimkam, hörte sie Mutti und Vati im Schlafzimmer miteinander reden. Sie hatten sie wohl nicht kommen hören. Erst verstand sie nur Gesprächsfetzen, wenn einer von ihnen, deutlich erregt, lauter sprach. »Wenn es aber so bliebe oder noch schlimmer –«, hörte sie Muttis Stimme sagen. Vati konterte: »– erst mal noch abwarten –« Dann wieder Mutti: »Dann kann es zu spät sein –« Vati: »– Touristenvisum – keine Daueraufenthaltsgenehmigung –«

Gesa wunderte sich. Planten die beiden eine Reise ins Ausland?

Sie schlich sich an die Schlafzimmertür und lauschte.

Davon hatten Vati und Mutti bisher noch nie etwas erwähnt!

»Nur erst mal über die Grenze«, hörte sie Mutti sagen. »Alles andere wird sich finden.«

»Wir haben vier Kinder«, antwortete Vati. »Wie sollten wir sie dort über Wasser halten? Und vergiss nicht: Auch die Nachbarstaaten haben ihre Einwanderungsgesetze verschärft. Wir riskieren, wieder zurückgeschickt zu werden. Dann würden wir erst recht auffallen. Ja, wenn wir weit fortkönnten, nach Südamerika oder Afrika oder Asien – in irgendein Land, das Flüchtlinge noch aufnimmt! Aber die Flüge sind unbezahlbar geworden ...«

»Und wenn wir deinen Vater bäten, sein Haus zu verkaufen?«, fragte Mutti mit kläglicher Stimme.

»Das brächte ich nicht fertig«, seufzte Vati. »Du doch auch nicht – oder?«

»Nein«, sagte sie leise, »ich auch nicht.«

Stille.

»Aber vielleicht sollten wir wenigstens Jirgalem ins Ausland schicken«, begann Mutti von neuem. »Und Rike. Mirjam aus Bielefeld hat doch in die Staaten geheiratet. Die könnte ich fragen, ob sie die beiden nimmt, bis sich die politischen Verhältnisse geändert haben. Käme dafür nicht auch dein Freund Ilja in Moskau infrage? Oder die israelische Lyrikerin – wie heißt sie noch?«

»Ja«, hörte Gesa Vati antworten. »Schreiben wir an alle drei.«

Gesa schlich in ihr Zimmer. In ihrem Kopf rauschte es. Auch so weit war es schon?

Am Abend sprach sie mit Jirgalem. Sie setzte sich auf Ulfs Bett. Ulf war noch Hunde ausführen. Sie fragte Jirgalem nach seinen Erfahrungen in der Schule, was die »neue Richtung« betraf.

»Sehr interessant, das Ganze«, sagte er und tat cool. »Bei so einer Wende lernt man die Leute erst richtig kennen. Rechts war gestern für die meisten kein Thema. Heute finden sie schon vieles daran vernünftig. Nicht, weil sie davon überzeugt sind, sondern weil sie Angst um ihre Noten haben. Widerlich, diese Schleimscheißerei. Und die Lehrer buckeln auch schon. Für alle Fälle. Man weiß ja nicht, wie sich das

Ganze weiterentwickelt. Wo doch unser Direx auch einer von den Überzeugten ist …«

»So gut wie alle werden vorsichtig, aber nicht *alle* buckeln«, sagte Gesa.

»Nein, nicht alle«, bestätigte Jirgalem. »Wir haben da einen Referendar –« Er schüttelte den Kopf. »Englisch und Geschichte. Der ereifert sich tagtäglich gegen die Reps und Konsorten. Er läuft dann knallrot an. Pass auf, der wird nicht mehr lange an unserer Schule sein. Und an keiner anderen …«

»Stehst du ihm bei?«, fragte Gesa.

Jirgalem sah sie an und sagte langsam: »Noch tu ich's. Aber wie lange wird mein Mut reichen?«

24

Eine der ersten Maßnahmen der neuen Regierung war der Versuch, die Masseneinwanderung zu stoppen. Das Recht auf Asyl wurde aus dem Grundgesetz gestrichen. Asylbewerber gab es nicht mehr. Nur noch Ausländer. Militäreinheiten wurden längs der Grenze stationiert, illegale Einwanderer sofort wieder über die Grenze zurückgejagt. Es gab diplomatische Verstimmungen. Die Nachbarländer beschwerten sich. In ihnen stauten sich die Massen, die nach Deutschland wollten. Diese Menschen hatten nun zu wählen zwischen sofortiger Rückführung in ihre Heimatländer oder dem verzweifelten Versuch, die deutsche Grenze doch auf irgendeine Weise zu überqueren. Fast jeden Tag meldeten die Nachrichten Verletzte und Tote. Darunter auch Frauen und Kinder. Einwanderer und Grenzverteidiger lieferten sich Gefechte, die alle bisherigen Scharmützel an Härte und Verlusten weit übertrafen. Trotzdem schafften es immer noch mehrere Hundert Menschen pro Nacht, die Grenze irgendwo – vor allem in waldreichen Gebirgsgegenden – illegal zu überschreiten und die großen Städte zu erreichen. Dort gelang es ihnen am ehesten, unterzutauchen – in der Hoffnung, nach einer Zeit der Illegalität schließlich doch bleiben zu dürfen.

Und mehr denn je war in den Medien von den mit afrikanischen Flüchtlingen überfüllten Booten die Rede, die vor den Küsten Italiens, Frankreichs und Spaniens lagen. Tagelang dümpelten sie auf dem Meer ohne eine Gelegenheit, irgendwo irgendwann landen zu können. Solche Gelegenheiten aber schienen sich schließlich noch immer zu finden, denn der Menschenstrom riss nicht ab – obwohl viele Flüchtlinge dabei zu Tode kamen.

»Wie die Kakerlaken«, hörte Gesa einmal Herrn Lehndorf, den Nachbarn von oben, im Treppenhaus zu seiner Frau sagen. Sie hatten sich die ganze Treppe hinauf lautstark über das Boatpeople-Problem unterhalten.

Die Lorbachs trauten ihren Ohren kaum, als die Nachrichten meldeten, dass man in der Regierung tatsächlich über eine Art Grenzwall nachdenke. Rund um das Land. Aber so viel Widerstand gegen ein solches Verhalten wurde laut, vor allem aus den ostdeutschen Gebieten, dass es der Opposition in einer hitzigen Parlamentsdebatte gelang, diesen Plan abzuschmettern.

Immerhin *gab* es noch ein Parlament, wenn auch die Opposition wenig Macht besaß.

»Die werden doch nicht wirklich an eine Art Eisernen Vorhang gedacht haben?«, meinte Vati. »Wo uns noch der alte in bitterer Erinnerung ist.«

»Wenn du genau lauschst«, sagte Mutti, »hörst du so manchen Zeitgenossen von einem Zaun, einer Mauer, einem Wall träumen: drinnen wir, Wohlstand und Sicherheit genießend, Deutschland den Deutschen. Draußen die anderen. Die Armen, Hungernden, Farbigen, Kriminellen, Verseuchten. Ich wette, der Mauertraum der Reps und Schlotts ist noch nicht ausgeträumt. Dafür – nämlich, unsere Grenzen dicht zu machen – sind sie doch gewählt worden!«

»Was würde die Welt zu so einer deutschen Mauer sagen!«, rief Gesa. »Sie würde uns an den Pranger stellen!«

»Was Europa und die USA betrifft«, antwortete Vati, »wäre ich in dieser Hinsicht nicht so sicher. Es scheint, als befänden wir uns in einem neuen Zeitalter weltweiter Verteilungskämpfe.«

Ja, auch in anderen Ländern Europas konnte man die Abschottung vor Ausländern aus der »Dritten Welt« beobachten. In Österreich hatte es Fälle von Lynchjustiz gegeben: Afrikaner und Vietnamesen waren gesteinigt worden. Auch in Frankreich schien es manchmal, als seien Marokkaner und Algerier Freiwild. In England machte man den farbigen Mitbürgern das Leben schwer. Auch in der Schweiz hatte es einen starken Rechtsrutsch gegeben, der – unter anderem – bewirkt hatte, dass Ehen zwischen Schweizern und Nichtschweizern genehmigungspflichtig wurden. Eheschließungen mit Ausländern islamischer Religion und mit Farbigen hatten kaum Chancen, genehmigt zu werden. Und in den USA hatte man schon lange einen Eisernen Vorhang an der Grenze zu Mexiko.

Gesa dachte daran, dass es in der Bundesrepublik jetzt ansehnliche Geldprämien für diejenigen gab, die illegal sich im Land aufhaltende Ausländer verrieten. In Altötting hatte ein Küster vier Männer aus Bangladesch, die sich in die Kirche geflüchtet hatten, an die Polizei verraten. Auf dem Frankfurter Flughafen, von wo aus die meisten Ausländer in ihre Heimat abgeschoben wurden, fanden immer wieder Selbstmorde statt. Erst kürzlich brachte ein Roma vor den Augen der Polizei seine Frau, seine fünf Kinder und sich selber um.

Und die Ausländer, denen ein Aufenthalt in Deutschland noch vor dem Machtwechsel genehmigt worden war? Wie erging es ihnen?

Vati recherchierte im Auftrag seiner Zeitung. Manche triumphierten: »Gerade noch Glück gehabt!«, andere sahen Düsteres auf sich zukommen. »Wir sind hier unerwünscht«, sagte ein Mathematiklehrer aus Somalia zu ihm. »Wir dürfen uns aussuchen, ob wir verhungern oder erschlagen werden wollen.«

An einem windigen Herbsttag radelte Gesa in die Fuldaauen, um die Ausländer-Zeltstadt mit eigenen Augen zu sehen.

So viel hatte von ihr in der Zeitung gestanden, so viel Unruhe hatte sie bei den Kasselern ausgelöst, so viele Tragödien mochten sich hier abgespielt haben. Schon längst hatte sie einmal kommen, hatte sich mit jungen Leuten aus anderen Ländern unterhalten wollen.

Aber die Zeltstadt war nicht mehr da. Nur noch Abfall lag herum. Und im Gras konnte man noch sehen, wo die Zelte gestanden hatten.

25

In der Adventszeit begegnete Gesa einmal dem Lied »Hohe Nacht der klaren Sterne«. In einem Warenhaus. Sie blieb wie angewurzelt stehen. Das war doch das Lied, das Großvater und Großmutter damals vorgesungen hatten. Das Weihnachtslied aus der Nazizeit.

Gesa wurde bewusst, wie sehr sie plötzlich alle anderen, altgewohnten Weihnachtslieder mochte. Sogar das alberne »Leise rieselt der Schnee«. Ja, sogar »Jingle Bell«, das sie bisher von allen Weihnachtsliedern, die sie kannte, am wenigsten hatte ausstehen können.

26

Gesa holte oft die Post aus dem Briefkasten herauf, wenn sie von der Schule kam. Noch vor Weihnachten traf ein Brief aus Israel ein. Mutti las ihn Vati vor, wieder im Schlafzimmer. Gesa spitzte die Ohren.

»... bedaure sehr ... nur eine kleine Zweizimmerwohnung ... keine Zeit ...«

Gesa schlich näher und hörte, wie Vati seufzte: »Eine Hoffnung weniger. Aber wahrscheinlich hat sie sich gar nicht richtig vorstellen können, wie es jetzt hier bei uns zugeht ...«

»Als Jüdin?«, fragte Mutti vorwurfsvoll.

Gesa huschte davon, denn Vatis Stimme näherte sich der Tür.

»Um was geht's denn in euren Schlafzimmerkonferenzen?«, fragte sie, als sie ihm im Flur begegnete.

»Nichts Besonderes«, antwortete er und hatte es auf einmal sehr eilig, an seine Arbeit zurückzukehren. Mutti auch. Das machte Gesa zornig, aber sie schwieg.

Zwei Tage später kam ein Brief aus den USA. Mutti verzog sich mit ihm und strahlte, als sie wieder zum Vorschein kam. Gesa fragte nicht. Sie wusste ja, worum es ging. Sie fand, dass sie Anlass hatte, sich zu freuen. Aber ihr war zum Weinen zumute. Jirgalem und Rike auf unbestimmte Zeit fort – nicht auszudenken! Und höchstwahrscheinlich nicht irgendwann, sondern gleich in den nächsten Tagen!

Als Vati heimkam, hörte Gesa Mutti in der Küche zu ihm sagen: »Nein, diese Mirjam – ein Ja ohne Wenn und Aber. Sogar die Flugtickets will sie übernehmen!«

Gesas Wut kochte über. Sie stürmte in die Küche und schrie: »Bin ich ein Baby, dass ihr mich aus euren Geheimnissen ausschließt? Habt ihr Angst, ich verrate was? Ihr sprecht immer davon, dass wir ein Team sind, in dem sich einer auf den anderen verlassen können muss. Aber wenn's ernst wird, habt ihr kein Vertrauen!«

Da sahen sich Vati und Mutti an, und dann nickten sie und besprachen die ganze Sache mit ihr.

Aber es kam nicht so, wie Vati und Mutti es gern gehabt hätten. Jirgalem wollte nicht. Jedenfalls nicht sofort. Er hatte nur noch ein knappes halbes Jahr bis zum Abitur. Das wollte er auf keinen Fall schwimmen lassen, wo er sich inzwischen doch auch in Französisch auf eine Eins hochgearbeitet hatte!

Vati und Mutti beschworen ihn, brachten immer neue Argumente ins Gespräch, forderten ihn auf abzuwägen, was wichtiger sei. Aber er blieb dabei: erst *nach* dem Abi – wenn überhaupt. Denn jetzt abbrechen, das hieße Jahre verlieren. Er aber wollte so schnell wie möglich Arzt werden. Im Übrigen sei es ja durchaus möglich, dass sich der ganze Spuk bei der nächsten Wahl in Nichts auflöse.

Mutti und Vati waren geknickt, und Gesa wusste, weshalb: Rike so weit fortzuschicken, ohne ein einziges vertrautes Gesicht an ihrer Seite? Unmöglich.

Und so blieb alles, wie es war. Gesa war froh darüber. Und doch schnürte ihr die Angst die Kehle zu.

27

Die Lorbachs feierten diesen Weihnachtsabend noch verhaltener als den des Vorjahres.

Großvater Jupp war wieder dabei und diesmal auch Dennis, der Untermieter. Er war übel zugerichtet worden. Sein Gesicht war so zugeschwollen, dass er kaum aus den Augen sehen konnte, und den linken Arm trug er in einer Schlinge. Er hatte in einer Kneipe gesessen, da waren Schlotts Schwarze gekommen … Gewiss, die Polizei hatte ein Protokoll aufgenommen. Aber die Schwarzen würden wohl »Große Unbekannte« bleiben, da ihre Gesichter den Überfallenen allesamt fremd gewesen waren. Dennis zuckte mit den Schultern.

Mutti hatte auch Elke eingeladen, aber die war nicht gekommen. Sie schämte sich wohl. Großvater hatte ihr noch kurz vor der Wahl eine Stelle als Sekretärin in einem DVB-Büro verschafft, und sie hatte sein Angebot angenommen.

Seitdem schaute sie in eine andere Richtung, wenn Mutti ihr irgendwo in der Stadt begegnete.
Aber Corinna hatte sich eingefunden. Ohne Voranmeldung. Auf einmal war sie da. Jirgalem zupfte ein paar Weihnachtslieder auf der Gitarre. Man sah in dem dunklen Zimmer nur den kleinen Lichterbaum und darum herum die erleuchteten Gesichter.
»Ich glaube, jetzt hätten die Reps und Schlotts ihre Freude an uns«, grinste Dennis. »Echte Weihnachtsinnerlichkeit. Eine deutsche Spezialität …«
Da begann Corinna zu lachen. Sie lachte so schrill und laut, dass alle erschraken. Und Jirgalem fuhr in die Gitarrensaiten, dass sie nur so kreischten in wilder Disharmonie.

Großmutter hatte den Heiligen Abend bei Onkel Bernd und Tante Irene verbracht. Am ersten Weihnachtsfeiertag bei Lorbachs weinte sie viel. Am zweiten traf man sich, wie immer, im großen Familienkreis. Auf dem Platz am Tisch, auf dem sonst Großvater gesessen hatte, thronte jetzt Onkel Bernd und schnitt den Braten auf.
Um den Tisch saßen nur noch elf. Während des Essens vermieden alle, über Politik zu reden. Es herrschte eine merkwürdige Verlegenheit. Alle verhielten sich irgendwie verkrampft.
Jirgalem hatte seine Gitarre mitgebracht. Das wird auflockern, dachte Gesa, dann, nach dem Essen. Aber als ihr Blick über Boris' spöttisches Gesicht glitt, dachte sie: Vor dem könnte ich nicht spielen. Ob Jirgalem es kann?
Plötzlich, mitten beim Nachtisch, lehnte sich Corinna zu-

rück, klopfte mit dem Löffel an ihr Glas und sagte, als sich ihr alle erwartungsvoll zuwandten, laut und ganz ruhig: »Übrigens – ich habe Aids.«

Eine beklemmende Stille entstand. Niemand rührte sich. Als ob ein Film gerissen wäre. Onkel Bernd saß Gesa gegenüber. Sie sah ihn an. Er hatte die Backen voll Obstsalat, kaute aber nicht weiter. Nur Rike, die Ahnungslose, löffelte und schluckte.

»Oh, Corinna«, sagte Mutti, die neben ihrer Schwester saß, und legte den Arm um Corinnas Schultern. Vati und Tante Irene schoben ihre noch halb vollen Teller weg.

»Was is' denn?«, fragte Rike erstaunt und schaute sich um. Jetzt legte auch Onkel Bernd den Löffel hin und rückte ein Stück vom Tisch ab. Gesa spürte einen Klumpen im Hals: Corinna war also zum Tod verurteilt.

Da löste sich Großmutter aus der Starre, brach in Tränen aus und lief in die Küche. Gesa ging ihr nach und umarmte sie. Ihr fiel nichts ein, was sich jetzt sagen ließ. Aber Großmutter hatte einiges zu sagen.

»Warum hat sie das an die große Glocke gehängt?«, schluchzte sie. »So was hält man doch geheim! Und wenn sie's schon sagen musste – warum hat sie damit nicht gewartet, bis alle fertig gegessen hatten? Ich hab mir solche Mühe mit dem Obstsalat gemacht!«

Ach Großmutter. Jetzt hatte sie den Durchblick verloren, war so verstört, dass ihr das Wichtige aus den Augen geraten war. Gesa wurde es übel. Sie ließ Großmutter los und rannte auf die Toilette, um sich zu übergeben. Als sie wieder ins Esszimmer zurückkehrte, war Corinna schon gegangen. Und Mutti war auch nicht mehr da.

Die restliche Gesellschaft ließ sich schweigend zu einem Kaffee in der Sitzecke nieder. Als Jirgalem sagte: »Ich finde Corinnas Ehrlichkeit toll. Es einfach offen zu bekennen –«, nickten Vati und Gesa. Die Geschners waren, wie es schien, anderer Meinung, denn sie schwiegen und vermieden es, den Blicken der Lorbachs zu begegnen. Die brachen auf, sobald sie ihre Kaffeetassen geleert hatten. Als sich nach einem hastigen Abschied die Haustür hinter ihnen geschlossen hatte, hörte Gesa drinnen Boris' Stimme rufen: »Haben wir Sagrotan im Haus, Mama?«, und Großmutters verzweifeltes Schluchzen. Inzwischen schien sie also erfasst zu haben, worum es ging.

Erst abends bei Opi Jupp sah Gesa Mutti wieder. »Ihre Tapferkeit zerreißt einem das Herz«, sagte sie. »Ich würde schreien und um mich schlagen vor Verzweiflung!«

»Das hat sie vielleicht auch getan, wenn sie allein war«, sagte Opi Jupp. »Und tut es noch immer.«

Es war ein sehr stiller Abend. »Habt ihr was dagegen, wenn ich ein bisschen singe?«, fragte Jirgalem. Und er spielte und sang eines seiner ersten Lieder: »Ach lasst mich, Freunde, nicht im Stich …« Gesa begriff, dass er sang, um nicht zu weinen.

28

In diesem Frühjahr präsentierte die neue Regierung weitere Maßnahmen: Alle Arbeitslosen wurden zu gemeinnützigen Arbeiten herangezogen. Wer sich weigerte, bekam keine Arbeitslosenunterstützung mehr. Vier Stunden Arbeit pro Tag, vor allem in Krankenhäusern, Altenheimen, als Hilfs-

kräfte in allen kommunalen Behörden und Einrichtungen.
»Das ist doch die Höhe!«, erregte sich Vati. »Da werden die Arbeitslosen als billige Arbeitskräfte benutzt. Dieses Scheißsystem umgeht die Tarife – und die Arbeit wird trotzdem getan!«
Natürlich protestierten die Gewerkschaften. Sie riefen zum Generalstreik auf, aber nur einzelne Belegschaften machten mit.
Noch mehr empörte sich Gesa über diese Maßnahme: Wer beim Fixen oder Betteln erwischt wurde oder als Alkoholiker auffiel oder keinen ständigen Wohnsitz vorweisen konnte, wurde einer Zwangs-»Arbeitstherapie« unterzogen. Gesa begegnete manchmal solchen Arbeitskolonnen. Sie reinigten Bachufer von Müll, räumten wilde Schuttplätze weg, pflanzten junge Bäume in abgeholztem Gelände, bauten Wohnhäuser für Slumbewohner, reparierten Straßen und halfen in landwirtschaftlichen Großbetrieben. Aufseher gingen an den Kolonnen entlang, wiesen an, beschimpften Arbeiter, die sich allzu lange auf Rechen oder Spaten stützten, kontrollierten, kurz: herrschten. Aber sie waren nicht bewaffnet. Gesa wusste aus den Nachrichten: Wer floh, musste mit empfindlichen Strafen rechnen, sofern er aufgegriffen wurde. Und nur, wer Entlassungspapiere vorweisen konnte, hatte die Chance, wieder in das »normale« Leben »eingegliedert« zu werden.
Die Medien behaupteten, dass die Zwangsarbeitsmaßnahmen bei der Bevölkerung viel Zustimmung fänden. Gesa aber hielt sie für Unrecht und wusste sich damit nicht allein. Einmal begegnete sie zusammen mit Ulf einer solchen Kolonne. »Kannst du dir vorstellen, dass man unter solchen

Bedingungen ›Lust an der Arbeit‹ bekommt?«, fragte sie ihn.
Er schüttelte sich. »Tagsüber schuften, abends dicht gedrängt in Baracken, unter strenger Aufsicht. Und die Gedanken bei denen daheim. Scheußliche Lage. Ich wäre nicht lange hier, das kannst du mir glauben. Da gibt's nur: abhauen!«
»Die hätten dich schnell.«
Ulf lachte und warf den Kopf in den Nacken: »Glaubst du, ich bliebe in Deutschland? Ich brauche Freiheit, oder ich geh ein.«
»Du wirst bald kleinere Brötchen backen müssen«, sagte Gesa.

Es hatte immer wieder Demonstrationen gegeben, an denen vor allem junge Leute teilnahmen. Die Demos waren nicht genehmigt worden. Als sie trotzdem stattfanden, prügelte die Polizei die Demonstranten brutal auseinander. Auch die Lorbachs waren auf der Kasseler Demo dabei gewesen. Auf Jirgalem hatten es die Polizisten besonders abgesehen. »Dir werden wir das Demonstrieren abgewöhnen, Bimbo!«, hatte einer gerufen.
Das war ein paar Tage vor Jirgalems schriftlichem Abitur gewesen. Beklebt mit Heftpflastern, hatte er es durchgestanden.
»Zum Teufel mit diesem Staat«, konnte Gesa Vati in diesen Tagen schimpfen hören, »der sich per Dekret an seiner Verantwortung vorbeimogelt, statt all die Übel an der Wurzel zu packen! Zum Teufel mit diesem Volk, das einfache,

schnellgreifende, knallharte Lösungen liebt. Und zum Teufel mit unseren Oppositionsparteien! Unter ihnen finden sich doch immer wieder Abweichler, die – aus Angst oder bestochen – *für* die Vorhaben der Reps und Schlotts stimmen!«

Aber etwas ereignete sich im Laufe dieses Frühlings, das *alle* gut fanden: Die Preise stabilisierten sich. Allerdings stiegen auch die Löhne nicht. Die Gewerkschaften bemühten sich vergeblich. Sie hatten die Arbeiter nicht mehr geschlossen hinter sich. Die setzten – in der Mehrzahl – ihre Hoffnung auf die neue Politik. Aber in der Hoffnung schwang Angst mit.

»Hoffnung pur«, sagte Frau Siebert von unten zu Mutti, »ist heutzutage nicht mehr zu haben.«

29

Nach dem mündlichen Abitur kam Jirgalem wütend heim: Man hatte ihm in den beiden Prüfungsfächern Mathe und Französisch weniger Punkte zugestanden, als er glaubte verdient zu haben. Jetzt reichte die Punktezahl seines Abiturzeugnisses nicht mehr für ein Medizinstudium.

»Das war kein Zufall«, rief er. »Das war System! Weil ich Afrikaner bin!«

Auch den Auftrag, bei der Zeugnisübergabe als Vertreter der Abiturienten eine Rede zu halten, bekam er nicht, obwohl er als Sprecher der Schülerselbstverwaltung fest damit gerechnet hatte. Diesmal solle ein Mädchen sprechen, hatte es geheißen. Aber auf der Feier des letzten Jahres *hatte* ein Mädchen gesprochen! Und natürlich war das Mädchen,

das diesmal sprechen sollte, hellhäutig und keine Ausländerin.
»Hauptsache, du hast das Abi in der Tasche«, tröstete ihn Vati, nachdem er vergeblich in der Schule vorgesprochen hatte und auch wütend über diese »Mauerei« heimgekommen war. »Mit einem Klinikpraktikum und ein bisschen Wartezeit schaffst du's trotzdem. Zeig's ihnen!«
Mutti fing wieder mit ihrer Freundin Mirjam in den USA an. Jetzt habe er doch das Abi hinter sich, und drüben könne er ein Klinikpraktikum absolvieren. Das werde ihm später sicher auch hier angerechnet. Und wenn die Reps nicht mehr am Ruder seien – lange werde eine Wende ja nicht auf sich warten lassen –, könne er sofort wieder zurückkehren. Er sei doch nicht aus der Welt.
Schließlich hatte sie ihn so weit, dass er flog. Ohne Rike. Für sie hatte es keine Einreiseerlaubnis in die USA gegeben. Neue Bestimmungen, geistig Behinderte betreffend. Sorry.
Jirgalem flog mit einem Ticket, das die Lorbachs bezahlt hatten. Sie wollten der Freundin nicht mehr Kosten als nötig aufhalsen, und für das Ticket hatte es gerade noch gelangt. Die ganze Familie begleitete ihn zum Flughafen. Mutti weinte, als er mit umgehängter Gitarre durch die Glastür davonschritt. Aber auf der Heimfahrt hörte Gesa sie immer wieder sagen: »Gott sei Dank, er ist weg. *Die* Sorge sind wir los …«
Seine Briefe aus San Diego klangen anfangs überschwänglich. Mirjam sei so nett, und dort sei alles so neu und interessant, er komme im Englischen voran und habe schon Freunde, und im September fange er ein Praktikum in einer Kinderklinik an. Alles sei geregelt.

Ein paar Fotos lagen auch bei: Jirgalem vor einem riesigen Kandelaberkaktus; Jirgalem lachend neben Mirjam, einer unglaublich dicken, gutmütig aussehenden Blondine, und Ralph, ihrem Mann; Jirgalem in Badehosen am Strand; Jirgalem beim Barbecue.

»Und wann kann *ich* mal dorthin?«, rief Ulf beim Betrachten der Fotos sehnsüchtig.

»*Du* brauchst doch nicht zu fliehen«, sagte Mutti ungehalten.

»Aber ich *will* raus!«, rief Ulf. »Früher konnte man in meinem Alter schon ins Ausland fahren. Jetzt ist man hier wie eingesperrt!«

»Die Zeiten haben sich geändert«, sagte Vati. »Auslandsreisen sind teuer. Für uns nicht bezahlbar. Damit musst du dich abfinden.«

»Und wenn's nur Frankreich wäre – oder Spanien«, seufzte Ulf sehnsüchtig.

»Lern doch erst mal *dein* Land kennen«, meinte Mutti. »Es hat so schöne Gegenden.«

»Aber da riecht's überall nach deutschem Mief!«, fuhr Ulf auf, verschwand in seinem Zimmer und schlug die Tür hinter sich zu.

»Und nach deutscher Gemütlichkeit«, sagte Vati und nickte, »die bösartig und gefährlich werden kann.«

30

Mark Schlott machte von sich reden. Er ließ keine Gelegenheit aus, sich in Fernsehsendungen zu zeigen und darauf hinzuweisen, wie vieles sich schon durch ihn und seine Partei geändert habe und sich in naher Zukunft noch ändern werde. Man möge nur Vertrauen in ihn setzen, er werde es nicht enttäuschen. Schlott in Interviews, Schlott bei Talkshows, Schlott auf dem Presseball, beim Tennis, mit weißem Helm zwischen Arbeitern im Stahlwerk, im Familienkreis. Jeder kannte ihn – im Gegensatz zum Bundeskanzler, obwohl dessen Partei doch viel mehr Mitglieder hatte als Schlotts DVB.

Allerdings hatten in diesem Frühjahr Tausende ihre Mitgliedschaft bei den Republikanern gekündigt und waren zur DVB übergewechselt. Es wurde gemunkelt, in der Regierungspartei gäre es gewaltig. Mitte Juli kam eine Meldung durch die Medien, die alle aufhorchen ließ: Die Partei der Republikaner habe sich gespalten.

Der eine Flügel schmolz mit der DVB zusammen, der andere, unter dem alten Vorsitzenden, kündigte die Koalition. Die nötige Neuwahl wurde auf Ende September festgesetzt. Vati und Mutti gerieten fast aus dem Häuschen vor Freude. Das bedeutete Hoffnung! Diese Chance würde sich die Opposition nicht entgehen lassen!

Es gab eine Wahlschlacht, wie Gesa sie noch nicht erlebt hatte. Wohl strengten sich die Kandidaten der alten Parteien an, scheuten keine Mühe und hielten auch in den abgelegensten Gegenden Wahlreden. Aber gegen Schlott kamen sie nicht an. Der war ein absoluter Renner in den Medien.

Auch auf den Plakaten herrschte er. Gesa erschrak, als sie dem altbekannten DVB-Plakat begegnete, auf dem Schlott die rechte Hand mit dem V-Zeichen reckte. Aber jetzt stand da nicht mehr Uns nach!, sondern Mir nach!

Alle übrigen DVB-Plakate waren neu in ihren Entwürfen. Auf allen stand Schlott im Mittelpunkt. Schlott mit uns! konnte man unter dem Foto einer Menschenmenge lesen, die sich mit vertrauensvollen Gesichtern auf den Betrachter zubewegte. Unter dem Foto dreier alter Mütterchen auf einer Parkbank stand: Gott segne Schlott. Auf einem Plakat, auf dem ein riesiger Stiefel einen vermummten Autonomen aus dem Blickfeld beförderte, prangte der Spruch: Raus aus dem linken Trott – mit Schlott! Und auf einem anderen, düsteren Bild mit Fabrikschloten, über denen statt der Rauchfahnen Fragezeichen standen, hieß es: Staatsbankrott? – wer hilft uns? Schlott! Sogar viele Schaufenster waren in den Wochen vor der Wahl politisch dekoriert. Da gab es zum Beispiel das große Textilhaus John & Holtmann. In allen seinen Schaufenstern leuchtete in Rot und Gelb der Slogan: Flott mit Schlott!

Aber die Schlott-Gegner hatten auch mobil gemacht. Nicht nur die politischen Parteien, auch viele Künstler, Journalisten, Pädagogen, evangelische und katholische Theologen, Richter, ja sogar Offiziere der Bundeswehr warnten. Und vor allem viele junge Leute.

So waren Scharen von Sprühern unterwegs. Es gab bald kaum mehr eine Hausfront in der Stadt, die keine Sprüche trug. Da stand zu lesen: Schlott – Schlotter – Schlottern! oder Boykott gegen Schlott! oder Für Schlott nur Spott oder Schlott aufs Schafott!

Es schien fast, als habe man die ganze deutsche Sprache durchforstet, um Reimwörter auf SCHLOTT zu finden.

Und es gab sie, zum Glück, in Mengen. Ulf bereicherte die Wände mit einem Spruch, den er sich selbst ausgedacht hatte und den die ganze Familie optimal fand: Lasst euch nicht verschlotten!

Vati schrieb in jeder freien Minute. Zeitungen bestellten bei ihm Artikel. Er schrieb so, dass auch Ulf – der sich im Allgemeinen für politische Texte nicht interessierte – aufhorchte, als er Passagen daraus vorgelesen bekam: »... Wer da glaubt, dass in einer Schlott-Diktatur davonkommt, wer still ist – und nur belangt wird, wer den Mund aufmacht, der irrt sich gründlich. Natürlich wird die Rechnung fürs Stillschweigen diesmal nicht aus einem verlorenen Krieg kommen, nicht mit zerbombten Städten beglichen werden. Wohl aber mit einer isolierten, verfemten Stellung Deutschlands – und damit auch seiner Ruhe und Ordnung liebenden Bürger – auf der internationalen Bühne. Sanktionen wegen eklatanter Menschenrechtsverletzungen ließen wahrscheinlich nicht lange auf sich warten. Sie träfen auch die ›Stillhalter‹ und ›Abwarter‹, denn sie bezögen sich vor allem auf den Boykott deutscher Erzeugnisse. Das hieße: Verlust von Arbeitsplätzen in möglicherweise hoher Zahl ...« Und eine andere Passage: »Wenn der Spuk dann vorbei ist, werden wieder viele von uns behaupten wollen, sie hätten von all den Ungeheuerlichkeiten einer Schlott-Diktatur nichts gewusst. Aber diese Lüge wird ihnen niemand abnehmen. Denn es gibt andere, die werden hinausschreien, was hier geschieht!«

»Mann, bist du gut!«, sagte Ulf beeindruckt.

Vati schrieb viele Nächte durch, so weit ihm neben seinen Lokalreportagen noch Zeit blieb. Er erzählte daheim, man habe ihn in der Redaktion gewarnt. Er solle nicht zu viel riskieren. Das könne ihm, im Fall die DVB siege, nicht gut bekommen.

Aber er konnte nicht anders. Und noch einmal hatte er großen Erfolg. Seine Artikel wurden gedruckt, gelesen, diskutiert. Viele bedankten sich bei ihm und zollten ihm Beifall. Er wurde zu Lesungen geladen. In Frankfurt begegnete er seinen Büchern sogar in einigen Schaufenstern. Vor allem sein letztes Buch NICHT NOCH EINMAL! und eines seiner früheren, das GEHETZT hieß und Schicksale jüdischer Familien im Hitlerdeutschland beschrieb, wurden viel verkauft.

Gesa hörte, wie Vati erzählte, ein Kollege aus der Redaktion Politik habe zu ihm gesagt: »Erik, vielleicht hast du in deinem Buch GEHETZT vorausschauend das Schicksal deiner eigenen Familie beschrieben – so, wie du dich ins Zeug legst! An deiner Stelle wäre ich vorsichtiger. Man weiß nicht, wie die Wahl ausgehen wird …«

»Vielleicht hat er Recht«, sagte Mutti düster.

»Aber wenn ich jetzt den Mund hielte«, sagte Vati – und das sollte Gesa nie vergessen –, »wie könnte ich später meinen Kindern und Enkeln Rede und Antwort stehen?«

31

Inzwischen klangen Jirgalems Briefe nicht mehr so euphorisch. Auch in den USA habe er unangenehme Erlebnisse als Dunkelhäutiger. Hier fühle er sich wirklich als Ausländer, da er weder die Sprache richtig beherrsche noch sich in die Mentalität der Einheimischen hineinversetzen könne.

Außerdem habe er Schwierigkeiten, eine Aufenthaltsgenehmigung über das Dreimonats-Touristenvisum hinaus zu erhalten. Die Bundesrepublik gelte nicht als menschenrechtsverletzendes Land. Mirjam lasse schon ihre Beziehungen spielen, aber sie habe noch nichts erreicht. Und in Kürze drohe ein neues, noch viel strengeres Einwanderungsgesetz. Hoffentlich bekomme er die Aufenthaltsgenehmigung noch vorher. Wenn nicht, dann –

Da endete der letzte Brief. Nur noch die obligatorischen Grüße standen darunter. Und ganz klein, ganz verschämt unter seinem Namen: Ich denke viel an daheim.

Zwei Wochen vor der Wahl stand er plötzlich vor der Tür. Gesa sah, wie Mutti zwischen Freude und Entsetzen hin- und hergerissen war. »Warum bist du nur wiedergekommen, Jirgalem, mein Junge«, schluchzte sie. »Es ist ja noch gar nicht sicher, wie die Wahl ausgehen wird!«

»Hier wie dort: schwarz gleich arm, arm gleich unerwünscht«, sagte Jirgalem niedergeschlagen.

»Ach sag doch nicht so was«, schluchzte sie, nahm ihm die Gitarre ab, zog ihm den Rucksack von den Schultern und machte sich eifrig daran, ein Essen zu kochen.

»Sie hat ihn viel lieber als mich«, flüsterte Ulf Gesa im Flur zu.

»Nur jetzt«, flüsterte Gesa zurück. »Ich glaube, als Mutter hat man immer das Kind am liebsten, um das man die meiste Angst hat.«

Schon einige Tage später begann Jirgalem seinen Zivildienst in einer Klinik an der Wilhelmshöher Allee. ⟶

32

Kurz nach Gesas und Jirgalems Geburtstag fand die Wahl statt. Als die Wahllokale schlossen und die ersten Ergebnisse durchgegeben wurden, waren die Straßen wie leer gefegt.

Die DVB gewann die absolute Mehrheit. Schlott hatte sein Ziel erreicht. Aus allen Fernsehkanälen, allen Rundfunksendern dröhnte seine »Rede an Deutschland«, schallte sein sattes Siegerlachen.

Vati telefonierte wie verrückt herum, Mutti weinte, Jirgalem lag auf seinem Bett und starrte an die Zimmerdecke. Als Gesa mit ihm reden wollte, sagte er nur: »Der Schlund.«

Ulf aber trieb es auf die Straße.

»Was ist denn los?«, fragte Rike ängstlich und lief hinter Gesa her. Die nahm das Mensch-ärgere-dich-nicht-Spiel aus dem Regal und spielte mit Rike. Aber ihre Hände zitterten, und sie spielte so unaufmerksam, dass Rike ein paarmal sagen mußte: »Pass doch auf.«

Gesa erwartete am nächsten Morgen, dass Kröger im Gesellschaftskundeunterricht etwas zu der neuen politischen Lage sagen würde. Aber er behandelte ein ganz anderes Thema. Seine Bewegungen waren fahrig und nervös, und oft verlor er den Faden. Nach der Stunde lief ihm Gesa nach und fragte ihn im Treppenhaus: »Warum haben Sie nichts dazu gesagt?«

Er wusste sofort, was sie meinte. »Weil ich drei kleine Kinder habe«, antwortete er.

Sie war enttäuscht. Er hatte immer Zivilcourage als wich-

tigste Eigenschaft eines Staatsbürgers bezeichnet. Jetzt fehlte sie ihm selbst. Aber er war wenigstens ehrlich.
Dass er Grund zur Angst hatte, zeigte sich bald. Denn nur kurz nachdem Schlott die Regierungsgeschäfte übernommen hatte, überstürzten sich die Ereignisse. Schlott erklärte den Ausnahmezustand: Ein Komplott der Oppositionsparteien gegen ihn und seine DVB sei rechtzeitig aufgedeckt worden, seine Ermordung geplante Sache gewesen.
Aus Tagesschau- und Heute-Nachrichten, aus Gesprächen, die Gesa überall, auch zu Hause, hörte, aus Radiodurchsagen und Fernsehreportagen begriff sie nach und nach das Wesentliche der neuen Lage: Schlott hatte die Verfassung der Bundesrepublik außer Kraft gesetzt. Damit galten auch die Grundrechte nicht mehr. Er hielt sich nicht mehr an die demokratischen Spielregeln. Außerdem kündigte er »das föderalistische Prinzip« der Bundesrepublik auf. Künftig werde Deutschland zentralistisch regiert werden!
Gesa verstand: Es würde bald, wahrscheinlich sehr bald, kein Land Hessen, kein Land Rheinland-Pfalz, kein einziges der sechzehn Länder mehr geben. Wohl würden sie noch auf der Landkarte sein. Aber ohne politische Rechte und kulturelle Selbstbestimmung. Schlott würde alles selber entscheiden, alle Zügel in der Hand halten. Um sich herum würde er nur Leute dulden, die bedingungslos ausführten, was er befahl. Minister wie Marionetten, Generäle wie Hampelmänner.

Schlott ließ die führenden Politiker der Oppositionsparteien verhaften. Gesa kannte sie alle aus dem Fernsehen.

Nur wenige von ihnen hatten versucht zu fliehen – in Unterschätzung der Gefahr, in der sie sich befanden. Eine Abgeordnete vom Bündnis 90/Die Grünen kam zu Tode, weil sie sich der Verhaftung widersetzt hatte. Alle Parteien außer der DVB waren verboten worden. Schlotts »Schwarze Garde«, plötzlich ins Riesenhafte gewachsen, stürmte die Parteizentralen und verwüstete sie. Auch hier in Kassel. Gesa ging zum CDU-Haus, sah die eingeschlagenen Scheiben mit eigenen Augen und warf einen Blick durch ein Parterrefenster. Alle Möbel waren umgeworfen, Türen eingetreten, Deckenlampen zerschlagen, und alles war übersät mit Akten und Handzetteln. Sogar draußen auf der Straße, im ganzen Umkreis des Hauses, wirbelten CDU-Papiere durch die Luft.

Schlott ging es – das war Gesa jetzt klar – um nichts als die Macht.

Er verbot alle Gewerkschaften, alle Jugendorganisationen außer der seiner DVB, hatte die Bundeswehr, die jetzt »Staatswehr« hieß, seinem persönlichen Kommando unterstellt, den Verfassungsschutz in einen »Systemschutz« umbenannt. Er kündigte die »Säuberung« der Beamtenschaft an. Das hieß, auch schlottfeindliche *Lehrer* würden gehen müssen! »Säuberung« – das war ein Wort, das in diesen Tagen in den Nachrichten immer wieder fiel. Säuberung der Büchereien, der Museen, der Ämter, der Medien. Säuberung der Gehirne.

»Zum Schutz Deutschlands«, wie Schlott das nannte, griff er in die Presse- und Versammlungsfreiheit ein. Demonstrationen und Protestversammlungen waren strengstens verboten. Schlott respektierte auch nicht das Post- und Fern-

sprechgeheimnis, und keine Wohnung war vor einer Durchsuchung sicher.
Gesa konnte es noch nicht fassen: War das wirklich hier in der Bundesrepublik geschehen? Bisher hatte sie sich so was immer nur in fernen, exotischen Ländern wie Haiti oder in den Staaten Afrikas vorstellen können. Gewiss, Diktatoren hatte es auch in Deutschland, Italien und Spanien gegeben. Aber das war schon so lange her. Zwei Generationen!
Es gab Unruhen. In einigen Städten weigerte sich die Polizei, Demonstranten, die zu Tausenden auf die Straße gelaufen waren, auseinander zu treiben. Aber in den meisten Orten handelte sie weisungsgetreu.
Der Presse war nun verboten, Kritik an Regierungsmaßnahmen zu äußern. Schlagzeilen wie **Deutschland, jetzt wirst du gesäubert!** oder **Jetzt geht's wieder aufwärts!** beherrschten die Zeitungskioske. Auf Vatis Zeitung stand, weithin sichtbar: **Schluss mit dem Parteienfilz!**, und am nächsten Tag: **Zügig in eine positive Zukunft!**
Diese Zeitung hatte also auch gekuscht.

33

Vati wurde zum 1. Dezember gekündigt. »Du bist zu bekannt«, hatte es geheißen. »Die wären imstande, unser Blatt zu verbieten, wenn wir darauf bestünden, dich zu behalten. Sobald der Spuk vorbei ist, stellen wir dich natürlich wieder ein.«
Aber er konnte nicht einmal bis zum 1. Dezember in der Redaktion bleiben. Eines Nachmittags kam er heimgestürzt.

Mutti war nicht zu Hause. Gesa und Rike waren allein. Gesa sah, dass er ganz blass war.
»Sie wollten mich holen«, berichtete er hastig. »Verhaften. Zum Glück war ich gerade unterwegs. Ich muss hier weg!« In fliegender Eile zog er sich um und stopfte seinen Toilettenbeutel, einen Schlafanzug und ein Handtuch in sein Aktenköfferchen. Dann hastete er zum Schreibtisch und packte ein paar Akten und Manuskripte ein.
»Wohin wirst du gehen?«, fragte Gesa gepresst.
»Ins Ausland. Wenn ich so weit komme. Ich will versuchen, euch so schnell wie möglich zu benachrichtigen.«
Gesa rannte in die Küche, packte rasch noch ein paar frische Brötchen und ein Stück Hartkäse ein und reichte Vati die Tüte.
»Hallo Vati«, rief Rike aus ihrem Zimmer. »Ich hab was gemalt. Willst du's sehen?«
»Wenn ich wiederkomme, Rike«, rief er zurück. »Weißt du, ich muss schnell noch mal weg …« Er flüsterte Gesa zu: »Sag Mutti, ich versuch, nach Prag zu kommen. Und sie soll tapfer sein. Sag ihr –«
Ihm brach die Stimme. Er drückte Gesa an sich, küsste sie hastig auf die Stirn und flüsterte: »Steht Mutti bei, ja? Du und Jirgalem und Ulf –«
»Willst du Jirgalem nicht mitnehmen?«, fragte sie plötzlich. »Er ist doch hier auch verloren. Und mit dir zusammen –«
»Mir bleibt keine Zeit mehr«, sagte Vati heiser. »Die können jeden Augenblick hier sein –«

»Und wenn du dich erst mal bei Opi Jupp versteckst? Dann könnte Jirgalem dort hinkommen, und in der Nacht verschwindet ihr gemeinsam!«

»Halt mich nicht auf, Gesa«, keuchte Vati, Angst im Blick. »Bei meinem Vater würden sie mich am ehesten vermuten, wenn sie mich hier nicht finden.«
Und schon sauste er die Treppe hinunter, der große, breitschultrige Mann mit dem vollen, dunkelblonden Haar, das an den Schläfen schon ergraut war. Ihr Vater. Seine Schritte verhallten.
Langsam kehrte Gesa in die Wohnung zurück. Sie ließ sich in der Küche auf einen Stuhl fallen und brach in Tränen aus. Als es schellte, hatte sie sich wieder so weit unter Kontrolle, dass sie den beiden Männern die Tür öffnen, erstaunt tun und ihnen ruhig Auskunft geben konnte: Nein, ihr Vater sei nicht zu Hause. Ja, er sei an diesem Nachmittag kurz daheim gewesen. Wann das gewesen sei, wisse sie nicht mehr genau. Aber es sei mindestens schon zwei Stunden her.
Sie folgte ihnen, als sie durch die Wohnung schritten, alle Zimmertüren öffneten und in alle Schränke schauten. Sie hielt den Atem an, als sie Rike fragten, wann sie und wo sie ihren Vater zuletzt gesehen habe. Aber Rike war so erschrocken, dass sie kein Wort herausbrachte und nur stotterte. Da winkte der eine der beiden Männer ab und sagte zu dem anderen: »Aus der kriegst du nichts raus. Du siehst doch, was da los ist.«
In Jirgalems Zimmer entdeckten sie ein Foto von Jirgalem an der Wand. Sie fragten, wer das sei. »Mein Bruder«, sagte Gesa.
Die Männer sahen einander an, dann fragte der eine: »Adoptiert?« Gesa nickte. Und in Dennis' Zimmer wollten sie wissen, wer hier wohne. Ein Untermieter? Name? Sie nannte ihn.

Dann zogen sie wieder ab. Kurz darauf kam Mutti heim, zusammen mit Ulf, eine Weile später Jirgalem. Es wurde ein Abend, der wie Beton lastete.

Am nächsten Tag holten sie Mutti zum Verhör ab. Nach zwei Stunden kam sie wieder. Sie sei höflich behandelt worden, erzählte sie, obwohl sie Vatis Aufenthaltsort nicht hatte angeben können.

Und aus der Zeitung riefen sie an: Man benötige ihre Dienste nicht mehr.

34

»Na, wo hast du deine Gedanken?«, fragte Frau Brenner im Geschichtsunterricht und lächelte Gesa aufmunternd an. »Liebeskummer?«

Gesa fuhr zusammen und brauchte eine Weile, bis sie antworten konnte.

»Ich muss daran denken, was in unserem Land vorgeht, seit Schlott Kanzler ist«, sagte sie mit fester Stimme. »Das kann doch nicht in Ordnung sein? Bei Ihnen haben wir die Nazi-Zeit durchgenommen. Auch die Nazis haben die Demokratie abgewürgt und ihre politischen Gegner aus dem Weg geräumt. Frau Brenner, haben Sie nicht immer gesagt: So etwas darf nie wieder passieren? Was sagen Sie jetzt, wo es *wieder* passiert ist, zu uns?«

In der Klasse herrschte atemlose Stille. Die Brenner war blass geworden. Sie kehrte zu ihrem Schreibtisch zurück, setzte sich, blätterte mit zitternden Fingern im Klassenbuch, hob dann den Kopf und sagte: »Nehmt euch kein Beispiel an mir.«

Dann begann sie in ihrem üblichen Ton über eine neue Lektion zu sprechen: Alexander der Große und seine Zeit.
In der darauf folgenden Stunde war Musik. Frau Meiches teilte Fotokopien der neuen Staatshymne aus und spielte die Melodie auf dem Klavier. Sie klang eingängig, ein richtiger Ohrwurm, arg feierlich. Und der Text war geradezu penetrant pathetisch. Er lautete:

Die Fahnen in die Zukunft wehn.
Mein Volk wird niemals untergehn,
die Welt wird es als Vorbild sehn –
Deutschland, mein Deutschland!

»Ätzend«, sagte Andreas in der letzten Bank.
»Halt den Mund!«, rief ihm Frau Meiches zornig zu. Aber Gesa sagte: »Er hat doch Recht. Das ist wirklich nicht das Gelbe vom Ei, das müssen Sie zugeben. So was brächten sogar wir zustande, wenn's sein müsste. Da ist mir die dritte Strophe der alten Hymne doch noch lieber. Obwohl ich auf eine Nationalhymne überhaupt verzichten könnte.«
»Die Zeiten ändern sich«, sagte die Meiches und wich den Blicken aus. Sie hämmerte aufs Klavier, dass die Schüler zusammenfuhren. Aber nur zwei Mädchen sangen mit. Die anderen grinsten.
»Glaubt ihr vielleicht, ich würde euch das Ding da beibringen, wenn's nicht Vorschrift wäre?«, schrie sie plötzlich, hochrot im Gesicht.
»Wenn sich alle Lehrer weigern würden, das beizubringen, was jetzt Vorschrift ist«, sagte Andreas, »bekäme Schlott viel zu tun – mehr, als ihm bekäme.«
Die ganze Klasse applaudierte – außer den zwei Mädchen. Die starrten finster auf den Jungen. Gesa wunderte sich.

Andreas war ihr bisher erst einmal aufgefallen: bei dem DF-Aufmarsch in Fulda. Im Unterricht redete er meist nur, wenn er gefragt wurde. Aber jetzt ritt ihn der Teufel: Er stand auf und sang: »Mein Volk darf nur noch ›Deutschland!‹ krähn. / Der Welt wird's auf die Nerven gehn. / Den Schlott wird's bald vom Sockel wehn / Hej, Deutsche – tut was!«
Tosender Applaus. Andreas grinste und setzte sich.
Und jetzt geschah etwas, was niemand erwartet hatte. Die Meiches rückte sich mit entschlossenen Bewegungen den Klaviersessel zurecht, griff einen Akkord und sagte laut und deutlich: »Also wirklich, alles, was recht ist – Andreas' Text gefällt mir auch besser. Sag ihn uns noch einmal.«
Und dann sang sie mit der Klasse aus voller Brust Andreas' Nationalhymnentext, dass es nur so schallte. Nur die zwei Mädchen sangen nicht mit. Am Ende der Stunde sagte die Meiches, als handle es sich um eine Belanglosigkeit: »Es könnte übrigens sein, dass ich ab heute hier nicht mehr erwünscht bin. In diesem Fall: Lebt wohl.«
Da stand die ganze Klasse auf – bis auf die zwei. Man hätte eine Stecknadel fallen hören können.
Am nächsten Tag verabschiedete sich Andreas von der Klasse.
»Rausgeflogen«, antwortete er auf die bestürzten Fragen der Mitschüler. Gesa wandte sich den beiden zu, die die offizielle Nationalhymne mitgesungen hatten, und fragte: »Habt ihr ihn verpetzt?«
»Reiß du bloß nicht so dein Maul auf«, sagte die eine der beiden giftig. »Mit *dem* Vater!«
Die Meiches kam auch nicht mehr.

35

Die Lorbachs fuhren aus dem Schlaf hoch. Das Telefon schrillte.
»Das ist sicher Vati!«, hörte Gesa Mutti rufen. Irgendetwas polterte, dann sprach Mutti mit jemandem. Schlaftrunken stolperte Gesa zu ihr ins Wohnzimmer. Auch Ulf erschien. Jirgalem hatte Nachtdienst. Rike rief aus ihrem Zimmer nach Mutti. Irgendetwas war in der Wohnung anders als sonst. Aber was?
Ulf kam darauf. »Es ist ja so hell draußen!«, rief er und rannte zum nächsten Fenster. Und dann schrie er: »Es brennt, es brennt!«
Mutti legte den Hörer auf. »Opi Jupp hat angerufen«, sagte sie verstört. »Die haben das Ausländerheim angesteckt. Die Schwarze Garde war's. Opi hat sie genau gesehen, die Kerle, wie sie Benzinkanister in die Kellerluken leerten. Sie haben sich nicht mal bemüht, leise zu sein. Er ist sogar hinausgelaufen und hat gebrüllt: ›Was macht ihr denn da, ihr Mistkerle!‹ Da bekam er zu hören: ›Verpiss dich, Alter, oder wir werfen dich mit da rein!‹ Opi sagt, sie müssen ein Streichholz in den Keller geworfen haben. Denn plötzlich gab's eine Explosion, und die Flammen schlugen aus den Kellerluken. Dann sind sie auf ihre Lastwagen gesprungen und fortgefahren. Opi hat den Leuten aus dem Heim geholfen, sich zu retten. Jetzt hat er sie erst mal zu sich ins Haus geholt.«
Sie lief zu Rike hinüber, die kläglich nach ihr rief. Und dann
standen sie dicht gedrängt am Fenster, frierend. Auch Dennis kam aus seinem Zimmer. Rike war außer sich vor Angst

und klammerte sich an Gesa. Nur langsam ließ sie sich beruhigen.

Der Himmel über der Stadt glühte. »Das ist nicht nur *ein* Brandherd«, sagte Dennis.

In den Nachbarhäusern öffneten sich immer mehr Fenster. Gesa sah Leute in verschiedene Richtungen deuten. Von oben hörte sie Frau Lehndorf rufen: »Das muss um die Druseltalstraße herum sein!«

Mutti machte das Fenster wieder zu und entschloss sich, zu Opi Jupp zu fahren. Dort sei sie jetzt dringender nötig als hier. Gesa kroch mit Rike in Muttis Bett, das noch warm war. Sie streichelte Rike, bis sie deren ruhige Atemzüge hörte, und versuchte selber einzuschlafen. Aber dazu war sie viel zu wach.

Gegen Morgen schaltete sie das Radio an. Da erfuhr sie's: In der ganzen Bundesrepublik hatten in dieser Nacht die Ausländerunterkünfte gebrannt. Insgesamt waren dabei etwa vierhundert Menschen umgekommen, davon über die Hälfte Kinder. Mehr als tausend Verletzte waren gezählt worden. Es habe sich bei diesen Vorgängen, so hieß es, um eine spontane Erhebung gegen die Masseneinwanderung gehandelt.

»Von wegen!«, sagte Gesa laut und zornig.

Rike wurde unruhig. Da schlich Gesa ins Wohnzimmer. Dort saß Ulf vor dem Radio. »Glaubst du, dass Boris mit dabei war?«, fragte er leise.

»Warum sollte er *nicht* dabei gewesen sein?«, fragte Gesa finster zurück.

Kurz vor fünf Uhr schrillte das Telefon noch einmal. Gesa vermutete einen Anruf von Mutti. Aber es war Vati. Er rief aus der Tschechischen Republik an. Mutti? Nein, die sei nicht da. Sie sei bei Opi Jupp. Nein, dem sei nichts passiert, ihm gehe es gut. Aber in seiner Nachbarschaft habe das Asylbewerberheim gebrannt, und nicht nur dort. Nun seien Obdachlose bei ihm. Vati hatte es eilig. Er habe die Grenze wohlbehalten, wenn auch in Etappen, erreicht und sie bei Nacht und Nebel überquert. Jetzt rufe er aus einem tschechischen Grenzort an. Er werde sich nach Prag durchschlagen und von dort wieder Nachricht geben.

Nachdem Gesa aufgelegt hatte, fielen sie und Ulf einander in die Arme und hüpften – »leise, leise!« – im Zimmer herum. Vati war in Sicherheit.

Mutti kam heim, kurz bevor Gesa, Ulf und Rike zur Schule mussten. Sie traf sie am Frühstückstisch an. Gesa hatte für alles gesorgt. Mutti schnüffelte. Sogar in der Wohnung roch es nach Rauch!

»Stellt euch vor«, berichtete sie, »die Feuerwehr durfte nicht löschen! Sie hatte nur dafür zu sorgen, dass keine Nachbarhäuser in Brand gerieten. Diese Bande! Übrigens sind die Leute, die bei Opi waren, heute Morgen alle abgeholt worden. Auf Lastwagen. Eine Frau wollte nicht mit. Aber sie wurde mit Gewalt auf den Wagen gehoben. Die Kinder haben geschrien. Es war herzzerreißend. Jetzt ist Frau Wetzel von nebenan bei Opi und hilft ihm sauber machen. Drei Dutzend Leute hatte er im Haus! Ich hab übrigens auch mit Corinna gesprochen. Bei ihr in der Nähe hat's ebenfalls gebrannt. Und auch sie hat Leute von der Schwarzen Garde vorüberfahren sehen, mit Kanistern auf den Wagen …«

Und nun, nachdem Mutti alles atemlos berichtet hatte,

konnte auch Gesa ihre Neuigkeit loswerden. Mutti griff nach dem nächstbesten Kind – es war Rike –, drückte und küsste es und lachte und weinte zugleich. »In Sicherheit, in Sicherheit! – Was hat er *noch* gesagt?«

»Haltet die Ohren steif«, berichtete Gesa. »Es kann ja nicht ewig dauern. So was lässt sich kein zivilisiertes Volk lange gefallen.«

»Wenn er sich darin nur nicht irrt«, sagte Mutti. »Aber vielleicht gibt das, was heute Nacht geschehen ist, unserem ›zivilisierten Volk‹ den nötigen Schub …«

Auf dem Weg zur Schule sah Gesa in den Straßen verängstigte Menschen mit rußverschmierten Gesichtern kauern. Ein Lastwagen sammelte sie ein.

»Wohin bringt ihr sie?«, fragte sie den Polizisten, der ihnen auf den Wagen half.

»Was geht das *dich* an?«, fragte er mürrisch.

Auch in den Zeitungen dieses Tages stand zu lesen, in den Brandschatzungen habe sich die Bevölkerung Luft gemacht: Deutschland den Deutschen! Schlott respektiere den Willen seines Volkes. Niemand werde bestraft!

»Aber es war doch gar nicht das Volk«, dachte Gesa. »Warum sagt denn das niemand laut? Alle wissen es. Überall hört man es flüstern …«

Als sie aus der Schule heimkam, wollte sie mit Mutti darüber reden. Aber die war kaum ansprechbar. Den ganzen Vormittag war sie unterwegs gewesen, um zu erreichen, dass Jirgalem nachts, nach seinem Dienst, im Krankenhaus bleiben durfte, um nicht unterwegs zusammengeschlagen zu werden. Sie hatte es geschafft: Der Chefarzt hatte Verständnis für ihre Angst gezeigt und Jirgalem erlaubt, die Nächte auf einem ausrangierten Bett in einer Abstellkammer im Kellergeschoss zu verbringen. Und jetzt lag Mutti mit geschlossenen Augen auf dem Bett und bat: »Lass mich, Gesa, ich bin so müde.«

Gesa rief Großmutter an: »Was sagst *du* dazu?«

Großmutter räusperte sich und fragte: »Was meinst du, Kind?«

»Na, dass sie die Ausländerheime angezündet haben!«, rief Gesa.

»Mich darfst du nicht fragen, Gesa«, sagte Großmutter sanft. »Ich habe fest geschlafen. Ich habe nichts gesehen und nichts gehört.«

»Aber du weißt doch, *dass* es geschehen ist!«, rief Gesa.

»Zu politischen Vorgängen nehme ich nicht Stellung«, sagte Großmutter noch sanfter. »Weil ich davon nichts verstehe.«

»Aber du verstehst doch wohl, was das heißt, sich aus einem brennenden Haus retten zu müssen«, schrie Gesa.

»Schrei mich nicht so an«, sagte Großmutter und legte auf.

Gesa rief bei Onkel Bernd an. Tante Irene meldete sich. »Kann ich Boris sprechen?«

Tante Irene bedauerte. Er schlafe. Er habe die ganze Nacht arbeiten müssen.

»Du meinst, mit Benzinkanistern und Streichhölzern?«, fragte Gesa scharf.

»Um Gottes willen, Kind, wie kommst du darauf?«, rief Tante Irene. »Hast du nicht die Nachrichten gehört? Die Ausländerheime wurden doch von der Bevölkerung –«

»Die Bevölkerung!«, antwortete Gesa. »Heute Nacht waren viele von der Schwarzen Garde unterwegs. Boris ist einer von ihnen …«

»Aber damit hat er gar nichts zu tun!«, rief Tante Irene hitzig. »Und über die Brände heute Nacht weiß ich nicht mehr als das, was in den Zeitungen steht.«

»Gerochen hast du's doch – oder? Die ganze Stadt riecht nach Rauch und Asche!«

Tante Irene hatte schon aufgelegt. »Feige Schweine, ihr alle!«, rief Gesa wütend.

Kurz darauf rief der Sprecher der Schülerselbstverwaltung von Gesas Gymnasium an. »Hier spricht Ronny«, sagte er. »Du bist doch die Sprecherin der Zwölf. Wir haben da was für morgen geplant. Bist du allein? Oder soll ich später noch mal anrufen?«

Sie stand im Flur. Niemand hörte mit. Er erklärte, sie fragte, er antwortete, und als das Gespräch endete, glühten ihre Wangen. Sie telefonierte hierhin und dorthin, bat Mitschüler um Weitergabe der Nachricht, rief dann Ulf und weihte ihn ein. Auch er begann zu strahlen. Das war etwas nach seinem Geschmack.

»Mann«, rief er, »das wird Wirbel machen!«

Sie packte ihn und drückte ihm einen Kuss auf die Nasenspitze. »Lieber Flegelbruder Ulf …«

Mit Feuereifer gingen sie daran, Transparente zu malen. Mutti erzählten sie nichts. Die hatte genug um die Ohren. Als Rike aus der Schule kam, durfte sie bunt malen helfen.

Am nächsten Morgen zeigte sich, dass nicht viel mehr als vierhundert von neunhundertfünfzig Schülern mitmachten. Die anderen trauten sich nicht: die Eltern, die Lehrer, die

Noten. In einer Ecke des Schulhofs trafen sich die Mutigen, formierten sich zu einem Zug und wanderten in Richtung Innenstadt. Auf ihren Transparenten waren Sprüche zu lesen wie Brandstiftung ist Unrecht! und Das war nicht das Volk! und Wir Kinder sind gegen Gewalt! und Wir wollen wieder Demokratie! Gesa hatte den längsten Text auf ihrem Transparent. Er lautete: Wenn die Erwachsenen sich nicht wehren, müssen **wir** es tun! Ulf und sie trugen das Tuch zwischen sich.

Gesa schwamm im Glück. Ja, das war fällig gewesen! Jetzt zeigten sie's ihnen! Jetzt bewiesen sie dem Schlott und seinen Leuten, dass er nicht nur eine Hammelherde vor sich hatte, die brav dorthin latschte, wohin er sie haben wollte!

Sie kamen bis zur nächsten Ampel. Dort wurden sie von Polizisten gestoppt und zur Schule zurückgeführt. Gesa wehrte sich erbittert. Die Ohrfeige, die sie bekam, brannte noch am Nachmittag.

Der mutige Versuch nahm ein klägliches Ende. Ronny, dem nur noch ein halbes Jahr bis zum Abi fehlte, flog von der Schule. Alle anderen Schüler, die an der Demo teilgenommen hatten, bekamen eine Verwarnung. Ihre Eltern, in die Schule beordert, wurden aufgefordert, die Kinder so zu erziehen, dass sich ein solcher Vorfall nicht wiederhole.

Auch Mutti musste hin. Als sie wieder heimkam, grau im Gesicht, strich sie Gesa übers Haar und sagte: »Es war toll, was ihr da versucht habt. Und Hamberg war auch ganz umgänglich. Aber er hat mir zu verstehen gegeben, dass ich dran bin, wenn du noch mal bei so was mitmachst. Er hat mich warnen wollen. Er zitierte aus Vatis Büchern. Er weiß auch, dass Vati geflüchtet ist. Wenn sie mich holen, seid ihr allein. Dann käme Ulf in ein staatlich geführtes Jugendheim und Rike in eines für Behinderte. Wer weiß, was sie dort mit ihr machen würden …«

Gesa verstand. Daran hatte sie nicht gedacht: dass sie erpressbar geworden war. So schafften die das also, dass man stillhielt. So hatten sie's schon damals geschafft.

36

In den außenpolitischen Nachrichten war jetzt fast nur noch die Rede von Kriegen, Hungersnöten und immer größer werdenden Flüchtlingsströmen, die sich auf Europa zu bewegten. Und es gelang auch Schlott nicht, die deutschen Grenzen abzuschotten. Trotz Schießbefehl und sofortiger Ausweisung »Illegaler«.

»Wenn Schlott dieses Problem nicht in den Griff kriegt«, sagte Mutti, »werden die Leute ihn zum Teufel jagen. Das weiß er. Erfolge braucht er. Ich sage euch: Die Idee von der Mauer ist noch nicht tot …«

Gesas Klasse schrumpfte: Erst verabschiedete sich Cengiz, ein Kurde, der in Deutschland geboren war. Seiner Familie wurde ein weiterer Aufenthalt in Deutschland zu riskant, nachdem – noch unter den Republikanern – alle Asylbewerber abgeschoben worden waren und jetzt, nach der Brandnacht, alle Ausländer mit gültigen Aufenthaltserlaubnissen – sofern Bürger *armer* Länder – in großen Lagern untergebracht leben mussten. Nein, in die Türkei, ihr Heimatland, konnten sie nicht zurück. Dort erwartete sie nicht viel Besseres als hier. Jetzt wollte Cengiz' Familie erst einmal mit einem Touristenvisum nach Belgien, wo Verwandte von ihnen lebten. Von dort aus würden sie Unterschlupf in einem anderen Land suchen.

»Wir gehen nicht gern«, sagte Cengiz mit einem traurigen Lächeln. »Wir haben uns hier wohl gefühlt – bis alles anders wurde.«

Dann erschienen plötzlich die Möller-Zwillinge nicht mehr. Ihr Vater, ehemaliger Landtagsabgeordneter, war schon gleich nach Schlotts Machtübernahme untergetaucht. Jetzt holte er seine Familie zu sich.

Und dann verschwand Annika, Gesas Freundin, deren Eltern Mitglieder der Grünen gewesen waren. »Wir gehen nach Chile«, hatte sie Gesa einen Tag vorher anvertraut. »Dort haben wir Freunde. Wir wären schon längst weg, aber die Maschinen ins Ausland sind für Wochen im Voraus ausgebucht. Genauso wie die Passagierschiffe nach Übersee. Und die Züge nach Skandinavien, Polen und Russland.«

Auch Ulf erzählte, dass seit der letzten Wahl schon sieben Leute aus seiner Klasse weggegangen seien. Nur ein Mädchen sei dazugekommen: die Tochter eines DVB-Bonzen aus der Hauptstadt.

»Ihr solltet mal sehen, wie die von den Lehrern umschleimt wird«, sagte er mit angewidertem Gesicht.

Erst als Annika fort war, merkte Gesa, wie sehr sie ihr fehlte. Mit keinem anderen Mädchen in ihrer Klasse hatte sie sich so gut verstanden. Und vor allem: Ihr hatte sie ganz und gar vertrauen können. Jetzt fühlte sie sich allein gelassen, ja, fast ausgeliefert – in dieser Zeit, in der heute nicht mehr galt, was gestern noch gegolten hatte, und in der sich so viele Menschen wie Chamäleons änderten.

Auch Gesa begann sich zu ändern. Sie verschloss sich, wurde vorsichtig, wurde misstrauisch. Und sie gewöhnte sich das Selbstverständlichste der Welt ab: auszusprechen, was sie dachte.

37

Übrigens: Wer in dieser Adventszeit durch die Stadt schlenderte, konnte den Eindruck gewinnen, dass einzelne Ladenbesitzer versuchten, mit nazinostalgischen Dekorationen Kunden zu ködern. Auch waren Volkskunst und Trachtenmode wieder in, und Großmutter äußerte sich ganz gerührt: So viele Lieder aus ihrer Jugend seien jetzt wieder da, nach langer Verbannung!

Aber all dem bereitete eine Fernsehansprache Schlotts noch vor den Weihnachtsfeiertagen ein schnelles Ende: Er, Mark Schlott, habe nicht vor, Hitler zu kopieren. Man lebe nicht mehr in den Dreißigern, die politischen Probleme der Gegenwart seien andere als damals, der Geschmack des Volkes habe sich seither stark gewandelt, die Lebensgewohnheiten seien auch nicht mehr die gleichen, und die »Deutsche Volksbewegung« sei mit dem Nationalsozialismus zwar in gewisser Weise verwandt, habe ihre Wurzeln aber nicht in ihm. Keine der führenden Persönlichkeiten der DVB werde der Jugend Hitler als Vorbild anpreisen, denn er habe gravierende Fehler gemacht, die sich nicht wiederholen dürften. Der DVB – und mit ihr dem ganzen deutschen Volk –

stehe genug Intelligenz, Kraft, Wille und Fantasie zur Verfügung, um sich ihre eigene Kultur, ihren eigenen Stil, ihre eigene Politik und ihr eigenes Image zu schaffen.
Prompt verschwanden alle Hitlerbilder, wohl aber blieben die Schlott-Porträts und Stachelsonnen. Und statt der alten Nazilieder hörte man jetzt jede Menge von Songs, in denen die Vokabel »deutsch« eine große Rolle spielte.
»Das alles ist noch eine Art Ruhe vor dem Sturm«, sagte Mutti. »Das habe ich im Gefühl ...«
Den Heiligen Abend feierten die Lorbachs diesmal bei Opi Jupp, wieder zusammen mit Dennis. Corinna war nicht dabei. Sie hatte sich über Weihnachten und Neujahr auf die Insel Föhr abgesetzt. Und so saßen sie in einem kleinen Kreis um Opis Weihnachtsbaum zusammen: Opi Jupp, Mutti mit den vier Lorbach-Kindern und Dennis. Der hatte sich extra für diesen Anlass herausgeputzt mit einem fliederfarbenen Seidenhemd und einer schwarzen Samtkrawatte. Und er duftete so stark, dass sich die Spitze von ihm fern hielten. Auch Frau Wetzel, Opis Nachbarin, die allein in ihrem Haus lebte, kam für eine Weile herüber. Opi hatte sie eingeladen.
Gesa sah Mutti an, dass sie die ganze Zeit auf den Anruf aus Prag wartete. Von dort hatte sich Vati inzwischen schon zweimal gemeldet.
Und dann kam er auch, der Anruf. Opi Jupp schaltete den Lautsprecher ein. Alle konnten mithören, was Vati sagte. Es gehe ihm gut. Er habe ein kleines Zimmer und auch zu essen. Er sei seit ein paar Tagen eine Art Mädchen für alles in einem bescheidenen Prager Hotel und finde zwischendurch immer genug Zeit zum Schreiben. Er höre vieles über

das, was jetzt in der Bundesrepublik, die ja keine mehr sei, vorgehe. Und fast alles mache ihn zornig und traurig. Ja, eine vorläufige Aufenthaltsgenehmigung habe er erhalten. Er sei als politischer Flüchtling anerkannt. »Wenn's nicht so traurig wäre, könnte man darüber lachen: deutsche Asylbewerber im Ausland, noch dazu im ehemaligen Ostblock!«
Dann wollte er noch wissen, wovon sie jetzt lebten. Mutti antwortete, es gehe schon irgendwie, er solle sich keine Sorgen machen.
»Hast du noch die Putzstelle in der Zeitung?«
»Nein, sie haben mich entlassen, aber ich habe Aussicht auf eine andere Stelle.«
Gesa wusste, dass das nicht stimmte. Alle wussten es, die hier saßen. Aber Vati konnte ja nicht helfen, ob er nun die Wahrheit kannte oder nicht. Gesa fand es fair von Mutti, dass sie ihm nicht auch noch *diese* Sorge auflud.
Wie es Jirgalem gehe, wollte er wissen.
Jirgalem beugte sich vor und rief: »Alles okay! Seit du fort bist, ist mir nichts passiert. Ich wohne jetzt ganz im Krankenhaus. Dort sind alle sehr nett zu mir und nehmen mich, wie ich bin.«
Rike war so aufgeregt, dass sie stotterte. Auch Ulf und Gesa wechselten ein paar Worte mit Vati. Als er sich verabschiedete, klang seine Stimme so weich, so liebevoll, so sehnsüchtig. »Haltet die Ohren steif, ihr alle« – seine übliche Abschiedsformel.

Diesmal waren sie schon am ersten Weihnachtsfeiertag bei Geschners eingeladen, denn Onkel Bernd und Boris hätten,

so hieß es, am zweiten Feiertag unaufschiebbare Verpflichtungen.
Und auch Jirgalem musste am Abend des ersten Feiertags wieder im Krankenhaus sein.
Aber Mutti ging nicht mit. Und so waren es diesmal nur acht Personen, die um den großen Esszimmertisch saßen.
»Jetzt hängt alles an eurer armen Mutter«, klagte Großmutter. »Wie konnte Erik aber auch einfach auf und davon gehen – als Vater von vier unversorgten Kindern!«
»Drei, Mutter, drei«, warf Onkel Bernd ein. »Jirgalem ist kein Kind mehr. Außerdem –«
»Immerhin hat er noch keine Berufsausbildung«, gab Großmutter zu bedenken.
»Vati ist doch nicht freiwillig nach Prag gegangen«, sagte Gesa schroff. »Sie wollten ihn verhaften, weil er in den Zeitungen gegen die DVB und Schlott geschrieben hat.«
»Warum hat er denn auch so was getan!«, jammerte Großmutter. »Wie man in den Wald ruft, so schallt es zurück. Hätte er sich friedlich verhalten, wäre er jetzt sicher noch bei euch …«
»Ich bin stolz auf das, was er geschrieben hat!«, rief Gesa.
»Für ihn braucht man sich nicht zu schämen«, fügte Jirgalem hinzu. »Und er schämt sich auch nicht für mich.«
Es entstand eine lastende Stille. Man hörte nur das Besteck klappern. Rike sah sich ängstlich um: »Is' was?«
»Ich mache mir Gedanken um Corinna«, sagte Großmutter. »So allein dort oben – in ihrem Zustand …«
»So schnell geht das damit nicht«, meinte Onkel Bernd.
»Das kann sich Jahre hinziehen.«
Kaum stand Onkel Bernd auf, um für den Kaffee hinüber in

die Sitzecke zu wechseln, sagte Boris zu Ulf: »Soll ich dir mal meine Computerspiele zeigen?«

Ulf war wie elektrisiert und nickte begeistert. Er sprang auf, drehte sich zu Jirgalem und rief: »Komm auch mit!«

»Nein«, sagte Boris. »Zu dritt wird's nichts Rechtes. Zu zweit geht's besser.« Und weg war er, Ulf hinter sich her ziehend.

Gesa und Jirgalem warfen sich einen Blick zu.

»Er hat's nicht so gemeint«, beeilte sich Großmutter zu sagen. »Er wollte sich halt mal ein bisschen näher mit seinem jungen Cousin befassen. Die beiden sehen sich ja so selten.«

»Er und Jirgalem sehen sich noch seltener.«

»Außerdem«, fügte Großmutter zögernd hinzu, »hat Boris eben auch eine gewisse Allergie gegen Schwarz –«

»Aber doch gewiss nicht, wenn's um Uniformen geht – oder?«, fragte Gesa finster.

Rike sah ängstlich herüber. »Kommt«, sagte Gesa zu Jirgalem und ihr, »gehen wir heim. Ulf kann nachkommen.«

Großmutter machte noch ein paar schwache Versuche, sie zum Bleiben zu veranlassen, aber Onkel Bernd und Tante Irene ließen sie ziehen, ohne zu verbergen, dass ihnen das gelegen kam.

Unten auf der Straße sagte Jirgalem zu Gesa, während er sich seine Anorakkapuze tief über die Stirn zog: »Reg dich nicht auf. So sind sie nun mal. Du kannst sie nicht umkrempeln.«

Zwei Männer gingen vorüber. Der eine drehte sich um, warf einen Blick auf Jirgalem und rief Gesa dann »Kaffernhure!« zu.

»Jetzt kriegst du noch Schwierigkeiten wegen mir«, sagte Jirgalem mit einem traurigen Grinsen.
Er entschloss sich, nicht mehr heimzugehen, sondern gleich in die Klinik zurückzukehren. Dort hatte er seine Gitarre. Er wolle »noch ein bisschen klimpern«. Auf dem Weg dorthin gestand er Gesa, dass er Angst habe vor der Zeit nach dem Zivildienst. »Ich versuche immer, nicht darüber hinauszudenken«, sagte er. »Denn nach allem, was seit dem Schlott'schen Regierungsantritt geschehen ist, wird's nur immer schlimmer, und unsereiner wird bald Freiwild sein.«
»Du solltest schauen, dass du dich auch nach Prag hinüberrettest«, drängte Gesa.
»Aber ich wollte doch so gern Medizin studieren«, sagte Jirgalem verzweifelt.
Es war noch früh am Tag. Und es war strahlendes Wetter. Nachdem Jirgalem in der Klinik verschwunden war, machte Gesa mit Rike noch einen weiten Spaziergang bis zum Herkules hinauf. Rike ging ganz aus sich heraus, stolperte absichtlich komisch herum, rutschte ungeschickt über eine vereiste Pfütze, quietschte und war einfach glücklich.
Eine Frau mit einem etwa zehnjährigen Jungen kam vorüber. Er blieb stehen und starrte Rike an. Dann hörte ihn Gesa der Frau zuflüstern: »Ist *das* lebensunwertes Leben?«
»Pst«, flüsterte sie mit einem Blick auf Gesa zurück und zerrte ihn fort.

Als sie, schon in der Dämmerung, daheim eintrafen, begrüßte sie Ulf geräuschvoll. Er war vor ihnen angekommen. Begeistert berichtete er von Boris' Computerspielen. »Und so nett war er, so nett!«, beteuerte er immer wieder. »Gar nicht so blöd, wie ich immer gedacht hab! Er hat mich richtig ernst genommen, und er hat mir seine Steinsammlung gezeigt und seine Poster und die Eisenbahnanlage. Stellt euch vor, er hat mich sogar gefragt, ob ich Lust hab, im Sommer mit ihm und noch ein paar anderen Typen in die Alpen zu fahren! Natürlich hab ich Ja gesagt. Wie käm ich denn sonst an so eine Gelegenheit?«

»Hat er dir auch gesagt, was er als Gegenleistung von dir erwartet?«, fragte Gesa.

»Gegenleistung?«, fragte Ulf verblüfft. »Meinst du, dass es was kostet? Für mich nichts! Ich hab ihn extra danach gefragt, weil wir's doch nicht so dick haben. Er hat gesagt, das übernimmt er! Also wirklich, wir haben ihm Unrecht getan ...«

»Mir gefällt das nicht«, sagte Gesa zu Mutti. »Irgendetwas ist faul daran. Vielleicht will er Ulf aushorchen?«

»Was soll er denn erfahren wollen?«, meinte Mutti. »Vati ist in Prag sicher. Und andere Geheimnisse gibt es bei uns nicht. Warten wir ab, was sich daraus entwickelt. Die Fahrt in die Alpen gönne ich dem Jungen ...«

38

Kaum war das neue Jahr angebrochen, ging es Schlag auf Schlag. Schlott setzte alle Hebel in Bewegung, um die Deutschen in den Griff zu bekommen. »Er muss was vorweisen können, wenn er seine Macht festigen will«, sagte Mutti. Vor allem Lager wies er vor. Unzählige ließ er einrichten: noch mehr Lager für illegal Eingewanderte längs der Grenze, die zwar tagsüber halbwegs geleert wurden, sich aber im Lauf der Nächte immer wieder füllten; Lager für Wirtschaftsflüchtlinge, die von ihren Heimatländern nicht mehr zurückgenommen wurden; Lager für Homosexuelle; für Drogensüchtige, für Landstreicher; sogenannte »Umerziehungslager«, in denen Schlott-Gegner interniert wurden. ULs wurden sie genannt.

»Wenn *das* nicht so was Ähnliches ist wie Hitlers Konzentrationslager ...«, meinte Gesa düster. »Dort wird man wahrscheinlich vom Leben auf den Tod umgeschult.«

»Jetzt werden auch die Aids-Lager nicht mehr lange auf sich warten lassen«, sagte Mutti zu Großmutter, die ab und zu hereinschaute.

»Aber Ingrid!«, rief Großmutter erschrocken. »Doch nicht für Leute aus *unseren* Kreisen!«

»Ja glaubst du denn«, sagte Mutti, »Schlott hat Respekt vor unseren Kreisen? Er wird *alle* unterbuttern, wenn's ihm was bringt. Der Mann ist ja so gerissen! Warum hat er wohl alle Sexclubs, Peepshows und Pornokinos schließen lassen? Nicht, weil er derlei für unmoralisch hält. Sondern weil diese Maßnahme von vielen begrüßt wird. ›Schlott räumt auf‹, sagen die Leute zufrieden und nehmen damit auch seinen Terror in Kauf, als unumgängliche Begleiterscheinung. Den aber braucht er, um seine Macht zu festigen.«

Auch alle Moscheen in Deutschland mussten ihre Tore schließen. Und alle Personen, von den Babys bis zu den Greisen, bekamen einen Gesundheitspass zugestellt. In ihn würden künftig – unter anderem – die Resultate halbjährlicher Zwangs-Aidstests eingetragen werden. Diesen Gesundheitspass hatte man immer bei sich zu tragen.

Und die Bundesrepublik hieß ab dem 1. Januar **REPUBLIK DEUTSCHLAND.**

»Aber von einer Mauer ist nicht die Rede«, sagte Gesa.

»So eine Ungeheuerlichkeit muss gut vorgeplant sein«, antwortete Mutti. »Ich bin sicher, dass seine Leute schon fieberhaft an den Vorbereitungen arbeiten.«

Wie sich doch jetzt alles änderte. Nicht nur von den Titelseiten der Illustrierten waren die nackten Busen und Pos verschwunden. Auch in den Kinos lief nur noch »Sauberes« – viele moderne Filme waren auf die Verbotsliste gesetzt worden – oder politische Propaganda im Sinne Schlotts. Da wurde geschippt für Deutschland und gemolken für Deutschland, montiert für Deutschland und gepflanzt für Deutschland, geheilt und musiziert, entrümpelt und geritten für Deutschland. Und das Fernsehpublikum lernte, dass auch solches möglich war: VIPs aus Kunst und Sport erschienen zwischen den Sendungen für eine knappe Minute auf dem Bildschirm, priesen die neue Zeit, das neue System, die neue Politik – und endeten mit einer Formulierung, die die Aussage enthielt: Ich bin für Schlott.

»Infam«, meinte dazu Opi Jupp. »So kriegt man die Fans. Wenn sich ein Spieler der Nationalmannschaft zu Schlott bekennt oder die Schauspielerin oder der Entertainer, dann sagt sich der kleine Mann: Wenn *der* oder *die* mitmacht, dann *muss* Schlott gut sein …«

Mutti weinte jetzt viel. Sie fand keine neue Arbeit. Vor Weihnachten hatte sie allerlei gebastelt und auf dem Markt zu verkaufen versucht. Aber den Leuten stand in diesem Jahr der Kopf nicht nach Weihnachts- und Zimmerschmuck. Sie hatte auch versucht, Gesas Zimmer zu vermieten, aber niemand interessierte sich dafür. Es gab jetzt – nach der Ausweisung so vieler Ausländer und der Flucht zahlreicher Deutscher ins Ausland – mehr als genug Wohnungsangebote.

Die Miete, die Miete! Noch nie waren die Lorbachs die Miete schuldig geblieben!

Corinna hätte Mutti sicher geholfen. Aber nun hatte sie ihre Boutique aufgegeben und bereitete sich auf das früher oder später zu erwartende Ende vor. Dazu brauchte sie ihr ganzes Erspartes. Und Opi Jupp? Der gab, was er konnte, aber seine Rente war im Lauf der letzten Jahre immer mehr beschnitten worden. Auch er konnte kaum noch mit dem Wenigen auskommen.

Großmutter half. Aber was sie gab, deckte nur die täglichen Ausgaben, nicht die Miete. »Sprich doch mit Bernd«, sagte sie. Schließlich trat Mutti ihren Stolz mit Füßen und ging tatsächlich zu Onkel Bernd. Gesa erwartete sie an der Tür, als sie von dort zurückkam. Mutti hatte dunkle Ringe unter den Augen.

»Er hat mir das Geld gegeben«, berichtete sie müde. »Für diesen Monat und die beiden nächsten dazu. Und dann hat er mir noch einmal den Job in der Buchhaltung angeboten. Aber ich konnte ihn nicht annehmen. Stell dir vor: Er hat die ganze Produktion umgestellt. Nichts Weißes mehr. Keine Bett- und Tischwäsche – sondern Uniformen. Schwarze Uniformen!«

»Oh Mann –!«, sagte Gesa bestürzt und umarmte Mutti.

39

Nicht einmal Schlott konnte die Deutschen davon abhalten, Karneval zu feiern. Das versuchte er erst gar nicht.

»Warum sollte er auch?«, meinte Dennis. »Die Jecken werden ihm nicht gefährlich. Die beschäftigen sich mit sich selber. Er tut gut daran, nicht mehr zu verbieten, als nötig ist.«

Schlott nutzte den Karneval sogar für seine Zwecke. Denn mitten in diesen Tagen, in denen die Deutschen mit ihren Maskeraden und Büttenreden beschäftigt waren, gab er, eher beiläufig, über die Medien bekannt, dass schon in allernächster Zeit mit dem Bau eines »Grenzwalls« rund um Deutschland begonnen werde. Eines Grenzwalls, der eine illegale Überschreitung der deutschen Grenze unmöglich mache. Ein gigantisches Arbeitsprogramm liege bereits vor. Jeder Arbeitssuchende zwischen siebzehn und fünfundfünfzig Jahren könne sich melden.

Der in Aussicht gestellte Lohn war nicht schlecht. Schon in den nächsten Tagen meldeten sich Tausende im ganzen Land.

Die Lorbachs waren entsetzt. Dann würden die Deutschen in Deutschland sozusagen eingemauert sein! So gut wie kein Austausch mit anderen Völkern und Kulturen wäre mehr möglich. Deutschland – ein Land stickigen Miefs. Ein Inzuchtland. Deutschland den Deutschen, konsequent bis zum Gehtnichtmehr. Sollen die anderen doch draußen vor dem Wall verhungern und im Kampf um das letzte Brot sich gegenseitig umbringen. Du, Deutschland hinter der Mauer, gähne!

Jirgalem konnte sich noch an die Mauer erinnern, mit der

sich Ostdeutschland von Westdeutschland abgeschottet hatte. Gesa kannte sie nur von Fotos. Wie hatten die Ostdeutschen gejubelt, als sie sich geöffnet hatte und weggeräumt wurde! Das war Freiheit!

»Schreien müsste man!«, rief Mutti. »Alle Deutschen müssten um die Freiheit schreien!« Aber Großmutter sagte: »Schade, dass Großvater das nicht mehr erlebt hat. Er riet doch schon vor drei Jahren zu einer Mauer. Erinnert ihr euch? Er hatte einen so ausgeprägten politischen Instinkt.

Und wieder verschwanden aus Gesas Kurs drei Schüler, diesmal zwei Jungen und ein Mädchen, fast über Nacht. Der Sohn eines Anwalts, der Sohn eines Professors der Gesamthochschule – und die Tochter eines Feinkosthändlers, der mit einer Perserin verheiratet war.

»Warum flüchten wir nicht alle zusammen nach Prag?«, fragte Gesa ihre Mutter.

»Wie sollten wir uns dort über Wasser halten«, meinte Mutti. »Wenn sie uns überhaupt hereinließen. Keiner von uns kann Tschechisch. Denk doch nur an die Schule. Es ist ja nicht so, dass es bei euch um Leben und Tod ginge –«

»Und bei Jirgalem?«, fragte Gesa. »Er kann sich nicht häuten …«

Jirgalem hatte am Fastnachtswochenende samt dem Rosenmontag Dienst. Sagte er. In Wirklichkeit hatte er frei und versuchte in diesen Tagen, als Sarotti-Mohr verkleidet, über die tschechische Grenze zu fliehen. In Prag war Vati, er hatte also ein Ziel und war sich einer Unterkunft sicher. Dass es schief gehen könnte, verdrängte er.

Es *ging* schief. Aber davon – und dass er überhaupt zu fliehen versucht hatte – erfuhren Gesa und ihre Familie erst, als er am Rosenmontag zurückkam. Ohne Zwischenfall war er bis an die Grenze gekommen und hatte sie passiert. Einfach querwaldein. Aber als er sich den tschechischen Grenzern stellte, verwehrten sie ihm die Weiterreise. Ein Deutscher – schwarz? Seinen Pass hielten sie für eine Fälschung. Sie waren wenigstens so fair, ihn nicht den deutschen Grenzpolizisten auszuliefern, sondern ihn über die grüne Grenze zurückzuschicken.

»Dunkelhäutige will *kein* Land«, sagte er niedergeschlagen. »Nicht einmal das Land, in dem ich geboren bin, ließe mich herein.«

Er war so mutlos, so deprimiert, dass sie Mühe hatten, den ganzen Hergang von ihm zu erfahren. Auf der Rückfahrt im Zug war er fast verprügelt worden, nachdem die anderen Fahrgäste bemerkt hatten, dass seine Verkleidung einen echten Afrikaner verbarg. Als der Zug – aus welchen Gründen auch immer – auf freier Strecke hielt, war Jirgalem hinausgesprungen und zu Fuß weitermarschiert.

Ein junger Autofahrer, der nach Göttingen wollte, nahm ihn schließlich mit und brachte ihn – zum Schutz vor weiteren Übergriffen – bis nach Kassel in die Lessingstraße.

»Warum hast du uns nichts gesagt?«, fragte Gesa traurig. »Vati hätte vielleicht erreichen können, dass dich die Tschechen –«

»Ich bin ja Hals über Kopf davon«, sagte Jirgalem. »Als ich die Sache vom Grenzwall hörte. Ich war in Panik, versteht ihr das nicht?«

Am Aschermittwoch ging Gesa durch die Stadt heimwärts. Als sie sich dem Holländer Platz näherte, hörte sie von der Gesamthochschule herüber lautes Gejohle. Über den Dächern sah sie Rauch aufsteigen. Sie erschrak. Hatte die Schwarze Garde schon wieder gezündelt? Sie begann auf das Gejohle und den Feuerschein zuzulaufen. Das Geschrei formierte sich zu einer Melodie. Gesa erkannte die neue Nationalhymne. Und dann sah sie, was da in Haufen zwischen den Unigebäuden brannte.
Bücher waren es. Und immer neue Bücher wurden ins Feuer geworfen. Stapelweise schleppten Studentinnen und Studenten sie aus den Gebäuden. Auch Bildbände waren darunter, auch Tonkassetten, CDs, Filmrollen, Dia-Reihen, Zeitungen und Zeitschriften. Warum taten sie das nur? War es Altpapier, Müll, Makulatur? Aber seit wann verbrannte man Müll, noch dazu unter den Klängen der Nationalhymne?
Der Feuerschein erhellte manche Bücher, manche Titel. Das waren tadellose, neue Bände! Dalí, Magritte, Warhol, dort drüben ein großformatiger Hundertwasser-Band. Dazwischen Bücher, deren Verfassernamen Gesa deshalb geläufig waren, weil Vati und Mutti sie oft erwähnt hatten: Grass, Zwerenz, Giordano, Wallraff. Schon brennend, rutschte ihr Christa Wolfs **KASSANDRA** vor die Füße. Sie wendete ein Buch, das verkehrt herum lag, mit der Schuhspitze um. Es war Rolf Winters **HITLER KAM AUS DER DANKWARTSGRUBE – UND KOMMT VIELLEICHT BALD WIEDER.**
Jetzt wusste sie Bescheid. Auch so weit war es wieder.

Obwohl ihr Gesicht von der Hitze brannte, beugte sie sich über einen der brennenden Bücherhaufen, schob ihn auseinander, wühlte und zerrte, stocherte mit einem Stock, hielt nach einem ganz bestimmten, ins Türkis hinüberspielenden Blau Ausschau – und wurde fündig: Vatis letztes Buch **NICHT NOCH EINMAL!**

Er, der Schriftsteller Erik Lorbach, war dem jetzigen Regime unerwünscht.

Als ein älterer Mann vor den Eingangsstufen eines Gebäudes zu reden begann, beleuchtet vom Feuer, große, zuckende Schatten werfend, wurde ihm zugejubelt. »Liebe junge Freunde«, hörte Gesa ihn sagen, »wir erleben den Beginn einer neuen Epoche! Einer Epoche der Rückbesinnung auf unsere nationalen Werte. Und nun gilt es, Ordnung zu schaffen. Auch in der Kultur …«

Gesa verließ den Platz. Als sie sich noch einmal umdrehte, fiel ihr auf, dass nur wenige Studenten rund um die Scheiterhaufen standen. Nicht einmal tausend. In Kassel studierten über fünfzehntausend!

Als sie sich schon ein Stück vom Feuer entfernt hatte, kam ihr ein merkwürdiger Zug entgegen: Junge Männer, wahrscheinlich Studenten, trugen eine überlebensgroße menschliche Figur, deren Beinhaltung einen Berg-aufwärts-Schritt verriet und deren Blick nach oben gerichtet war. Dieser bunt gefärbte Mann kam Gesa so bekannt, so vertraut vor! Offenbar war auch er fürs Feuer bestimmt. Gesa kehrte um und ging den Männern nach. Als die ihre Last mit lautem Gejohle in die Flammen warfen, erkannte sie ihn, den **HIMMELSSTÜRMER** der 8. Documenta! Seit dem Jahr einundneunzig war er hoch über dem Friedrichsplatz auf dem

schrägen Mast aufwärts gestrebt, ein modernes Wahrzeichen Kassels, ein Liebling der Kinder und aller Erwachsenen, die noch Fantasie besaßen.
Er verbrannte nicht. Er verkohlte. Und er stank fürchterlich.
Gesa erfuhr aus den abendlichen Nachrichten, dass auch in anderen Universitätsstädten Bücherverbrennungen stattgefunden hatten.
Aber man sah nur einige kurze Szenen, und der Kommentar klang reserviert. Offenbar war das keine von Schlott angeordnete Aktion gewesen. Da hatten sich, wie es schien, ein paar besonders Eifrige profilieren wollen. Immerhin war aber – einige Tage später – aus der Zeitung zu entnehmen, dass ein Verzeichnis aller verbotenen Bücher bei jeder Stadtverwaltung ausläge. Ulf lief ins Rathaus und brachte es heim, ein dickes Heft voller Namen und Titel. Vatis Name war leicht zu finden.
Damit hatten Gesa, Mutti und Jirgalem gerechnet. Nur Ulf schien wie vor den Kopf geschlagen: »Den Namen kennen jetzt doch alle. Wie soll man mit ihm leben?«
Gesa war entsetzt. »Hast du nicht allen Grund, stolz auf ihn zu sein?«, rief sie. »Oder würdest du lieber ›Schlott‹ heißen? Das bisschen Druck wirst du doch wohl aushalten können!«
»Vati ist Vati, und ich bin ich«, antwortete Ulf trotzig. »Er hat kein Recht, mich in seine Angelegenheiten mit hineinzuziehen. Wenn ich mich mit Schlott anlegen will, mache ich das selber.«
Und er fügte, um seine Position zu verdeutlichen, betont hinzu: »Ich sage: *wenn!*«

Mutti mahnte Gesa, ihn in Ruhe zu lassen. Er müsse sich in dieser neuen Lage erst zurechtfinden.
»Ich wette, Boris ist dabei, ihn umzudrehen«, sagte Gesa.
Als Vati das nächste Mal anrief, wusste er schon von den Bücherverbrennungen – und auch davon, dass er im Verzeichnis stand. »Es ist mir eine Ehre«, sagte er.

41

An einem Samstagmorgen hörte Gesa – sie lag noch im Bett – Mutti telefonieren. Sie konnte nicht verstehen, worum es ging. Dann verstummten die Geräusche, und Mutti kam ins Zimmer gestürzt. Mit blassem Gesicht setzte sie sich auf den Bettrand. Corinna hatte die amtliche Aufforderung erhalten, sich bis zum 15. März in der »Aids-Quarantäne-Station Warburg« zu melden. »Bis auf weiteres« werde sie sich dort aufhalten müssen. Ihren Besitz übernehme ab sofort der Staat. Ihr Konto sei schon gesperrt.
Mutti und Gesa machten sich gleich auf den Weg zu Corinna. Sie schien sehr gefasst.
»›Bis auf weiteres‹ muss man mit ›für immer‹ übersetzen«, sagte sie ruhig. »Ich hab damit gerechnet, dass das bald kommt. Deswegen war ich im Herbst noch mal in den Bergen und zu Weihnachten am Meer und hab Abschied genommen vom Leben. Denn was jetzt noch kommt, kann ich wahrscheinlich vergessen.«
Mutti beschwor sie zu fliehen. Noch gebe es keinen Grenzwall. Aber Corinna winkte ab, lächelnd. Mit Aids bekomme man eine andere Einstellung zum Leben. Sie habe nicht vor, wie ein aufgescheuchtes Kaninchen Haken zu

schlagen, um vielleicht ein oder zwei Jahre zu gewinnen. Sie sehe dem, was sie erwarte, mit Gelassenheit entgegen.
Sie gab Mutti und Gesa einen Teil ihrer Kleider. Den anderen Teil nahm sie mit. »Ich möchte auch dort noch gut aussehen«, sagte sie. »Das wird mir Halt geben.«
Zum Abschied kam sie zu den Lorbachs.
»Du und ich«, sagte sie zu Jirgalem, »sind Ausgegrenzte. Ich mochte dich schon immer. Aber dass wir mal *diese* Gemeinsamkeit haben würden, hätte ich mir nie träumen lassen.«
Großmutter weinte, als Corinna ihr Lebewohl sagte, und versicherte ihr unaufhörlich, dass sie es dort gut haben werde. Es sei sicher eine Art Sanatorium mit Park und Unterhaltungsprogramm ... »Lass nur, Mutter«, sagte Corinna. »Ich bin kein Kind mehr.«
Mutti und Gesa begleiteten sie bis nach Warburg. Es war ein großer Gebäudekomplex am Stadtrand. Eine hohe, neu errichtete Mauer umgab das riesige Areal, das sich in einem frostigen Märznebel verlor. Gesas Augen füllten sich mit Tränen, als sie die Mauer sah: Was für ein Irrsinn, was für ein Unrecht! Hier wurden Leute zum Sterben ausgesondert, von ihren Familien und Freunden getrennt, wurden abgeschoben und wie Leprakranke isoliert, nur damit sich die »gesunden Deutschen« nicht anstecken konnten. Waren die nicht imstande, selber aufzupassen?
»Nehmt's nicht so tragisch«, sagte Corinna. »Ich hab ja bisher aus meinem Leben herausgeholt, was ich konnte. Also dann –« Sie umarmte Mutti und Gesa und verschwand mit ihren beiden Koffern durch das Tor.

Mutti war schmal geworden. Früher hatte sie immer gegen ihre Pfunde kämpfen müssen. Jetzt mussten Ulf und Gesa sie zum Essen überreden, obwohl sie sich keine Gedanken mehr zu machen brauchte, wie sie zu Geld kommen konnte. Onkel Bernds Fabrik lief inzwischen auf Hochtouren, der Engpass – so Tante Irene – war überwunden, und von den Geschners floss monatlich eine Summe aus der Erbmasse auf Muttis Konto, Geld, von dem die Lorbachs leben konnten.

»Schwarze Uniformen machen's möglich«, sagte Mutti bitter.

42

Bilder von bereits fertig gestellten Teilstücken des »Grenz walls« erschienen in den Medien. Ein bedrohliches Ungetüm. Dagegen wirkte die Mauer der ehemaligen DDR wie ein harmloser Gartenzaun. Aber es kam kaum Kritik auf, auch nicht hinter vorgehaltener Hand. Gesa begriff: Was für Hitler die Autobahn bedeutet hatte, war jetzt für Schlott der »Grenzwall«. Eine Arbeitsbeschaffungsmaßnahme riesigen Ausmaßes. Die griff. Schlott schlug damit zwei Fliegen mit einer Klappe: Er holte die Arbeitslosen von der Straße und sperrte die Fremden aus, die Habenichtse. Erfolge, die ihm die Sympathie des »Volkes« einbrachten und damit seine Macht stärkten.

Und was sagte das Ausland dazu? Aber darüber konnte Gesa in den deutschen Zeitungen wenig finden. Sie wurden ja zensiert. Sie berichteten allerdings ausführlich darüber, dass in einer Art Torschlusspanik mehr Wirtschaftsflüchtlinge denn je versuchten, nach Deutschland hereinzukommen. Und dass andererseits viele »landesfeindliche Elemente« in Scharen die Republik verließen – und dass es nicht schade um sie sei. Diese überwiegend Linksintellektuellen seien nur Sand im Getriebe.

»Sollten wir nicht auch ›Sand im Getriebe‹ sein?«, dachte Gesa und träumte von einer Demonstration vor dem »Grenzwall«. Aber dann dachte sie an Rike.

Eine neue Verordnung »Zum Schutz Deutschlands vor Überfremdung« wurde bekannt gegeben: Personen nicht weißer Hautfarbe sowie Personen islamischer Religion durften ab sofort in der Republik Deutschland nicht mehr das Abitur ablegen, nicht mehr studieren, nicht mehr als Ärzte, Juristen, Lehrer tätig sein, keine Beamten sein, keine Vereine oder politischen Parteien gründen, keine Geschäfte führen, und sie verloren das Wahlrecht, sofern sie deutsche Staatsbürger waren. Und so weiter. Drei lange Spalten in der Zeitung. Dann war da noch ausführlich angegeben, wer als »nicht weiß« galt. Auch die Inder und Indios, auch die Asiaten, die Sinti und Roma. Juden wurden nicht erwähnt. Aber die wenigen, die sich nach dem Zweiten Weltkrieg wieder in Deutschland angesiedelt hatten, waren längst geflüchtet.

»Deutschland beschäftigt die Medien des Auslands fleißig«, berichtete Vati aus Prag. »Ihr solltet mal hören, wie sich die Welt über Deutschland aufregt. Trotzdem ist ihre Empörung nicht so groß, wie sie sein müsste …«

Übrigens war jetzt auch der Verleger seines letzten Buches nach Prag geflüchtet. Vati nannte ihn immer nur Paul, wenn er von ihm sprach. Und dann waren auch noch die Leskaus in Prag gelandet, zu Gesas Überraschung: Ronny Leskau war – als Sprecher der Schülerselbstverwaltung – damals nach der Schülerdemo von Gesas Gymnasium verwiesen worden. Ronnys Vater war Gewerkschaftsfunktionär gewesen. Wie klein doch die Welt war, vor allem für Emigranten ...

Vati hatte vor, zusammen mit Freunden eine Charta zu entwerfen, sie sollte die Welt über das, was in Deutschland vorging, informieren – und für Deutschland die Menschenrechte einklagen.

Nein, Vati machte sich in Prag kein bequemes Leben. Wie Gesa ihn kannte, sank er sicher erst spät nachts erschöpft ins Bett. Und er machte sich Gedanken um sie alle, sorgte sich um sie – besonders um Jirgalem. Er solle doch zu ihm flüchten, sagte er bei jedem Anruf. Er werde an die Grenze kommen, um ihn davor zu bewahren, wieder zurückgeschickt zu werden. Inzwischen habe er gute und einflussreiche Freunde unter den Tschechen. Von Basel bis Kehl stehe die Mauer schon. Auch an der holländischen Grenze und an der Oder entlang werde bereits an ihr gebaut. Jirgalem dürfe nicht länger zögern, sonst sei er verloren!

Mutti und Gesa gingen zu Jirgalem in die Klinik und beschworen ihn zu fliehen, bevor sich die Grenze gänzlich schließen würde. Diesmal werde man alles sorgfältig vorbereiten, Vati werde ihn empfangen –

Aber Jirgalem zögerte. Mit Grauen denke er an seinen ersten Versuch zurück. Wie viel Angst habe er ausgestanden!

Und außerdem – er habe sich in eine Schwesternschülerin verliebt. Ein blondes Mädchen, dessen unbefangenes Gelächter durch die Gänge schallte. Und keine einseitige

Sache, wie er beteuerte. Deshalb wolle er erst einmal seinen Zivildienst zu Ende bringen. Hier in der Klinik sei er ja sicher.
»Das heißt, du willst bis zum Herbst warten?«, fragte Mutti. »Dann kann's zu spät sein! Dann sitzt du vielleicht schon in der Falle. Und studieren kannst du hier doch auch nicht mehr. Kaum mehr atmen!«
Unverrichteter Dinge mussten sie wieder gehen. Er wollte darüber nachdenken. Mehr hatten sie nicht erreicht.

43

Dennis verlor seine Arbeitsstelle im Textilhaus, obwohl man dort mit ihm bisher sehr zufrieden gewesen schien.
Die Entlassung traf ihn schwer. Tagelang verschanzte er sich in seinem Zimmer und kam nur zum Vorschein, wenn er sich in der Küche einen Kaffee kochte oder auf die Toilette ging. Schellte es an der Tür, fuhr er zusammen. Auffallend interessierte er sich für Vatis Lage: Wie er sich in Prag über Wasser hielt, wie es den Emigranten dort ging und so weiter.
Eines Nachmittags bekam er einen Anruf. Danach war er ganz verstört. Ein Freund habe ihn gewarnt, sagte er zu Gesa, die allein mit Rike im Hause war. Jetzt seien *sie* in Kassel dran.
Er begann hektisch zu packen. Noch am selben Abend wollte er weg.
»Lass das Packen und verschwinde lieber gleich«, riet sie ihm besorgt. Aber Dennis sprach von seinen Anzügen. Lauter teure Sachen. Die einfach so aufgeben – nein. Er könne

im Ausland doch nicht zerknittert und ungepflegt wie ein Landstreicher erscheinen –

Als Mutti von der Arbeit heimkam, war er reisefertig. Er wollte ihr noch die Miete für den nächsten Monat zahlen. Sie winkte ab. Er brauche jetzt das Geld nötiger.

Aber als er die Wohnungstür öffnete, kamen sie gerade durchs Treppenhaus herauf, zwei Männer in Zivil. »Dennis Korf?«, fragten sie. Als er nickte, begannen sie zu witzeln: Er habe ihnen wohl schon entgegenkommen wollen. Nein, die Koffer solle er nur ruhig stehen lassen …

Sie nahmen ihn in die Mitte. »Und was hat er verbrochen?«, rief ihnen Mutti nach.

»Haben Sie nicht gewusst, dass er schwul ist?«, rief einer der beiden Männer über die Schulter zurück.

»Na und?«, schrie Gesa, außer sich vor Wut.

Da drehte sich der andere Mann um und rief Mutti zu: »Ich rat Ihnen, Ihre Kinder besser im Zaum zu halten!«

44

Im Mai fuhren Gesa und Mutti zusammen nach Warburg, um Corinna zu besuchen. Die Eingangshalle war kahl, die Schritte hallten. Die Insassen bekamen sie nicht zu Gesicht. Von einer Aufseherin wurden sie in eine von vielen winzigen »Kontaktzellen« geführt. Hinter einem engmaschigen Gitter erwartete sie Corinna.

Sie war schmal geworden, aber sie sah gepflegt aus.

»Ich hatte es mir schlimmer vorgestellt«, sagte sie lächelnd. »Die Arbeit ist eintönig, Komfort gibt's so gut wie keinen, und das Essen ist mies. Aber weil wir alle Todeskandidaten sind, können uns die Schlotts keine Angst einjagen. Und das versuchen sie auch erst gar nicht. Wir dürfen zwar nicht raus und werden scharf bewacht. Aber in das, was außerhalb der acht Arbeitsstunden geschieht, mischen sie sich wenig ein. Natürlich nehmen sie uns die Toten ab, um sie zu begraben. Alles Übrige läuft unter unserer Selbstverwaltung. Hier drin kann man ganz offen reden. Schade, dass ihr unsere Kabarettvorstellungen nicht sehen könnt. Ich mache da auch mit.

Doch, wir erfahren, was draußen vor sich geht. Viele haben Fernseher und Radios mitgebracht. Und an zwei Lagerkiosken können wir Zeitungen kaufen. In unserem Kabarett ziehen wir über den Schlott her, dass alles Tränen lacht. Das jetzige Programm läuft schon zum neunten Mal, und noch immer ist der Saal rappelvoll ...«

»Wie viele seid ihr denn hier?«, fragte Mutti verwundert.

»Fast neuntausend«, antwortete Corinna. »Man ahnt von außen nicht, wie groß das Gelände ist. Natürlich, wir hausen dicht wie die Heringe. Aber wenn man sagen darf, was man denkt, ist alles leichter zu ertragen.«

»Ihr könnt doch nichts bewirken!«, rief Mutti. »Nur reden können, aber nichts tun – das befriedigt doch nicht!«

»Nein«, sagte Corinna, »das befriedigt nicht.«

»Fast neuntausend«, stammelte Gesa. »Das langt ja schon für eine kleine Stadt!«

Corinna nickte. »Wir haben Alte und Junge, Männer und Frauen. Kinder gibt's allerdings nur wenige. Und das ist gut so.«

»Kommen hier denn nicht auch Kinder zur Welt, wenn so viele junge Leute beisammen sind?«, fragte Gesa.

Corinna schüttelte den Kopf. »Dafür haben die Schlotts gründlich gesorgt.«

Mutti beugte sich vor: »Und Fälle von Lagerkoller kennt ihr nicht?«

»Seit Eröffnung des Lagers«, sagte Corinna, »gab's hier fünf Selbstmorde.« Sie senkte die Stimme und bat: »Bringt mir das nächste Mal Blumen mit. Darunter leiden wir: zu wenig Grünes, kaum Lebendiges außer uns, die wir doch auch am Sterben sind. Und die Enge macht uns fertig. Um Weite zu erleben, müssen wir in den Himmel starren …«

Mutti berichtete ihr ausführlich über das Neueste in der Familie und in der Stadt. Aber Corinna schien nur mit halbem Ohr zuzuhören. »Außer uns«, sagte sie ohne jeden Zusammenhang zu Muttis Bericht, »gibt's noch einunddreißig Aidslager in Deutschland. Keins unter fünftausend Insassen. Aber sie werden schrumpfen … Wir sind jetzt dabei, Verbindungen zu ihnen zu knüpfen. Weil wir etwas bewirken wollen, versteht ihr?«

Mutti versuchte noch zu erzählen, dass ihr Ulf Sorgen mache. Er diskutiere mit ihr bei jeder sich bietenden Gelegenheit über das Schlott'sche System. Dass es die »Gesundung Deutschlands« anstrebe – und das sei doch, bitte schön, ein *gutes* Ziel!

»Und wo gehobelt wird, da fallen eben Späne, argumentiert er«, sagte Mutti bekümmert. »Das Sprichwort kenne ich von Bernd. *Dort* scheint er jetzt seine Vorbilder zu suchen, seit Erik fort und Jirgalem nur noch selten daheim ist. Und ich gebe ja auch zu, dass ich in den letzten Monaten zu wenig Zeit und Geduld für ihn hatte –«

Aber Corinna war mit ihren Gedanken weit weg. Beim Ab-

schied sagte sie zwar: »Ich freue mich wirklich, dass ihr mich nicht vergessen habt, ihr aus meinem früheren Leben«, aber Gesa hatte den Eindruck, dass sie sich schon unendlich weit von ihnen entfernt hatte.
Auf der Heimfahrt begegneten sie einem Güterzug, der in einem kleinen Bahnhof auf dem Nebengleis stand. Aus den Luken der Waggons spähten Farbige. Gesa wich den Blicken aus und fühlte – als Weiße – Scham und Schuld, obwohl Schlott diese Transporte zu verantworten hatte. Sie sah Mutti an, spürte, dass sie Ähnliches empfand. Von den Gefangenen in den Waggons glitten ihre Gedanken zurück zu Corinna, und sie senkte ihr Gesicht, damit Mutti ihre Tränen nicht sah.
Aber vor ihr ließ sich nichts verbergen.
Mutti sagte ganz ruhig, während sie ihr übers Haar strich: »Du brauchst sie nicht zu bemitleiden, Gesa. Denn eigentlich sind die da drinnen die Freien und wir hier draußen die Gefangenen …«

45

Ulf hielt sich jetzt immer öfter bei Boris auf, und wenn er von solchen Nachmittagen oder Abenden heimkam, schwärmte er. Boris habe mit ihm drei Stunden lang Monopoly gespielt. Ein andermal: Boris sei mit ihm in die Therme gegangen. Und wieder ein anderes Mal war Boris in Onkel Bernds Auto mit ihm »nur mal so auf einen Sprung« nach Göttingen geflitzt. Dort hätten sie zusammen Eis gegessen. Auch auf eine Nachtwanderung zusammen mit anderen Jungen hatte Boris ihn mitgenommen.

»Was der mit seiner Jugendgruppe macht, ist gar nichts Schlimmes«, berichtete er. »Er organisiert Geländespiele, und abends sitzen alle am Lagerfeuer und singen, wie die Pfadfinder eben. Und eine Band haben sie gegründet ... Alles ganz normal, nur, dass sie halt eine andere Kluft tragen.«

»Jawohl, Schlotts Uniform!«, rief Gesa zornig. »Demnächst müssen sowieso alle Jugendlichen in die JfD eintreten«, trumpfte Ulf auf. »Ob sie wollen oder nicht. Nur nicht die Ausländer. Vor allem nicht die Nichtweißen.«

»Was heißt denn Jott-ef-Dee?«, fragte Mutti.

»Jugend für Deutschland«, antwortete Ulf mit einem unsicheren Blick.

»Scheißjugend!«, rief Gesa außer sich. »Das wird ja alles wie gehabt! Merkst du denn nichts? Und bei so was machst du mit?«

»Das waren aber alles nette Typen, die da mitgewandert sind«, verteidigte sich Ulf.

»Lauter Typen, die Schlott den Rücken decken«, sagte Mutti, »damit er ungehindert solche Leute wie Vati oder Corinna oder Dennis einsperren lassen und solche Leute wie Jirgalem zu Freiwild machen kann. Und der einen Zaun rund um unser Land bauen lässt.«

»Du durchschaust das alles nicht!«, rief Gesa.

»Aber du, aber du!«, konterte Ulf giftig. Und mit Trotz in der Stimme zu Mutti: »Boris hat mir das alles ganz anders erklärt.«

»Natürlich«, sagte Gesa. »Weil er dich vereinnahmen will. Gehirnwäsche treibt er mit dir, und er macht das so geschickt, dass du gar nicht merkst, wie er dich benutzt –«

»Ich will auch nicht von *euch* vorgekaut kriegen, was ich denken und glauben und nicht denken und nicht glauben soll«, wehrte sich Ulf. »Ich bin schon sechzehneinhalb!«
Rike kam dazu. Wie immer, wenn sie Streit erlebte, brach sie in Tränen aus.
»Ich möchte nicht, dass du weiterhin zu Boris gehst«, sagte Mutti zu Ulf und ließ ihre Stimme so energisch wie möglich klingen.
»Ihr geht mir auf den Keks, ihr drei!«, rief Ulf wütend. »Die Eine begluckt mich, die Zweite meckert mich dauernd an, und die Dritte hat so 'ne Macke, dass man sie nicht vorzeigen kann!«
»Ulf!«, rief Mutti entsetzt.
Ulf starrte sie erschrocken an, dann sagte er kleinlaut: »Entschuldige, ich hab's nicht so gemeint. Bitte, Mutti ...«
Das Thema Boris kam nicht mehr zur Sprache. Aber Gesa merkte bald, dass Ulf seinen Cousin heimlich besuchte. Wenn er ging, sprach er von »Hunde ausführen«, »Fußballspiel auf dem Schulhof« oder »Ich muss mir mal die Matheaufgaben erklären lassen, ich hab sie nicht gerafft«. Und wenn er, nach Stunden, zurückkam, begründete er seine lange Abwesenheit mit »Ich bin auf dem Rückweg noch bei einem Freund hängen geblieben« oder »Wir haben noch ein bisschen Sternkunde betrieben«.
Gesa wollte ihn zur Rede stellen, aber Mutti hielt sie davon ab.
»Er ist bald siebzehn«, sagte sie. »Wir können ihn nicht mehr abhalten von dem, was er sich in den Kopf setzt. Du siehst es: Er macht doch, was er will. Wir treiben ihn nur in die Lügerei.«

»Willst du alles laufen lassen, wie es läuft?«, fragte Gesa erschrocken.
»Sag mir, wie ich's verhindern soll«, antwortete Mutti müde. »Je mehr wir ihn bedrängen, umso weiter wird er sich von uns entfernen. Nicht, dass ich glaube, Ulf würde es fertig bringen, uns zu denunzieren. Aber von solchen Fällen habe ich gehört. Die Eltern kamen ins UL!«
Man munkelte Schlimmes über diese ULs: eisernes Tagesprogramm von morgens sechs bis abends zehn. Sport, schwere körperliche Arbeit und »politische Schulung«. Natürlich kombiniert mit »Zucht und Ordnung«, also auch harte Strafen. Da gab's kein Hinterfragen, kein Aufmucken. Und Aussicht auf Entlassung hatte man nur, wenn man seine Treue zum Schlott-System unter Beweis stellte. Das hieß also, man musste sich umdrehen lassen oder im Lager verrecken. Oder seine eigene Meinung ganz und gar verleugnen ...

46

Nicht viel mehr als ein Jahr fehlte Gesa jetzt noch zum Abitur. Ebenso wie Jirgalem war sie eine gute Schülerin – im Gegensatz zu Ulf, der in einigen Fächern schwach war. Nur in letzter Zeit hatte sie etwas nachgelassen, weil so vieles geschehen war, das sie ablenkte. Jetzt nahm Gesa sich vor, ihre Gedanken wieder ganz auf die Schule zu konzentrieren. Den Trumpf, als Jahresbeste abzuschneiden, wollte sie sich nicht entgehen lassen – sie, die Tochter eines Schriftstellers, dessen Werke das Schlott-Regime auf die Verbotsliste gesetzt hatte!

Und so verbiss sie sich in den Physik-, Chemie- und Mathestoff, der so wenig Bezug zu den Dingen hatte, die außerhalb der Schule geschahen.
Dagegen hatte sich im Schulgebäude in den letzten Monaten vieles geändert. Es hing jetzt in jedem Klassenraum ein Schlott-Bild an der Wand, und die Treppenflure und Gänge zierten markige Sprüche, in denen man immer wieder den Vokabeln »deutsch« oder »Heimat« begegnete. Der Hamberg, der Direktor – das fiel auf – hatte diese Sprüche nicht aus der Hitlerzeit übernommen. Zwar prangte da auch das sattsam bekannte und in der deutschen Geschichte so oft strapazierte Schillerzitat **Ans Vaterland, ans teure, schließ dich an …**, aber insgesamt hatte Hamberg den Akzent auf Moderneres gesetzt. Zum Beispiel mit: **Heimat ist da, wo ich verstehe und verstanden werde** von einem gewissen Karl Jaspers, dessen Name Gesa nichts sagte.
Die neue Ausgestaltung der Aula aber empfand sie als Zumutung: Die Bühnenwand bedeckte eine riesige Stachelsonnenfahne, und neben dem Rednerpult stand seit einer Woche eine Säule, auf deren Kapitell eine überlebensgroße holzgeschnitzte Büste Schlotts die Blicke aller auf sich zog.
»Wie findet ihr dieses neue Outfit?«, fragte Gesa ein paar Mitschüler, als sie in der Aula Chorprobe hatten.
Aber die zuckten nur die Schultern. »Mal was anderes«, sagte der Tenor hinter ihr. »Hat 'ne Menge Unterhaltungswert, diese Aufmachung. Wirklich. Wenn sie nur nicht so aufdringlich wäre –«
Gesa staunte. Zu dieser Aussage gehörte schon allerhand Mut.

Auch in den Pausengesprächen auf dem Schulhof klang zuweilen Aufmüpfiges durch. »Wenigstens päppeln sie uns wieder mal, nach langer Zeit«, hörte sie ein Mädchen aus der Oberstufe sagen. »Die Jahre, in denen wir immer nur fertig gemacht wurden als vergnügungssüchtig, unpolitisch, konsumfixiert und haltlos, sind eben jetzt vorbei. Wir werden wieder hofiert –«

»Aber nicht gratis«, unterbrach sie Gesa. »Nur, wenn wir uns für Schlott begeistern!«

Sie erschrak. Das hätte sie nicht sagen dürfen. Viel zu riskant!

Aber das Mädchen hatte gar nicht zugehört. »Jetzt brauchen wir nur mal zu gähnen, und schon rennen sie, um uns zu unterhalten«, fuhr sie fort.

»Mit Lagerfeuer und Fahnenflattern, ja«, sagte ein anderes Mädchen.

Gesa atmete auf. Offensichtlich war sie nicht die einzige in diesem zufälligen Kreis, die dem Schlott-System kritisch gegenüberstand.

»Sieht eigentlich toll aus, so eine Stadt voller Fahnen«, mischte sich ein Junge ein. »Zum Schlott-Jahrestag bin ich mal zum Herkules hinaufgelatscht. Dieser Anblick von Kassel, alles beflaggt, das war schon was.«

»Ob rechts oder links – sie spinnen immer«, meinte jemand im Hintergrund. »Wenn sie's wenigstens *locker* machen würden, das ganze Politik-Theater. Aber nein – verbissener geht's nicht mehr!«

»*Vor* der Schlottzeit herrschte auch nicht Edelmut pur«, sagte eine schlaksige Rothaarige aus Gesas Kurs. »Meine Mutter behauptet zum Beispiel, dass in den Lichterketten viele mitgezogen sind, weil's damals in war, gegen Ausländerfeindlichkeit zu sein. In Wahrheit seien aber nicht wenige von ihnen der Meinung gewesen: erst mal ich, dann lange nichts, dann erst die anderen …«

»Und wie findet ihr dieses ganze Deutschland-Getue?«, fragte Gesa.

»Ist doch eigentlich ganz schön, ein Vaterland zu haben«, sagte ein Sommersprossiger aus dem Deutsch-Leistungskurs. »Als Deutscher hat man nie mitreden können, wenn zum Beispiel Engländer oder Franzosen von ihrem Land sprachen, als wär's der Heilige Gral.«

»Stell mir deine Frage noch mal, Gesa, wenn wir das Abitur hinter uns haben«, lachte ein Mädchen neben Gesa.

»Du fragst dich noch ins UL, Gesa«, sagte die Rothaarige und fügte hinzu: »Aber Recht hast du schon« und machte ein paar Freiübungen. »Man wird ganz verbogen …«

47

Als Gesa einmal am Café Paulus vorüberkam, rannten plötzlich drei Männer an ihr vorbei, rissen sie fast um und verschwanden im Gewühl. Hinter der nächsten Ecke stieß sie auf eine Menschenmenge. Sie drängte sich durch die Neugierigen, selber neugierig, und schaute einer Frau über die Schulter. Mit blutverschmiertem Gesicht lag ein dunkelbärtiger Mann ohnmächtig oder tot in der Gosse. Aus seinem Mund rann Blut. Gesa erkannte ihn trotzdem. Es war Mustafa, Corinnas ehemaliger Freund.

»Aber da muss man doch was tun!«, rief sie und sah sich um.

Die Polizei sei schon benachrichtigt, bekam sie zu hören. Und auf ihre Frage, was diesem Mann zugestoßen sei, antwortete eine Frau: »Das sieht man doch. Ein Farbiger.«
»Saubere Arbeit«, sagte ein alter Mann. »Da waren Fachleute am Werk.«
»Wahrscheinlich ein Illegaler«, hörte Gesa jemanden hinter sich sagen, »der mal aus seinem Rattenloch kam, um Luft zu schnappen ...«
Schon näherte sich ein Rotkreuzwagen mit Blaulicht und Sirene, dahinter ein Polizeiwagen. Im Nu war Mustafa verschwunden, die Wagen fuhren ohne Sirene ab, die Menge verlief sich. Nur das Blut war noch da.

48

Der Grenzwall wuchs und wuchs. Drei Millionen Menschen waren am Werk, von den Konstrukteuren bis zu den Montagearbeitern. Nur noch zwischen Aachen und Saarbrücken konnte man nachts nach Belgien oder Frankreich hinüberflüchten. Auch an der Grenze zur Schweiz und zu Österreich arbeitete man auf Hochtouren. Tagtäglich sah Gesa in den Nachrichten emsige, lachende Männer mit Stachelsonnenhelmen werkeln, und die Kameras richteten sich auf die glatte, abweisende Wand des Walls. Dazwischen anderes: eine Parade der neu uniformierten »Staatswehr« vor Schlott in Berlin; gekenterte Flüchtlingsboote vor Gibraltar nach einem schweren Sturm; Abschiebung von Ausländern nicht nur aus Deutschland, sondern auch aus Frankreich, Spanien, der Schweiz, Russland. Flüchtlinge aus Ländern, in denen täglich Unzählige verhungerten.

Auch in Kassel fand Schlagzeilenwürdiges statt: Zur Einweihung der neu erbauten Waffenfabrik bei Kassel-Waldau beehrte Schlott die Stadt mit einem kurzen Besuch. Sie empfing ihn geflaggt.

Mutti flaggte nicht. Dafür hängte Herr Lehndorf, der jetzt in der Waffenfabrik arbeitete, eine Fahne aus seinem Schlafzimmer, die weit über das Lorbacher Stockwerk herabhing. Auch Frau Siebert flaggte nicht. Ihr Sohn Benno war »zur Entziehungskur« in ein Arbeitslager gesteckt und übel zugerichtet worden. Sie musste all ihr Erspartes aufbrauchen, um jedes Mal, wenn sie ihn besuchte, seine »Therapeuten« zu »schmieren«. Sie machte sich nicht nach Waldau auf – wie so viele Kasseler, die Schlott live sehen und ihm zujubeln wollten –, sondern lud Mutti, Gesa und Rike zum Kaffee ein.

Am späten Nachmittag kamen die Lehndorfs zusammen mit einem anderen Paar von der Einweihungsfeier zurück. Vor Frau Sieberts Wohnzimmerfenster entspann sich ein endloses Palaver. Drinnen konnte man jedes Wort verstehen. Der zweite Mann, offenbar ein Arbeitskollege von Herrn Lehndorf, breitete seine Theorie aus: Die neue Bewegung sei mit dem Nationalsozialismus nicht vergleichbar. Den Nazis sei es um die Reinhaltung der arischen Rasse gegangen. Schlott aber ziehe jetzt »Nichtweiße« wegen ihrer *Armut* aus dem Verkehr –

»Jawoll«, rief Lehndorf, »alle, die die Deutschen Geld kosten, müssen aus dem Verkehr gezogen werden.«

»*Den* sollte man aus dem Verkehr ziehen«, sagte Frau Siebert zu Mutti.

Jetzt ging's da draußen erst richtig los.

»Die ganzen armen Schlucker in der sogenannten ›Dritten Welt‹ haben uns ja melken wollen!«, rief der Arbeitskollege von Herrn Lehndorf. »Und nicht nur die! Schluss mit dem Teilen. Jetzt wissen wir wieder, für wen wir unser Geld verdienen. Und dass Schlott die Japaner rausgeschmissen und die japanischen Konzerne verstaatlicht hat, gehört auch zu diesem Programm. Die haben doch versucht, uns das Wasser abzugraben!«

»Aber die Demokratie hätte Schlott nicht auch gleich liquidieren müssen«, warf Frau Lehndorf schüchtern ein. »Jetzt gibt es gar keine christliche Partei mehr ...«

»Nicht so laut!«, schnauzte sie ihr Mann an und fügte belehrend hinzu: »Eine Demokratie taugt nicht für Krisensituationen. Sie ist viel zu schwerfällig. Aber das verstehst du nicht, Erika.«

»Jetzt reicht's«, sagte Frau Siebert und schloss das Fenster.

Es war nicht zu übersehen in diesem Frühsommer: Die Autobahnen belebten sich wieder, viele Fassaden in Dörfern und Städten prangten in neuem Anstrich, die Luxusartikel in den Schaufenstern mehrten sich, Hausfrauen schleppten pralle Einkaufstaschen heim. Obwohl Deutschland den früheren Lebensstandard noch lange nicht erreicht hatte und auch nie wieder erreichen würde, war doch deutlich zu bemerken: Die Flaute schwächte sich ab. Und viele glaubten, Schlott dafür Dank zu schulden. Denn er hatte Arbeitsplätze geschaffen und sorgte dafür, dass die vielen Flüchtlinge aus den Hungerländern den deutschen Kommunen künftig nicht mehr auf der Tasche lagen. Er hatte für billige

Arbeitskräfte gesorgt und die Streikgefahr gebannt. Er hatte Deutschland wieder regierbar gemacht. Schlott, unser Gott.

Auch Onkel Bernd ging es jetzt wieder sehr gut. Er könne gar nicht so viele Uniformen liefern, wie angefordert würden, wusste Großmutter. Näherinnen wurden neu eingestellt. Auch Frau Siebert wurde Näherin bei Geschners.

Während der Sommerferien hielt sich Ulf mehr in der Villa der Geschners auf als daheim. Er hatte gemerkt, dass Mutti und Gesa Bescheid wussten. Dass sie ihn nicht zur Rede stellten, deutete er offenbar als stillschweigendes Einverständnis.

Tante Irene kleidete ihn neu ein. Sie kaufte ihm nicht das Billigste. Einmal, als er daheim schellte und in der JfD-Uniform vor Gesa stand, schlug sie ihm die Tür vor der Nase zu. Von da ab ließ er sich zu Hause in der Lessingstraße nur noch in Jeans und T-Shirt sehen.

Ja, jetzt war also die Mitgliedschaft in der JfD Pflicht geworden. Auch Gesa musste hingehen, wenn sie Mutti, Jirgalem und Rike nicht in Gefahr bringen wollte. Im »Kreis« an jedem Mittwochnachmittag kam sie mit Mädchen zusammen, die andere Schulen besuchten und sie entweder gar nicht oder nur flüchtig kannten. Die Gruppenleiterin war unbedarft und gutmütig und hatte von Büchern keine Ahnung. Bei ihr reichte es nur so weit, dass sie Goethe nicht für einen Showmaster hielt. Und zum Glück wurde sie von niemandem auf Gesas Vater aufmerksam gemacht. Sie hatte gelernt, wie man politisch schulte, und das tat sie

gründlich. Und auch Lieder hatte sie einzuüben. Anschließend ging Gesa manchmal, um sich abzureagieren, in eine Disco. – Auch, wenn viele »Rock-gegen-Rechts«-Gruppen längst verboten waren.
Eine Uniform schaffte sie sich nicht an. Auch viele andere Mädchen besaßen noch keine Uniform.

49

Je näher das Ende von Jirgalems Zivildienstzeit rückte, umso mehr Gedanken machten sich Mutti und Gesa um seine Flucht. Auch Vati riet immer dringlicher, Jirgalem solle doch endlich kommen. Die Chancen für ein Medizinstudium stünden in Prag gar nicht schlecht. Er müsse eben nur eine Zeitlang intensiv die Sprache pauken.
Es wurde wirklich höchste Zeit. Nach Polen hinüber war der Grenzwall bereits zu, auch am Erzgebirge entlang. Und an der österreichischen Grenze hatte er sich ebenfalls schon fast geschlossen.
Trotzdem hätte sich Jirgalem weiterhin gesträubt zu fliehen – dessen war sich Gesa sicher! –, wenn sich seine blonde Freundin nicht von ihm abgewandt hätte. Ein ebenso blonder, drahtiger Krankenpfleger hatte es ihr jetzt angetan, obwohl er nicht singen und Gitarre spielen konnte. Dabei hatte sie Jirgalem doch immer beteuert, gerade seine Lieder seien es, die ihn so unwiderstehlich machten!
Er war so deprimiert, dass er dem Fluchtplan endlich zustimmte.
Ihm war jetzt alles gleichgültig.
Wie aber konnte er die tschechische Grenze erreichen, ohne

vorher zusammengeschlagen oder festgenommen zu werden?

Es gab ja inzwischen nicht mehr viele Farbige in Deutschland auf freiem Fuß. Er würde jedem sofort auffallen!

Schließlich entschloss sich Mutti, Tante Irenes Zweitwagen zu erbitten – für einen Besuch Corinnas. Statt Corinna zu besuchen, würde sie mit Jirgalem in Richtung Fichtelgebirge fahren.

Tante Irene sagte zu. Auch Jirgalem war einverstanden. Mutti hatte von einer Freundin weiße Schminke besorgt. Und in Dennis' Fundus, den er in seinem Zimmer zurückgelassen hatte, gab es eine blonde Perücke. Wenn Jirgalem, blond und hell geschminkt, schlafend hinten im Wagen liegen würde, fiele sein Make-up wahrscheinlich nicht auf, falls sie in eine Polizeikontrolle geraten sollten. »... mein Sohn. Bitte wecken Sie ihn nicht auf, er hat hohes Fieber. Hier ist sein Ausweis ...«

Es war ihr sogar gelungen, über einen guten alten Bekannten in der Zeitungsdruckerei einen Ausweis mit gefälschtem Bild zu bekommen: Jirgalem Lorbach, geboren nicht in Addis Abeba, sondern in Kassel.

Gesa und Mutti fieberten dem Tag entgegen. Sie wollten nichts dem Zufall überlassen. Schon am Abend vorher wollten sie den Wagen abholen, »um Tante Irene am Samstagmorgen nicht zu stören«. Der weitere Ablauf: Jirgalem aus der Klinik heimbringen und von dort noch in der Nacht losfahren. Wohin, wenn jemand fragte? Natürlich zum Wandern ins Fichtelgebirge. Wanderstöcke und Rucksäcke, auch die Gitarre, würden hinten im Kofferraum liegen. Und drüben, in dem kleinen Ort Stary Hrozňatov jenseits der

Grenze, würde Vati auf ihn warten. Die genaue Wegbeschreibung hatte er durchgegeben.

»Wenn alles gut geht«, sagte Mutti, »wird Jirgalem seinen Geburtstag schon bei Vati feiern können.«

Aber am frühen Freitagmorgen kam ein aufgeregter Anruf aus dem Krankenhaus: Eben sei Jirgalem abgeholt worden. Unter der Plane des Lastwagens hätten schon andere »Nichtweiße« gesessen. Jirgalem habe einem Krankenpfleger noch Grüße an seine Familie aufgetragen. Auf Muttis atemlose Frage, ob sie einigermaßen menschlich mit ihm umgegangen seien, bekam sie die Antwort, es sei nicht die Schwarze Garde gewesen, sondern die reguläre Polizei.

Gott sei Dank: wenigstens nicht die Schwarzen.

Sie warteten den ganzen Tag auf irgendeine Nachricht – vergeblich. Am Abend beschlossen sie, den Wagen trotzdem abzuholen und das zu tun, was sie Tante Irene vorgeflunkert hatten: zu Corinna zu fahren. »Denn wenn ich weiterhin hier sitze und warte, werde ich noch verrückt«, schluchzte Mutti.

Sie bat Opi Jupp, am nächsten Vormittag zu kommen, um während ihrer Abwesenheit die Wohnung zu hüten, Rike zu betreuen – und vor allem, um Anrufe entgegenzunehmen. Vielleicht durfte Jirgalem sich daheim melden, um Bescheid zu geben, wo er war und wie lange er dort sein müsse?

Sie holten den Wagen bei Tante Irene ab, dann ließen sie sich in der Klinik Jirgalems Sachen aushändigen: Koffer, Rucksack, fertig gepackt – und die Gitarre. Die Stationsschwester, die ihnen das Gepäck herausgab, war ehrlich bekümmert. »Er war so ein netter Junge«, sagte sie, »so beliebt bei Patienten wie Personal …«

»Warum *war*?«, fragte Mutti schroff.
Die Stationsschwester verbesserte sich verlegen.
Gesa konnte in dieser Nacht nicht schlafen. Hätte alles wie geplant geklappt, wären Mutti und Jirgalem jetzt in Richtung Tschechische Republik unterwegs gewesen. Sie hörte, wie auch Mutti sich hin und her wälzte, aufstand, herumging, sich wieder hinlegte, um nach einer Weile von neuem durch die Wohnung zu tappen.
Jirgalem – wie mochte es ihm jetzt gehen? Lebte er überhaupt noch? Eine Vorstellung drängte sich ihr auf: Mustafa in der Gosse. Sie erschrak. Nur *das* nicht!
Früh am Morgen klingelte das Telefon. Gesa und Mutti stürmten gleichzeitig hin. Aber es war nicht Jirgalem, sondern Großmutter. Sie habe sich kurzfristig entschlossen, zu Corinna mitzufahren. Im Wagen sei das ja nicht so beschwerlich wie mit der Bahn. Sie habe solche Sehnsucht nach ihr!

50

Sie fuhren los, sobald Opi Jupp da war, und holten Großmutter ab. Dann verließen sie die Stadt in Richtung Nordwesten. Gesa merkte, dass Mutti heute nicht gut fuhr: zu schnell, zu fahrig, zu unkonzentriert. Sie raste in die Kurven, dass Gesa manchmal fast das Herz stillstand. Aber zum Glück ging alles gut, und Großmutter plauderte und merkte nichts.
Von Jirgalem verriet Mutti nichts. Fast schien es Gesa, als hegte sie die irre Hoffnung, dass er sie daheim frisch geduscht und lachend erwarten würde.

Corinna lächelte, als sie sah, dass Großmutter mitgekommen war. Großmutter weinte ein bisschen und fragte nach allem Möglichen, was Gesa unwichtig fand. Zum Beispiel, ob das Essen denn auch genügend Vitamine enthalte und warum es in diesem Gebäude so muffig rieche. Und überhaupt, hier drin überlaufe es einen kalt. So was ließe sich doch ein bisschen gemütlicher gestalten ...
Gesa erschrak: Jetzt hatten sie doch in all dieser Aufregung vergessen, Corinna Blumen mitzubringen! Sie lief noch einmal hinaus, in der Hoffnung, auch hier gäbe es vielleicht – wie in der Nachbarschaft von Krankenhäusern oder Friedhöfen – ein Blumengeschäft. Aber sie fand nichts. Überhaupt keine Läden. Auch keine Hunde oder Kinder tummelten sich auf der Straße vor der Mauer.
Als sie wieder in die Besuchszelle zurückkehrte, erzählte Corinna gerade, dass sie bei einer Theateraufführung mitmache. In Wilders »Heiratsvermittlerin« spiele sie die Mrs. Lewin, und sie könne ihre Rolle schon auswendig.
Großmutter staunte. »Sogar Theater spielt ihr hier?«
»*Das* sind unsere Vitamine, Mutter«, antwortete Corinna. »Daraus ziehen wir noch ein bisschen Spaß am Leben. Denn das Ganze hier ist letzten Endes doch nichts anderes als ein großer Sarg.«
Großmutter fuhr zusammen: »Sprich doch so was nicht aus, Kind.«
»Übrigens habe ich hier einen wunderbaren Mann kennen gelernt«, sagte Corinna ohne jeden Übergang. »Das ist

etwas viel Ernsteres als alles, was vorher gewesen ist. Morten heißt er. Ja, natürlich, infiziert ist er auch. Seine eigene Frau hat ihn angesteckt, unwissentlich. Sie ist tot.«

»Corinna«, sagte Gesa und beugte sich vor, »sie haben Mustafa zusammengeschlagen, mitten in der Stadt –«
Corinna hörte auf zu erzählen und starrte Gesa an. »Ist er tot?«, flüsterte sie. Gesa zuckte mit den Schultern.
»War das nicht der«, fragte Großmutter, »der dich infiziert hat?«
»Mutter!«, rief Corinna und sprang auf. Dann setzte sie sich wieder und sagte leise: »Ich weiß es nicht. Und das ist auch egal.«
Auf dem Heimweg war Großmutter sehr munter und lebhaft. »Ich hab mich so gefürchtet vor dieser Begegnung«, sagte sie. »Aber es geht ihr gut, sie spielt ja sogar Theater! Nur das Gitter, das hat mich gestört. Ich konnte sie nicht einmal umarmen ...«
Mutti gab keine Antwort. Gesa merkte, dass ihre Gedanken ganz woanders waren. Sie raste dahin. Die Straßenbäume flogen nur so vorbei. Es zog sie heim. Natürlich.
»Bitte fahr langsamer«, sagte Gesa.
»Und Jirgalem?«, fragte Großmutter. »Was hört ihr eigentlich von ihm? Wann hat er seinen Zivildienst hinter sich? Ich hab ihn schon so lange nicht mehr –«
In diesem Augenblick passierte es – auf einer geraden Strecke, nur kurz vor einer Kurve, aus der sie schon auf dem Herweg fast herausgeschleudert worden waren. Mutti hatte wohl zu heftig auf die Bremse getreten. Der Wagen brach nach links aus, überschlug sich. Gesa sah, während sie für einen winzigen Augenblick mit dem Kopf nach unten hing, einen Baum auf sich zurasen, hörte einen Schrei –

51

Als sie aus dem Krankenhaus entlassen wurde, waren Mutti und Großmutter schon begraben. Tante Irene fuhr sie heim, in Onkel Bernds großem Mercedes.

»Mein armes Kind«, seufzte sie immer wieder, »mein armes Kind ...« Und: »Wie leer wird es jetzt in eurer Wohnung für dich sein. Du wirst viel Kraft und Tapferkeit brauchen, um darüber wegzukommen. Willst du nicht doch erst mal bei uns bleiben?«

Nein, Gesa wollte nicht.

Sie war mit einem gebrochenen Unterarm, einer Gehirnerschütterung und ein paar Prellungen und Quetschungen davongekommen. Mutti war gleich tot gewesen. Großmutter hatte noch zwei Tage im Koma gelegen. Das alles hatte Gesa inzwischen erfahren. Nicht von Tante Irene oder Onkel Bernd. Auch nicht von Ulf, der mit dem nächsten Zug aus den Bergen zurückgekommen war und jeden Tag verstört an ihrem Bett gesessen hatte. Sondern von Opi Jupp.

Der hatte nicht drumherum geredet. Er saß neben ihr, als sie aufwachte, und legte nicht, als sie nach Mutti fragte, die Platte mit dem üblichen »Du-musst-jetzt-sehr-tapfer-sein«-Blabla auf, sondern sagte kurz und knapp: »Tot, Gesa.« Er umarmte sie vorsichtig.

»Und Großmutter?«

»Auch.«

»Und Jirgalem?«

»Nichts gehört.«

Knapper ging's nicht mehr.

Vati wusste Bescheid. Opi Jupp hatte ihn noch an jenem Sonntag angerufen, in Stary Hrozňatov, wo er noch immer auf Jirgalem gewartet hatte. »Er legte auf, als er hörte, was geschehen ist«, sagte Opi Jupp. »Aber eine Stunde später rief er mich an. Da hat er das Schwerste hinter sich gehabt.«

Dann kamen sie daheim an. Opi, Rike und die Spitze empfingen sie an der Tür. Es gab ein Gekläff, und Tante Irene verabschiedete sich eilig, obwohl Opi Jupp sie bat, doch einzutreten. Aber sie meinte, sie störe jetzt wohl. In den nächsten Tagen werde man sich allerdings treffen müssen, um einiges zu besprechen. Wenn sie, Gesa, bis dahin ihre Hilfe benötige, brauche sie nur anzurufen. Und sie solle ihren Arm schonen!

Kaum war sie gegangen, wanderte Gesa durch die Wohnung, und Rike wanderte mit ihr. Eng umschlungen standen sie vor Muttis Bett, öffneten ihren Kleiderschrank, pusteten Staub von ihrem Schreibtisch, drückten sich nebeneinander in den Schaukelstuhl, in dem Mutti so gern gesessen hatte, und schaukelten lange stumm, während sie ihren Gedanken nachhingen. Irgendwo summte eine Fliege. Rike betastete scheu Gesas Gipsarm.

»Und wann kommt Mutti wieder?«

»Nie mehr, Rike.«

Jedes Bild, jeder Blumentopf, das Familienfoto dort drüben und das Mobile, das sich lautlos unter der Zimmerdecke drehte – alles erinnerte an Mutti. Und Gesa versuchte verzweifelt, aus diesem Alptraum zu erwachen.

Ach, Mutti.

Rike weinte lautlos. Gesa strich ihr mit dem gesunden Arm über den Kopf. »Jetzt bin *ich* deine Mutti«, sagte sie sanft. »Wir werden das schon irgendwie schaffen.«

Opi Jupp werkelte in der Küche herum. Er war dabei, ein Abendbrot zu richten. »Tränen machen nicht satt«, sagte er. Aber er wusste nicht, wo das Salzfässchen stand und die Holzbrettchen waren. Er suchte vergeblich nach einem Teesieb und erinnerte sich nicht, wo er die Tomaten hingeräumt hatte. Gesa wusste, wo alles zu finden war.

Später, als Rike, in Muttis Bett gekuschelt, schon eingeschlafen war, sagte Opi Jupp zu Gesa: »Es wird Schwierigkeiten geben. Wer ist jetzt Rikes Vormund? Und bei wem darf sie leben? Du bist zwar fast achtzehn und damit volljährig. Aber viel zu jung, als dass man dir Rike ließe. Und mich werden sie für zu alt halten. Dann würde sie in ein Heim eingewiesen werden. Das wollen wir doch nicht. Schlimm genug, dass sie als geistig Behinderte registriert ist …«

»Könnte nicht Onkel Bernd der Vormund werden und uns Rike anvertrauen?«, meinte Gesa. »Er weiß doch, dass wir uns um sie kümmern.«

»Ich fürchte, dein Onkel Bernd wird davon nicht begeistert sein«, sagte Opi Jupp. »In Zeiten wie diesen sind geistig Behinderte in der Verwandtschaft nicht das, was man gern vorzeigt, verstehst du?«

Aber Onkel Bernd hatte sich schon um die Vormundschaft für Ulf und Rike bemüht, und sie war ihm bereits in Aussicht gestellt worden. Nein, Rike zu sich zu nehmen, daran hatten er und Tante Irene nicht gedacht. Tante Irene habe nicht genug Zeit und Erfahrung für Rikes Betreuung. Wenn

Rike bei Gesa und Opi Jupp bliebe, wäre das sicher die beste Lösung. Aber sie boten Ulf an, zu ihnen zu ziehen. Seit er aus den Bergen zurückgekommen war, hatte er schon bei ihnen gewohnt.

Ulf sagte sofort zu. Noch am selben Tag kam er heim und räumte seine Sachen zusammen. Gesa half ihm.

»Es sieht aus, als ob du *gern* von uns fortgingst«, sagte sie.

Er wich ihrem Blick aus. »Ich mag euch, wirklich«, sagte er. »Aber ihr macht euch und mir das Leben so schwer. Zum Beispiel Vati: Warum musste er solche Bücher schreiben? Warum hat er sich mit Schlott so angelegt? Hätte er den Mund gehalten, wäre er jetzt noch hier. Onkel Bernd *ist* noch da. Boris muss sich nicht ohne Vater durchschlagen. Sie sind noch eine richtige Familie. Sie haben Zeit für mich und bekritteln mich nicht dauernd. Dort fühl ich mich wirklich wohl ...« Er räusperte sich und fügte dann hinzu: »Aber dass ihr meine Geschwister seid, das vergess ich nicht. Ab und zu komm ich, das versprech ich euch ...«

Onkel Bernd holte ihn mit Sack und Pack ab. Zum Abschied umarmte Ulf Rike und tröstete sie: »Wir sehen uns ja oft.«

Gesa gab er betont cool die Hand, murmelte etwas und entzog sie ihr wieder mit verlegenem Gehüstel. »Mach's gut«, sagte er.

»Du auch«, antwortete sie, Zärtlichkeit in der Stimme. »Und denk auch mal an Vati.«

»Was hilft mir ein Vater in Prag?«, antwortete er schroff und stieg zu Onkel Bernd in den Wagen. Als der Mercedes in der Ferne verschwand, sagte Gesa zu Opi Jupp: »Ich wette, er würde lieber Geschner als Lorbach heißen.«

»Das wird sich ändern«, meinte Opi. »Vielleicht wird er eines Tages stolz darauf sein, zu den Lorbachs zu gehören …«

An einem dieser Abende, als Opi Jupp sich bereits in Dennis' Zimmer zurückgezogen hatte und Gesa neben Rike in Muttis Bett lag, versuchte sie, mit Muttis Stimme »Gesa« zu flüstern. Und wirklich – es klang fast so, als stehe sie neben dem Bett und beugte sich über sie, Mutti mit dem dunklen Haar, das ihr so oft in die Stirn hing, und den hellgrauen Augen, die sie, Gesa, von ihr geerbt hatte. Gleich, gleich würde sie ihre warme Hand auf der Stirn spüren!

Aber die Hand kam nicht, Mutti entfernte sich, und Gesa fühlte sich so verlassen, dass sie am liebsten geschrien hätte, so weh tat das.

Aber sie war ja jetzt verantwortlich für Rike. Die sollte ruhig schlafen können. Morgen würde sie wieder nach Mutti fragen, übermorgen vielleicht auch noch. Aber immer weniger, immer seltener. Bis Mutti aus ihrem Gedächtnis verschwunden sein würde.

Aus ihrem, Gesas, Gedächtnis aber sollte Mutti *nie* verschwinden.

52

Onkel Bernd kümmerte sich um alles. Er sah alle Dokumente durch und übernahm die nötigen Schreibereien an die Behörden. Er beantragte für Gesa, Ulf und Rike eine Waisenrente. Er sorgte auch dafür, dass die Wohnung aufgegeben und schnell ein Nachmieter gefunden wurde. Gesa und Rike zogen zu Opi Jupp.

Aber ja, für Jirgalem sei dort auch Platz, wenn er wieder heimkomme, sagte Opi.
Zum Abschied schenkte Frau Siebert den beiden Lorbach-Mädchen eine blühende Azalee.
Sie habe ihrer Mutter so viel zu verdanken. Das werde sie ihr nie vergessen, nie! Und alles Gute fürs weitere Leben. Sie seien ja nicht »aus der Welt«. Man würde sich ganz gewiss ab und zu begegnen.
Gesa verabschiedete sich auch von den Lehndorfs. Frau Lehndorf schnäuzte sich bewegt ins Taschentuch. Ach Gott auch, was für ein Unglück. Die armen Kinder! Die Lorbachs seien doch immer so angenehme Nachbarn gewesen. Frau Lorbach – was für eine tapfere Frau! Dass sie so ein Ende haben musste! Manchmal zweifle man wirklich daran, ob Gott Gerechtigkeit walten lasse …
Vati wurde von niemandem erwähnt. Als ob er schon lange tot sei.
Onkel Bernd schickte einen firmeneigenen Wagen für den Umzug. Gesa hatte mit dem Gipsarm Mühe, alles einzupacken. Opi Jupp half ihr, so gut er konnte. Gesa kümmerte sich vor allem um Jirgalems und Vatis Sachen. Nichts von dem, was ihnen gehörte, durfte zurückbleiben oder verloren gehen! Später sollten sie selbst entscheiden, was ihnen wichtig war.
Alles Gepäck, das keinen Platz fand in Opis Zimmern, kam hinauf auf den geräumigen Dachboden. Gesa wies die Möbelträger hierhin und dorthin, bis alles verstaut war.
Sobald sie ihren Arm gipsfrei hatte, richtete sie die alte Puppenstube unterm Dach mit Matratze und Regal, Tisch und Stuhl ein. Unter diesem Mini-Mobiliar lagen, aufeinander

geschichtet, alle Teppiche aus der alten Wohnung. Man ging auf ihnen wie auf Moos.

Opi Jupp keuchte herauf, besah sich alles und nickte. Er hatte sofort erraten, woran Gesa dachte. Und schon holte er seinen Werkzeugkasten herauf und schlug einen Haken, der sicher hundert Gitarren getragen hätte. Aber Opi Jupp machte ein listiges Gesicht und sagte, dieser Haken sei stark genug für einen Strick, an dem sich ein Prinz aus dem Rapunzelturm herunterlassen könne ...

Opi Jupp dachte wirklich an alles.

Er dachte an noch mehr: In die Rückwand von Muttis Kleiderschrank baute er eine Schiebetür, genauso groß wie die Tür in die Dachstube. Als sie fertig war, schoben sie gemeinsam den Schrank davor, so, dass Tür auf Tür passte. Dann hängten sie den Schrank voll mit Vatis und Muttis Garderobe. Sie sahen einander an, und zum ersten Mal seit Muttis Tod lächelten sie wieder.

Sie waren gerade fertig geworden, als Rike aus der Schule kam.

»Sag ihr nichts davon«, flüsterte Gesa Opi Jupp zu.

Natürlich nicht. *Niemand* sollte davon erfahren. Wenn Jirgalem vielleicht –! Wenn er eine Chance bekäme, eine winzige nur, es war ja immerhin denkbar, vielleicht durch die kleine menschliche Geste eines einzigen Menschen in Schlotts System, vielleicht durch einen Computerfehler, vielleicht durch die Unachtsamkeit eines Bewachers, vielleicht durch ein Wunder – er würde sich hierher durchschlagen, und hier sollte ihn niemand finden!

Gesas Geburtstag ging im Wirbel der Ereignisse unter. Niemand gratulierte ihr, obwohl sie doch achtzehn Jahre alt, also volljährig geworden war. Sogar Opi Jupp hatte es vergessen. Nur von Corinna kam ein Glückwunsch. Sie wünschte Gesa, dass sich »die gegenwärtigen Wetterverhältnisse wieder bessern mögen«, und, auf den Rand gekritzelt: »Hoffentlich seid ihr zu Weihnachten wieder alle beisammen.«

Gesa hatte verstanden, was Corinna mit den »Wetterverhältnissen« meinte. Aber hatte sie noch nichts von Muttis und Großmutters Tod erfahren? Gesa fragte Tante Irene. Ja, tatsächlich, das habe man in all der Aufregung vergessen. Ob sie, Gesa, es nicht übernehmen könne, Corinna zu schreiben …

Corinna, die Aussätzige. Nicht einmal mehr in Gedanken wollte man mit ihr in Berührung kommen. Ausgeblendet.

Schreiben. Gesa versuchte es, aber es gelang ihr nicht. Wie sie's auch formulierte: Es klang zu banal. Deshalb entschloss sie sich hinzufahren, obwohl ihr bewusst war, dass ihr diese Reise sehr schwer fallen würde. Nicht nur, weil sie Corinna mit dieser Nachricht großen Schmerz zufügen, sondern auch, weil sie so vielen noch frischen Erinnerungen begegnen musste.

Gesa nahm einen riesengroßen Strauß Chrysanthemen mit. Unterwegs, zwischen Wäldern, kam der Zug an einer Baustelle vorbei, einer Mauer, die an einigen Stellen erst halbhoch war. Durch diese Lücken sah Gesa endlose Reihen von Baracken.

»Das neue Lager«, sagte ein Mann. Er saß ihr gegenüber und sprach zu der älteren Frau neben ihm. »Die ziehen heute so was in einem Vierteljahr hoch. Bei Fritzlar ist auch eins. Bei Bebra soll ebenfalls eins hin, noch im kommenden Frühjahr.« Er warf einen misstrauischen Blick auf Gesa. Offenbar hielt er sie noch für ein Kind. Denn er sagte zu der Frau: »Wenn du zu viel hörst und siehst und den Mund zu weit aufmachst, kommst du auch da hinein.«

Dann flüsterte er ihr zu, aber doch so laut, dass Gesa es verstand: »Du glaubst gar nicht, wer schon alles in diesen Lagern sitzt. Lauter politische Größen von gestern, soweit sie sich nicht rechtzeitig aus dem Staub gemacht haben. Von den Parteigrößen der SPD bis zu denen der CDU und der Grünen. Und auch andere, an die du dich noch erinnern kannst, zum Beispiel der Gottschalk und der Hape Kerkeling, denen ihr schnoddriges Mundwerk zum Verhängnis geworden ist, und die Dagmar Berghoff, angeblich wegen eines Versprechers – statt Schlott soll sie Schrott gesagt haben – und das gleich mehrmals.«

Dann wechselten sie das Thema.

Corinna sah noch ein bisschen schmaler aus als das letzte Mal. Aber das stand ihr gut. Nur – es tat weh, dass sie Mutti so ähnlich sah. Vor allem, wenn sie lächelte.

Corinna wusste Bescheid. Zufällig hatte sie vor ein paar Tagen die Todesanzeige in einer schon älteren Kasseler Zeitung gelesen.

»Ich dachte, ihr habt mich schon abgeschrieben«, sagte sie ruhig. Und dann: »Hier stirbt man zwar, aber langsam.«

»Vielleicht haben dich andere abgeschrieben, Corinna«, sagte Gesa, und sie konnte nicht verhindern, dass ihr die

Tränen in die Augen schossen. »Ich nicht. Ich war ja im Krankenhaus. Und ich dachte, Tante Irene und Onkel Bernd –«

Corinna winkte ab. »Ich bin noch nicht tot«, sagte sie und sah Gesa an. »Im Gegenteil – ich werde immer lebendiger.« Sie stützte ihren linken Arm auf das Brett vor dem Gitter und schob, scheinbar zufällig, den Ärmel bis zum Ellbogen hoch. Gesa starrte auf den nackten Unterarm. Da stand mit schwarzem Stift auf die bloße Haut geschrieben: **ALLES VERWANZT. DRUCKEN HIER DRIN FÜR WIDERSTAND, HABEN KANÄLE NACH DRAUSSEN. VERLIERT NICHT DEN MUT!**

Nun brach Gesa doch noch in Tränen aus, obwohl sie sich fest vorgenommen hatte, nicht zu weinen. Wanzen. Das ganze Land war voll davon. Jetzt hatten sie die auch hier eingebaut. Aber im Lager drinnen – sie atmete tief durch und lächelte Corinna an. Es *gab* also Widerstand! Nur eben oft dort, wo man ihn gar nicht vermutet hätte …

Irgendwo piepste etwas. »Wir müssen Schluss machen, die Zeit ist vorbei«, mahnte Corinna.

»Ich werde wiederkommen«, schluchzte Gesa. »Du kannst dich auf mich verlassen.« Und hastig fügte sie hinzu: »Ulf ist zu Onkel Bernd und Boris übergelau…«. Sie hielt inne und verbesserte sich: »übergesiedelt. Wir sehen ihn kaum mehr. Und Rike und ich wohnen jetzt bei Opi Jupp.«

Corinna beugte sich vor: »Und Jirgalem?«

»Abgeholt«, sagte Gesa.

Corinna starrte sie entsetzt an. Während sich beide erhoben, sagte sie: »Gebt gut auf Rike Acht, hörst du? Das leg ich euch ans Herz. Lasst sie nicht aus den Augen!«

54

Nun war Gesa im letzten Schuljahr, dem Abiturjahrgang. Die Lehrer gingen behutsam mit ihr um. Sie hatte ihre Mutter und ihre Großmutter verloren, und ihr Vater war emigriert. Daheim musste sie sich noch um die jüngere, behinderte Schwester kümmern. Kein leichtes Schicksal. Um so höher schien man ihr die erstklassigen Leistungen anzurechnen. Man ließ sie in Ruhe. In die »Kreise« der JfD brauchte sie nicht mehr zu gehen: Sie war ja achtzehn, also aus dem Alter der Jugendorganisation herausgewachsen.

Vati rief zuverlässig jede Woche mindestens einmal an. Meist am frühen Sonntagmorgen. Er erkundigte sich, wie es ihnen ging, und gab Ratschläge. Aber er vermied es, »gefährliche« Themen zu berühren. Für mögliche Lauscher hörte sich alles ganz privat an. Ja, die Schonung, die er mit den anderen gepflanzt habe, lasse sich gut an.

Er vergaß nie, Jirgalem grüßen zu lassen: »… wenn ihr ihn seht …« Und Ulf. Wenn er ihn grüßen ließ, klang seine Stimme bekümmert. Mit der Formulierung »Haltet die Ohren steif!« beendete er jeden seiner Anrufe.

Und die Wilhelmshöher Allee hieß jetzt **MARK-SCHLOTT-ALLEE**, und viele Neugeborene wurden **MARK**, **MARKA** oder **MARKINA** genannt. Und die Medien meldeten Erfolge des neuen Regimes: Man habe die Aidsseuche in den Griff bekommen. Und die Drogenkriminalität habe in Deutschland ein erfreulich schnelles Ende gefunden. Zahlreiche Dealer seien erwischt und unverzüglich ihrer Bestrafung zugeführt worden … Und Schlott hat mit all diesen Maßnahmen erreicht, was er wollte: seine Macht gefestigt! dachte Gesa.

Eines Tages traf Gesa in der Frankfurter Straße Frau Siebert, die ehemalige Nachbarin aus der Lessingstraße, und fragte nach Benno, ihrem Sohn. Frau Siebert nickte. Er sei jetzt wieder daheim und rühre keine Droge mehr an.
»Aber sie haben ihn dort im Lager irgendwie kaputtgemacht«, sagte sie und begann zu weinen. »Das ist nicht mehr mein Benno. Er arbeitet jetzt wie verrückt für die Partei. Von morgens bis nachts. Und vom Lager erzählt er nichts – kein Sterbenswörtchen!«
Mitten im trübsten und stürmischsten Herbst gab es überall, auch in den Schulen, große Feiern: Der Grenzwall war fertig! Jetzt sei die Festung uneinnehmbar, hieß es in der BILD. Man erfuhr, dass auch die Küste mit Sperrzäunen und Minengürteln gesichert werden sollte, genau so, wie auch Italien, Frankreich, Spanien und Portugal ihre Mittelmeerküsten abgesichert hatten. Österreich, das inzwischen ebenfalls einen Wall bauen ließ, meldete triumphierend, die Zahl der illegalen Einwanderer sei schon um die Hälfte zurückgegangen.
Und immer wieder Schlott-Reden. Deren wichtigste Botschaften konnte Gesa am nächsten Tag aus den Schlagzeilen am Zeitungskiosk ablesen, an dem sie auf dem Weg zur Schule vorbeimusste. Aber sie schaute kaum mehr hin. Sie hatte an so viel anderes zu denken.

55

Ulf ging nicht mehr ins gleiche Gymnasium wie Gesa. Onkel Bernd hatte ihn umgemeldet in eine Schule, die näher bei Geschners lag. Aber ab und zu ließ er sich bei Opi Jupp blicken – meistens zu einer Tageszeit, zu der er Rike daheim wusste. Der brachte er regelmäßig Süßigkeiten mit und fuhr sie – zu ihrem Vergnügen – in der Schubkarre durch den Garten. Opi Jupp bekam auch meist was Süßes ab. Gesa ging er nach Möglichkeit aus dem Weg.

Im November rief Onkel Bernd an. Ob er mal vorbeikommen könne. Es gebe Wichtiges zu besprechen. Opi Jupp hatte den Anruf angenommen und zugesagt. »Und bringt doch auch Ulf mit!«

Der werde wohl kaum mitwollen, meinte Onkel Bernd. Er habe, solange er nun bei ihnen sei, noch nie Interesse gezeigt, seine Geschwister zu besuchen.

»Als ich ihm erzählte, dass Ulf schon öfter bei uns war«, berichtete Opi Jupp Gesa, »schien er ganz verblüfft. Dass Ulf das nicht erzählt hat – was soll man davon halten?«

Was Onkel Bernds Besuch betraf, schwante Gesa nichts Gutes. Was konnte er wollen?

Er kam sehr spät am Abend – erst nach neun Uhr, als Rike schon im Bett war. Statt Ulf begleitete ihn Tante Irene. Nach einer Weile rückte er mit dem Grund für seinen Besuch heraus: Er habe ein Schreiben von Rikes Schule bekommen. Neue Erlasse lägen vor. Unter anderem, dass Schülerinnen und Schüler der Schule für geistig Behinderte ab ihrem 15. Lebensjahr einem Heim für erwachsene Behinderte zu überstellen seien. Dort würden sie in speziellen Werkstätten leichter Arbeit zugeführt, die ihrem beschränkten Können entspreche. Hier in Kassel befinde sich noch kein solches Heim. Deshalb werde – er las es aus dem Brief vor – sein Mündel, Ulrike Lorbach, die ihr 15. Lebensjahr demnächst beende, zum 1. Dezember in ein Heim nach Kiel gebracht.

»Hast du das bestätigt?«, fragte Gesa und sah ihren Onkel erschrocken an.

»Ich habe mich bei dem Schulleiter erkundigt, ob er beeinflussen kann, wohin seine bisherigen Zöglinge geschickt würden. Das konnte er nicht. Die Weisungen kämen von oben, sagte er. Die Namen und Personalien der Schüler seien alle zentral erfasst.«

»Du hast dich also einverstanden erklärt?«, fragte Gesa noch einmal, einen Ton schärfer.

»Nach meinem Einverständnis wurde überhaupt nicht gefragt, Gesa«, antwortete Onkel Bernd. »Ich wurde nur informiert.«

»Rike kommt *nicht* nach Kiel!«, rief Gesa.

»Du wirst es nicht verhindern können«, sagte Onkel Bernd. »Du würdest dich mit derlei Versuchen nur selbst – und uns, deine Verwandten – in Schwierigkeiten bringen.«

»Was hast du denn gegen solche Werkstätten für Behinderte?«, mischte sich jetzt Tante Irene ein. »Die gab's doch auch schon früher. Dort ist Rike gut untergebracht. Es wird für sie gesorgt, und sie lernt sogar, sich in den Arbeitsprozess der Erwachsenenwelt einzugliedern und mit ihren bescheidenen Möglichkeiten der Allgemeinheit zu dienen …«

»Jessesgott!«, sagte Opi Jupp trocken.

»Ich hab mal früher so ein Behindertendorf der Anthroposophen kennen gelernt«, sagte Onkel Bernd. »Dort gab's eine Handweberei, eine Schreinerei, eine Keramikwerkstatt, eine Kerzenzieherei und noch alles Mögliche andere. Man sah den Behinderten an, welche Erfolgserlebnisse sie bei dieser Arbeit hatten.«

»Fragt sich nur«, meinte Opi Jupp, »ob die Anstalt in Kiel

irgendetwas mit den anthroposophischen Behindertendörfern gemein hat.«

»Wenn sich Rike in Kiel nicht wohl fühlen sollte«, sagte Tante Irene, »wird es noch Mittel und Wege geben, sie in ein anderes Heim zu tun.«

Gesa blieb stumm.

»Also sind wir uns einig«, sagte Onkel Bernd. »Wir wollen doch alle Rikes Bestes ...«

Als die Geschners gegangen waren, sagte Gesa: »Ich lass Rike *nicht* nach Kiel!«

»Also sind wir uns einig«, meinte Opi Jupp.

Am nächsten Tag, als Gesa aus der Schule kam, empfing sie Opi Jupp mit einer guten Nachricht: »Rike kann ab dem 1. Dezember als Haushaltshilfe bei Emmi Wetzel anfangen. Ich hab mit Emmi gesprochen. Die ist doch pensionierte Lehrerin einer Haushaltungsschule. Da können sie nicht mit dem Einwand kommen, dort würde das Kind nichts lernen. Und dort würde Rike den Staat nichts kosten.« Opi Jupps Stimme wurde leiser. »*Darum* geht's doch letzten Endes für die Schlotts: Geistig Behinderte sind Webfehler, Ausschussware, bringen nichts ein, kommen teuer. Emmi hat gesagt, wenn's darum gehe, den Schlotts jemanden aus den Klauen zu reißen, sei sie immer dabei.«

Gesa rief Onkel Bernd an und präsentierte ihm diese »optimale Lösung«. Der reagierte etwas zurückhaltend, aber er versprach ihr, sie der Schulleitung vorzuschlagen.

In dieser Nacht schlief Gesa so fest wie schon lange nicht mehr. Das hatten sie also geschafft. Man durfte sich nur nicht alles gefallen lassen.

Als Gesa aus der Schule kam, blieb sie eine Weile vor dem neuen Schlott-Denkmal stehen, das vor kurzem mit großem Pomp eingeweiht worden war: Schlott überlebensgroß in Uniform, dem sich eine kinderreiche, offensichtlich minderbegüterte Familie vertrauensvoll näherte.
Dieser aus Metall gegossene Schlott hatte Taubenmist auf der Stirn. Das war ein kleiner, aufmüpfiger Akzent, der tröstlich wirkte. Gleichzeitg ärgerte Gesa sich darüber, dass sie den Taubenmist als tröstlich empfand. »Haben wir's nötig«, dachte sie zornig, »uns mit solchen Lächerlichkeiten zu trösten?«
Sie horchte auf und wunderte sich:
Mit Sirenengeheul näherten sich Polizeiautos, entfernten sich wieder. Polizei auf Motorrädern brauste vorbei. Eine Frau beugte sich aus einem Fenster und rief einer anderen auf der Straße ein paar Sätze zu. Irgendetwas hatte die Stadt in Unruhe gebracht.
Als sie heimkam, rief ihr Opi Jupp schon entgegen: »Ein Attentat auf Schlott!«
Gesa blieb fast das Herz stehen. Nicht auszudenken! Dann würde Vati heimkommen, würde Jirgalem zurückkehren, wenn er noch lebte –! Und Corinna –! Und Dennis –!
»Und?«, fragte sie atemlos.
Opi Jupp winkte traurig ab. Die Kugeln hatte zwar einen der Leibwächter getötet und zwei schwer verletzt, aber ihn, den Schlott, hatten sie knapp verfehlt.
»Verdammtes Pech«, schimpfte Opi Jupp.
In allen Fernsehprogrammen wurde die Szene unzählige

Male gezeigt: Schlott, wie er aus dem Wagen stieg, um ein Bad in der Menge zu nehmen. Da fielen die Schüsse.

In den nächsten Tagen fanden in der ganzen Republik Treibjagden statt. Tausende von Leuten wurden verhaftet und eingesperrt. Ohne Haftbefehl, ohne Gerichtsverfahren. Auch Lehrer Kröger verschwand und kam nicht wieder. Auf ihre Fragen, was denn mit ihm los sei, bekamen die Schüler, die sich nach ihm erkundigten, nur die lapidare Antwort: kein Kommentar.

Gleichzeitig fanden überall »Treue«-Feiern statt. Im Fernsehen wurde ein Dankgottesdienst im Kölner Dom gezeigt, dem auch Schlott beiwohnte. Ein ganzes Spalier von kirchlichen Würdenträgern grüßte ihn ehrerbietig. Der Dom war überfüllt. Die Menge stimmte das Tedeum an. Schlott erschien in Großaufnahme.

»Ist das der liebe Gott?«, fragte Rike.

»Rikele«, sagte Opi Jupp, »du hast eben die vernünftigste Frage der Welt gestellt.« Er schüttelte den Kopf. »Da muss erst jemand wie Rike kommen, um so was zu fragen!« Er wandte sich wieder Rike zu und sagte: »Nein, Rike, nicht Gott, sondern ein Werbefritze …«

Ergebenheitsadressen wurden stundenlang im Radio verlesen. Durch Kassel und andere Städte zogen Fackelzüge. Im Bus hörte Gesa ein Mädchen sagen: »Wenn es ihn erwischt hätte – ehrlich, ich kann mir gar nicht mehr vorstellen, wie's ohne ihn wäre …«

Die Attentäter hatten nicht zu fliehen versucht: ein Schüler, siebzehn Jahre alt, seine sechzehnjährige Freundin und eine Studentin. Vor einem Schnellgericht wurden sie abgeurteilt. Die Studentin und der Schüler wurden gleich am nächsten

Morgen erschossen. Die Sechzehnjährige erhielt lebenslänglich. Aber es sollte ihr kurz darauf gelingen, sich die Pulsadern aufzuschneiden. Sie verblutete.
Gesa saß in diesen Tagen bis spät nachts vor dem Fernseher. Sie war tief aufgewühlt. *Die* hatten etwas getan! *Die* hatten den Mut dazu aufgebracht! *Die* waren Helden! Und so jung noch. Hätten Ältere, Erfahrenere dieses Attentat versucht, wäre es höchstwahrscheinlich geglückt. Aber die Alten beließen es beim Kuschen und devoten Grüßen.
Arne, Anke und Andrea. Zufällig fingen die Namen aller drei Attentäter mit A an. In vielen Straßen begegnete Gesa plötzlich dem geheimnisvollen Zeichen –

auf Wänden, auf dem Straßenpflaster, in Baumrinde gekerbt. Sogar auf der Handfläche eines Jungen in der Disko entdeckte sie es!
Auch in der Schule hatte sich die Stimmung geändert: Seit der Exekution der Attentäter flüsterten die Schüler mehr als sonst miteinander, schwiegen aber, wenn jemand dazukam. Gesa gesellte sich zu einem Kreis aus ihrem Leistungskurs. Die vier Mädchen empfanden Gesas Anwesenheit offensichtlich nicht als Grund zu verstummen.
»Man kann dazu stehen, wie man will«, sagte die eine. »Aber ich finde die drei schon toll.«
»Mann, dazu gehört Mut ...«
»Und sie haben nicht geheult und gefleht!«
Eine schaute sich um, dann sagte sie: »Schade. Solche Typen wie Schlott geraten nie unter ein Auto, ertrinken nicht, werden nicht vom Blitz getroffen, ja, es fällt ihnen nicht mal ein Dachziegel auf den Kopf ...«

»Ja, schade«, sagten die anderen drei unisono.
»Was ist schade?«, fragte ein Junge, der vorüberkam.
»Dass du so große Ohren hast«, rief Gesa. »Sonst würde ich mich in dich verknallen!«

57

»Wir sollten Rike lieber schon ein paar Tage früher daheim behalten«, meinte Opi Jupp. »Ich hab ein ungutes Gefühl. Wenn einer der armen Teufel stirbt, kommt's dem Staatssäckel zugute. Warum sollten sie nicht ein bisschen nachhelfen? Das Einverständnis von oben könnten sie voraussetzen. Die Schlotts werden schon dafür sorgen, dass die richtigen Leute an den richtigen Schaltstellen sitzen. Und die richtigen Ärzte gedeckt werden …«
Gesa erschrak. Konnte es sein, dass Opi Jupp Recht hatte? Aber so viel war sicher: Rike weiterhin in die Schule zu schicken, war nicht ungefährlich. Onkel Bernd hatte nichts mehr von sich hören lassen, also war die Schule damit einverstanden, dass Rike anschließend zu Frau Wetzel ging. Bis dahin fehlten nur noch drei Tage. *Die* konnte sie doch zu Hause bleiben – wenn nötig, mit einer geflunkerten Grippe …
Aber da machte Rike nicht mit. Sie habe sich noch nicht verabschiedet! Von Lilli und Tanja, von Lukas und der lieben, guten Frau Wedemann! Was würden die von ihr denken, wenn sie einfach wegbliebe! Sie bat und bettelte. Das tat sie selten.
Und so ließen Gesa und Jupp sie doch noch einen letzten Tag gehen.

»Aber wenn sie denen verrät, dass sie nicht mehr kommt?«, meinte Gesa.

»Ich denke, sie werden ihrem krausen Geplapper nichts entnehmen können«, sagte Opi Jupp. »Außerdem könnte ich mir vorstellen, dass die eigentlichen Verbrecher nicht vor Ort sitzen, in den kleinen Schulen.«

An diesem 28. November kam Rike nicht heim. Um fünf war sie sonst spätestens zu Hause. Vergeblich hielten Gesa und Opi Ausschau nach ihrem Schulbus. Als sie um sechs noch nicht da war, rief Gesa in Rikes Schule an. Aber niemand meldete sich. Alle waren wohl schon heimgegangen. Gesa radelte trotzdem hin, in der Hoffnung, vielleicht doch jemanden anzutreffen, und wenn's nur die Putzfrauen wären.

Sie fand den Hausmeister. Von ihm erfuhr sie, dass mittags ein Schülertransport nach Kiel abgefahren war. Ein Bus mit Kieler Kennzeichen. Er sei schon halb voll gewesen, als er ankam. Rike? Er zuckte bedauernd mit den Schultern. Blond? Glattes Haar? Ein bisschen pummelig? Es gebe viele solcher Mädchen.

Wie gelähmt fuhr Gesa heim. Opi Jupp empfing sie stumm am Gartentor. Onkel Bernd hatte angerufen. Er habe die Nachricht auch erst am Spätnachmittag erhalten. Er habe gleich versucht, Gesa oder ihn telefonisch zu erreichen, aber es habe niemand abgehoben. Die Schule bedauere, dass alles so gekommen sei, aber heute sei der Kieler Bus erschienen, unerwartet früh, um die Fünfzehnjährigen abzuholen, und Rike habe bei denen auf der Liste gestanden. Die Kieler hätten keinen Einwand gelten lassen. Sie hätten ihre Weisungen und basta.

»Ich hab das Gefühl«, sagte Gesa verzweifelt, »Onkel Bernd steckt mit denen unter einer Decke!«

»Das«, sagte Opi Jupp nach einer langen, nachdenklichen Pause, »werden wir wohl nie rauskriegen …«

Rikele in Kiel – mutterseelenallein. Wie sie geweint und gebettelt haben mochte, heimgehen zu dürfen!

Am nächsten Tag ging Gesa eine Stunde später zur Schule und rief gleich morgens in Rikes Schule an. Ja, das sei sehr bedauerlich, lasse sich nun aber nicht mehr ändern. Rike werde sich dort schon eingewöhnen. Sie sei ja leicht zu lenken und anpassungsfähig. Kleider? Wäsche? Nicht nötig. Das alles werde dort im Kieler Heim gestellt.

»Gesa«, sagte Opi Jupp, ernster als sonst, »wir müssen sie von Kiel wegkriegen!«

»Du denkst wirklich an Euthanasie?«, fragte Gesa entsetzt.

Opi Jupp nickte. »Ich hätte nicht geglaubt«, sagte er, »dass ich ein zweites Mal in meinem Leben eine Zeit solcher Unmenschlichkeiten durchstehen müsste …«

Sie bekamen die Adresse des Kieler Heimes heraus, auch die Telefonnummer. Eine Frau mit barscher Stimme gab Auskunft. Rike Mosbach? Der gehe es gut. Wie – nicht Mosbach, sondern Lorbach? Der gehe es auch gut. Habe zugenommen, lerne weben. Nein, sprechen könne man sie nicht, das mache zu viel Unruhe und man müsse sie dazu von weit herholen. In einem so großen Betrieb gehe das nicht. Nein, Besuche seien nicht erlaubt, aber nach einem halben Jahr dürfe sie auf Urlaub heim. Grüße? Wird gemacht.

Opi Jupp hatte mitgehört. »Eine Standardantwort für jeden Anrufer«, sagte er. »Ich wette, die hat den Namen vergessen, noch bevor sie wieder aufgelegt hat.«

»Aber sie darf auf Urlaub kommen«, sagte Gesa. »Das ist doch was. Vielleicht können wir sie *dann* hier behalten?«

»Wir sollten schon *jetzt* alles versuchen, sie zurückzukriegen«, sagte Opi Jupp und begann mit seinen zittrigen Fingern, Briefe zu tippen. Während Gesa in der Schule war, schrieb er an das Städtische Jugendamt, an den Bürgermeister der Stadt Kassel, an den Kieler Bürgermeister, an das Kieler Jugendamt, an die Gesundheitsämter beider Städte. Immer wieder vertippte er sich, weil er so weitsichtig war. Aber er wollte die Briefe selber schreiben. Gesa solle inzwischen einen Brief an Rike fertig machen, schön groß und deutlich und einfach im Satzbau, damit Rike ihn lesen und verstehen könne.

Das tat sie auch. In jeder zweiten Zeile schrieb sie: »mein liebes Rikele«, und erst als sie fertig war, merkte sie, dass der Brief sich unter Tropfen wellte.

Es kam sogar ein Brief zurück. Er war von fremder Hand geschrieben worden. Ein Allerweltsbrief. **IHR LIEBEN DAHEIM, MIR GEHT ES GUT, ICH HABE ZUGENOMMEN, ICH HELFE IN DER KÜCHE UND WEBE. SAMSTAGS TREIBEN WIR SPORT, SONNTAGS HABEN WIR FREIZEIT, IM URLAUB KOMME ICH HEIM. HERZLICHE GRÜSSE VON EURER ULRIKE.**

Nur die Unterschrift stammte von ihr. Wenn überhaupt. Gesa packte ein Päckchen mit Plätzchen und ihrem Schmusetier, dem Koalabären. Das Päckchen kam nicht zurück. Aber es kam auch keine Antwort auf Opis Behördenbriefe – bis auf ein Schreiben des Kasseler Bürgermeisteramtes. Das teilte mit, es habe Herrn Lorbachs Brief an das dafür zuständige Jugendamt weitergereicht.

Gesa entschloss sich, nach Kiel zu fahren. Aber diesen Plan

redete ihr Opa Jupp aus. Sie könne dort gar nichts ausrichten. Sie werde nicht einmal eingelassen. Wenn überhaupt, könne nur Onkel Bernd, ihr Vormund, etwas in Kiel erreichen.
Der aber bedauerte. Jetzt vor Weihnachten? Unmöglich. Er wisse nicht, wo ihm der Kopf stehe vor Arbeit. Das habe doch wirklich Zeit bis nach den Feiertagen. »Euthanasie? – Aber ich bitte euch, wir leben doch nicht in der Hitlerzeit! Es schadet Rike sicher nicht, wenn sie mal eine Weile von daheim fort ist und selbstständiger wird!«
»Und wenn ich mich einfach irgendwie hineinmogle in dieses Kieler Heim, nur damit sie mich mal wieder sieht – und merkt, dass wir uns um sie kümmern?«, meinte Gesa zu Opi Jupp.
»Ich fürchte, wenn du sie dann nicht gleich mit nach Hause nehmen könntest, würde für sie alles nur noch schlimmer«, seufzte Opi Jupp.

58

Aber Gesa hielt es nicht mehr aus stillzusitzen und abzuwarten. Auch Jirgalem wartete vielleicht auf Hilfe! Ihr fiel wieder das halb fertige Lager ein, an dem sie auf der letzten Fahrt zu Corinna vorübergekommen war. Sie erinnerte sich auch an die ausländischen Gefangenen, die dort gearbeitet hatten. Spontan entschloss sie sich, am nächsten Tag hinzufahren. Vielleicht arbeiteten dort ja immer noch Ausländer, und der Zufall mochte es wollen, dass Jirgalem … Vielleicht war die Fahrt aber auch ganz sinnlos? Nur: Sie *musste* etwas tun!

Gesa fuhr am Lager vorbei. Es schien jetzt fertig zu sein, die Mauer stand, das Tor war geschlossen. Trotzdem stieg sie an der nächsten Station aus und wanderte zu Fuß an den Gleisen entlang, bis sie, bei Sprühregen und schon in tiefer Dämmerung, das Lager erreichte. Als sie unschlüssig stehen blieb und geblendet in eine Lampe starrte, die den Vorplatz fast taghell erleuchtete, trat ein Wachmann aus einer verglasten Kabine neben dem Tor.

»Ich suche nach meinem Bruder«, stotterte sie. »Zwanzig Jahre alt. Jirgalem Lorbach, aus Kassel ...«

»Hier drin?«, fragte der Posten erstaunt. »Hier sind nur Ausländer. Nichtweiße.«

Gesa nickte und erklärte. Sie spürte, wie ihre Stimme zu kippen drohte.

»Ach so«, sagte er. »Aber auf Besuche sind wir hier nicht eingerichtet. Und ein Namensverzeichnis der Lagerinsassen haben wir hier draußen auch nicht. Nur die in der Verwaltung. Ich rate dir, Mädchen, mach dich davon, sonst kriegst du hier nur Ärger.« Er zögerte, dann setzte er hinzu: »Wenn du noch bei Tageslicht gekommen wärst, hättest du die Kolonnen sehen können, wie sie von der Arbeit zurückkehren ...«

Am nächsten Nachmittag war sie wieder da, diesmal mit Vatis Fernglas. Aber sie ging nicht bis zum Tor, sondern verbarg sich hinter einer Baumgruppe am Bahndamm. Es war noch einigermaßen hell. Und da kamen sie schon, von rechts und links, endlose Kolonnen. Sie spähte und spähte, bis ihr die Augen brannten. Es waren viele Afrikaner darunter, dunklere und hellere.

Aber Jirgalem nicht. Ganz durchfroren kam Gesa heim und

hatte am nächsten Tag Fieber. Am übernächsten Nachmittag war sie von neuem unterwegs. Sie fuhr zum Lager Fritzlar. Aber das war kein Ausländerlager, sondern ein UL. Darin war Jirgalem ganz gewiss nicht. ULs – es hieß, das seien von allen Lagern immer noch die erträglichsten. In ihnen komme selten jemand zu Tode. Die Insassen seien ja auch gesunde Deutsche, die nur – mehr oder minder gewaltsam – auf Schlott-Politik getrimmt wurden. Freigelassen, so hatte sie schon oft erzählen hören, wurden nur die Bekehrten, die Überzeugten.

Aber diese Art von Lager, fand Gesa, war doch die allerteuflischste. Dann lieber in den Arbeitslagern von morgens bis abends schuften müssen.

Am darauf folgenden Tag fuhr Gesa nach Bebra. Dort im Lager waren »Arbeitsscheue« und »Vagabunden«, wie sie erfuhr. Und dann hörte sie noch von einem Lager bei Göttingen, auch dorthin fuhr sie. Und fand eines für Sinti und Roma. Wenn Gesa spätabends heimkam, erwartete Opi Jupp sie schon mit einem heißen Tee oder einer Suppe und ließ sich berichten. Nach dem Essen, das sie gedankenabwesend verschlang, machte sie noch ihre Hausaufgaben und lernte – oft bis lange nach Mitternacht.

Von ihrer vierten Fahrt brachte sie einen starken Schnupfen mit, Opi steckte sich an. Bei ihm wurde daraus eine fiebrige Grippe. Er musste ins Bett und kam erst wieder zwei Tage vor Weihnachten auf die Beine. Gesa umsorgte ihn liebevoll, machte ihm Wadenwickel, kochte Tee und bereitete ihm, sobald er wieder Hunger bekam, seine Lieblingsspeisen zu. War sie in der Schule, kam Emmi Wetzel herüber und sah nach ihm.

»Wenn du gesund bist, werde ich weitersuchen«, sagte Gesa zu ihm.

Er schüttelte den Kopf. »Das heißt, eine Nadel im Heuhaufen suchen«, sagte er. »Es gibt sicher unzählige Lager in Deutschland, genauso wie damals unter Hitler. Jirgalem ist vielleicht in Oberbayern oder Schleswig-Holstein. Er könnte ja auch gerade, wenn du die Kolonnen beobachtest, in der Krankenabteilung liegen. Oder von einem zum anderen Lager transportiert werden. Oder er könnte –«

»– längst tot sein«, sagte Gesa. »Aber ich *kann* nicht zu Hause sitzen und warten. Ich *muss* etwas tun! Und wenn ich's auch nur tue, um mein Gewissen zu beruhigen und die Hoffnung ein bisschen anzufachen …«

59

Sie backte Plätzchen und schickte Weihnachtspäckchen an Corinna und an Rike. Sie würden ziemlich genau am Heiligen Abend ankommen. In Rikes Päckchen hatte sie einen neuen, bunten Pullover und einen Handspiegel hineingetan. Rike spiegelte sich so gern. Von Opi Jupp war eine Spieluhr zum Aufziehen dabei. Mit den beiden Päckchen fuhr sie extra zum Hauptpostamt.

Der Handspiegel war von Ulf. Er hatte sogar einen Zettel auf die Rückseite geklebt: **FÜR RIKE VON ULF.** Und er war extra wegen dieses Spiegels nach Niederzwehren gekommen.

In der Adventszeit dieses Jahres waren die Fußgängerzonen und Geschäftsstraßen Kassels wieder festlich geschmückt, dekoriert mit Fichten und Glühlampenketten. Die Wirtschaft begann wieder zu florieren, die Industrie investierte. Und jeden Sonntagmorgen rief Vati an. Gesa versuchte Ulf zu bewegen, doch in den Nächten vom Samstag zum Sonntag bei ihnen zu übernachten, um beim Anruf aus Prag da zu sein. Einmal kam er auch. Aber nachdem Vati lange mit ihm gesprochen und ihm offensichtlich Vorhaltungen gemacht hatte, zog er finster ab und kam nie mehr übers Wochenende. Nach Rike fragte er zärtlich, aber nach Jirgalem nur so: Ob Gesa wisse, wo er sich aufhalte.

»Du meinst, wo er aufgehalten *wird*, nicht wahr?«, erwiderte sie.

Er blieb ihr eine Antwort schuldig.

Tante Irene rief an: In Anbetracht der traurigen Ereignisse dieses Jahres wolle man – was sicher auch im Sinne von Gesa sei – von einem gemeinsamen Weihnachtsessen absehen.

Das war Gesa nur recht. Sie wollte das Fest ohne schrille Diskussionen, ohne Aufregungen begehen. Ganz still. Alles andere erschien ihr unerträglich.

60

Als Gesa einen Tag vor dem Heiligen Abend aus der Schule kam, erwartete sie Opi Jupp, noch wacklig auf den Beinen, vor dem Gartentor:

Die Kriminalpolizei sei da gewesen. Zwei ganz junge Typen. Ob sich Jirgalem Lorbach hier habe sehen lassen. Nein? Sie waren durch das ganze Haus gestapft, bis hinauf unters Dach – mit Hunden! Das sei ein Gebell gewesen! Seine Spitze seien außer sich geraten. Die Trottel hätten alle

Kleiderschränke aufgerissen, aber auf die Idee, in dem – »du weißt ja welchem« – hinter die dicht gehängten Kleider und Anzüge zu gucken, seien sie nicht gekommen.
»Es war urkomisch, das Ganze«, erzählte Opi Jupp. »Die Schäferhunde von der Kripo wurden durch meine Spitze ganz und gar abgelenkt. Das hat die Herren gefuchst. Sie haben eine Menge Fragen gestellt, auch nach Vati. Dass er in Prag sei, wüssten sie. Der eine Kerl hat mich gefragt, ob ich Parteimitglied sei. Da hab ich geantwortet, das bringe für mich nichts mehr, ich sei weit in den Achtzigern. Sie grinsten mich an.
Sie haben noch ein paar Schubladen vom Schreibtisch aufgezogen, den Keller, den Holzschuppen und die Garage durchsucht, und als sie nichts fanden, knurrten sie enttäuscht: ›Wenn Jirgalem Lorbach hier auftaucht, müssen Sie sofort Meldung machen. Tun Sie das nicht, machen Sie sich strafbar, ebenso wie Ihre Enkelin Gesa, die in Ihrem Haushalt lebt!‹ Na – wie findest du das?«
»Wenn sie Jirgalem bei uns gesucht haben«, rief Gesa aufgeregt, »muss er von dort, wo sie ihn gefangen hielten, geflüchtet sein! Vielleicht ist er schon zu uns unterwegs?«
Das vermutete Opi auch. So schnell Gesa konnte, bastelte sie aus einem dicken Wandteppich und zwei Leisten eine Vorrichtung zum Verdunkeln des Dachkammerfensters, stellte einen Heizstrahler in das winzige Räumchen und legte Bücher ins Regal. Opi knotete einen dicken Strick an den Haken. Er war so lang, dass er durch das Fenster bis hinunter in den Garten reichte. Eingerollt, sah man ihn kaum unter der Gitarre, die am Haken hing. Gesa probierte aus, ob man sich an ihm hinunterhangeln konnte. Man

konnte. Das weit vorspringende Fensterbrett machte es möglich.

Sie warteten den ganzen Nachmittag auf irgendein Zeichen, eine Nachricht, ein Ereignis. Jedes Mal, wenn einer der Spitze zu knurren begann, horchten sie auf. Zwischendurch schlurfte Opi Jupp zu Emmi Wetzel hinüber und borgte sich von ihr eine Dose mit Anti-Hunde-Spray aus. Die Nachbarin besprühte damit den Fuß des Baumes vor ihrem Haus, den die vielen Hunde der Nachbarschaft so gern bepinkelt hätten. Jetzt »behandelte« Opi das Innere des Kleiderschranks vor der Puppenstube. Und auch den Streifen Fußboden vom oberen Treppenende quer über den Dachboden bis zum Schrank vergällte er den Hunden. Dann trug er die Dose wieder hinüber. Man sollte sie bei ihm nicht entdecken. Und auf die Nachbarin war Verlass. Sollten die Kerle dem Spray auf die Spur kommen, konnte er sich mit seinen eigenen Hunden herausreden, die in alles ihre Nasen hineinstecken wollten!

Gesa schaute ihm nach. In letzter Zeit war er recht hinfällig geworden. Das alles, so Schlag auf Schlag, hatte ihn überanstrengt. Wenn er nur durchhielt, jetzt, wo so viel von seinem Wohlbefinden abhängen konnte –!

Die Zeit dehnte sich. Gesa versuchte, für die Schule zu lernen. Aber die Buchstaben verschwammen vor ihren Augen. Opi Jupp kochte einen Tee, aber sie hatte keinen Durst.

»Er wird den Abend abwarten«, meinte Opi Jupp. »Tagsüber fällt er sofort auf.«

Am frühen Abend schellte es an der Tür. Gesa stürzte hin. Es war Frau Siebert, die Nachbarin aus der Lessingstraße. Sie habe eben Jirgalem gesehen. Er sei mit weit ins Gesicht gezogener Anorakkapuze an ihr vorbei die Treppe hinaufgegangen.

»Aber geklingelt hat er im ersten Stock nicht, wo doch da nun ein fremder Name an der Wohnungstür steht«, sagte sie. »Da ist er wieder heruntergekommen, den Arm hielt er vors Gesicht, als er an mir vorbeiging. Ganz sicher ist er jetzt auf dem Weg hierher nach Niederzwehren. Ja«, sie hob die Stimme, »er ist es ganz gewiss gewesen, ich kenne doch seinen Gang ...«

Frau Siebert war extra mit dem Taxi gekommen, das draußen auf sie wartete. »Per Telefon erschien's mir zu riskant.« Und sie fügte hinzu: »Wenn die Schlotts bei euch aufkreuzen sollten: Zieht mich nicht mit hinein. Ich hab nichts und niemanden gesehen ...«

Gesa fiel ihr stürmisch um den Hals und bedankte sich, und Opi Jupp steckte ihr das Taxigeld zu. Und schon war sie wieder fort.

»Ach Opi«, jubelte Gesa, »er kommt, er kommt! Er ist schon unterwegs!«

»Leise!«, ermahnte er sie erschrocken. Sie dürfe Jirgalem auf keinen Fall durch Unbesonnenheit gefährden!

Sie schlich durch die Hintertür hinaus und versteckte sich im Gebüsch neben dem Gartentor. Das Herz schlug ihr bis zum Hals. Sie starrte in die Dunkelheit zwischen dem Lichtkreis der Straßenlaternen, sie lauschte den Schritten, die sich näherten, sie spürte nicht, dass es ein eiskalter Tag war. Sie schaute immer wieder hinauf in die Sterne und dachte: »Lieber Gott, lass es wahr sein, lass ihn kommen, lass ihn lebendig sein!«

Da: Absätze klapperten über das Trottoir – eine Frau. Kurz

danach wieder – zwei alte Männer. Dann ein Kind. Dann lange nichts.

Die Zeit dehnte sich. Ihr wurde kalt. Gesa schlich zurück ins Haus und holte sich ihren Anorak. »Ich hab so Angst um ihn«, sagte sie zu Opi, der am Herd stand.

»Lass uns auf ein Wunder hoffen«, sagte er. »Zum Enttäuschtsein ist dann, falls nötig, immer noch Zeit.«

»Auf Wunder hoffen hab ich längst verlernt«, seufzte Gesa.

Er brachte ihr eine Tasse Tee. Sie trank hastig.

»Jirgalem wird ein unsichtbarer Hausgenosse bleiben müssen«, sagte Opi Jupp. »Denk daran. Immer.«

Dann war Gesa wieder im Gebüsch. Die Finger begannen vor Kälte zu schmerzen. Sie vergrub sie in den Anoraktaschen. Sie wäre Jirgalem so gern entgegengelaufen, aber sie wusste ja nicht, aus welcher Richtung er kommen würde. Sie wusste nicht einmal, *ob* er kommen würde!

Aber da näherten sich zögernde, schwerfällige Schritte, eine Gestalt in viel zu großen Hosen tauchte ins fahle Licht der Straßenlaterne, eine gebeugte Gestalt mit den Schritten eines alten Mannes. *Der?*

Sie wollte ihm »Jirgalem?« entgegenrufen. Aber das durfte sie ja nicht. Es erschien ihr unerträglich, warten zu müssen, bis er sich genähert hatte!

Als er stehen blieb und zu Opis Haus herüberschaute, wusste sie, dass er's war. Und schon war sie draußen auf der Straße und lief auf ihn zu. Nein, sie *konnte* jetzt nicht an Vorsicht denken! Und wenn hier irgendwo die Schlotts auf ihn lauerten, würden sie ihn schnappen, auch wenn sie nicht da wäre.

Lieber Gott, lass uns Glück haben! dachte sie.

Beinahe stürzte er auf sie. Als sie ihn zum Gartentor herein- und auf die Haustür zuschleppte, wurde er immer schwerer. Sie schlug mit dem Fuß gegen die Tür, weil sie ihn mit beiden Händen hielt. Als Opi Jupp öffnete, fiel sie mit Jirgalem fast in den Flur.

Während sie glückselig dachte: Die Spitze bellen nicht, sie kennen ihn noch! fiel das Licht auf sein Gesicht. Da erschrak sie.

Opi Jupp packte mit an. Sie schleppten ihn auf das Sofa. Sein linkes Auge war zugeschwollen, auf Stirn und Wange hatte er dunklen Schorf. Und ihm fehlten zwei Schneidezähne. Ein dritter war halb abgebrochen. Die Spitze beschnupperten seine Kleider und leckten seine herabhängende Hand.

»Sie suchen mich sicher«, ächzte er. »Ich geh wieder. Ich wollte euch nur mal wiedersehen –«

Jirgalem starrte vor Schmutz. Seine Jacke war nur noch ein Fetzen. Seine Hände waren voller Schwielen und verkrusteter Risse.

Sie flößten ihm heißen Tee ein. Dann schleppten sie ihn ins Bad und zogen ihn aus. Sein ganzer Körper war übersät von Blutergüssen. Im warmen Wasser entspannte sich sein Gesicht. Gesa wusch ihm das Haar und säuberte ihn mit Schwamm und Waschlappen, bemüht, ihm dabei so wenig wie möglich weh zu tun. Trotzdem stöhnte er immer wieder vor Schmerzen auf. Gemeinsam trockneten sie ihn ab und halfen ihm, sich anzuziehen: seine Sachen von früher. Jetzt ähnelte er wieder dem Jirgalem, den sie in Erinnerung hatten. Nur sah er um zehn Jahre älter aus. Dabei war er doch nur ein paar Monate weg gewesen.

»Wo ist Mutti?«, flüsterte er schlaftrunken. »Und Rike? Und Ulf?«
Er zischte und nuschelte, wegen der Zahnlücke. Man verstand ihn kaum. Gesa schluckte.
»Morgen«, sagte Opi Jupp. »Jetzt schläfst du erst mal.«
»Ich dachte an die Puppenstube«, murmelte Jirgalem.
»Wir auch«, flüsterte Gesa. »Sie ist schon bereit.«
Nur so viel erfuhren sie noch von ihm: Er war in einem Lager nicht abschiebbarer »Nichtweißer« bei München gewesen. Also unter Leuten, deren Heimatstaaten die Erlaubnis für ihre Rückkehr verweigerten. An diesem Morgen waren sie per Bahn in Richtung Norden transportiert worden. In Viehwaggons. In seinem Waggon hatten sie es geschafft, die geschlossene Schiebetür aufzurammen. Etwa zwei Stationen vor Kassel.
Als der Zug kurz auf freier Strecke hielt, waren alle jungen Leute aus dem Waggon geflohen.
»Sie sind hinter uns her gewesen«, nuschelte er. »Ich hab mich nicht umgeschaut. Schließlich hab ich gemerkt, dass ich ganz allein war. Die Hose hab ich von einer Wäscheleine geklaut, die Jacke aus einer Mülltonne gezogen …«

61

Am Morgen des 24. Dezember kamen sie noch einmal – diesmal zwei Männer ohne Hunde. Sie marschierten wieder durch das ganze Haus, schnauzten Opi Jupp an, er solle gefälligst seine Köter ruhig halten, rissen wie ihre Vorgänger die Schränke auf und stocherten zwischen den Kleidern herum, warfen im Keller alles durcheinander, stießen einen

Stapel Brennholz um und wiederholten ihre Warnung: Wenn sich der Schwarze hier sehen lasse, müsse sofort –

»Ist bekannt, ist bekannt«, antwortete Opi Jupp gelassen. Aber nachdem sie wieder fort waren, mussten sich Gesa und Opi doch erst einmal setzen, weil ihnen die Knie zitterten. Natürlich hatten sie noch in der Nacht Jirgalems schmutzige Lumpen und Schuhe im Garten vergraben und die Stelle besprüht und mit Moos belegt. Natürlich hatten sie die Badewanne gereinigt, die Türklinken abgeputzt, das Geschirr gewaschen, alles Erdenkliche getan, um jede Spur zu beseitigen. Aber als die Kerle kamen, war ihnen nicht mehr genug Zeit geblieben, um Jirgalem zu verständigen. Freilich, die Spitze bellten wie verrückt. Aber wenn er so tief schlief, dass er sie nicht hörte? Oder wenn er laut schnarchte?

Die beiden atmeten auf. Jetzt war kaum mehr damit zu rechnen, dass an diesem Tag *noch* eine Durchsuchung stattfinden würde. Auch die Schlott'schen Beamten wollten Weihnachten feiern. Und so holte Gesa ihren Bruder am Heiligen Abend herunter, nachdem sie mit Opis Erlaubnis – »Wer weiß, ob wir noch ein nächstes Weihnachtsfest erleben …« – eine kleine Fichte aus dem Garten hereingebracht und sie mit dem wenigen, was an Baumschmuck zu finden gewesen war, geschmückt hatte: uraltes, schon viele Male gebrauchtes Lametta; ein gläserner Stern für die Spitze; ein paar halb abgebrannte, von Rike gezogene Kerzen, Reste vom letzten Jahr. Eine für Rike, eine für Vati, eine für Corinna, eine für Ulf. Und drei für die, die um den Baum saßen. Den längsten Kerzenstummel für Mutti. Und einen für alle, alle in den Lagern und Gefängnissen.

Es war ein trauriger, glücklicher Abend. Jirgalem war da. Aber er saß mit aufgestütztem Kopf und redete wenig. Er hatte alles erfahren, was daheim seit dem Sommer geschehen war. Spät am Heiligen Abend rief Vati an. Da Gesa damit rechnen musste, dass man das Gespräch abhörte, sprach sie von der Ebenholzfigur, die nach so langer Suche zur Freude aller wieder aufgetaucht sei. Ihm versagte die Stimme. Damit habe er nicht mehr gerechnet, sagte er dann bewegt. Er hänge doch so sehr an dieser Holzschnitzerei. Und Rike? Zu Ostern komme sie auf Urlaub? Wie gut. Man solle sie doch bewegen, daheim zu bleiben. Das Kasseler Klima bekomme ihr sicher besser als das Kieler.

»Ja«, sagte Gesa, »das meinen wir auch.«

Jirgalem durfte nicht mit ihm sprechen, so sehr er sich auch danach sehnte. Das war zu riskant.

Darüber, wie es ihm im Lager ergangen war, erzählte Jirgalem nichts, weder am Heiligen Abend noch später. Man konnte es erraten.

62

Am zweiten Weihnachtsfeiertag ließ sich Ulf wieder einmal sehen. Als Opi Jupp die Haustür öffnete, stürmte er ins Haus, schaute sich im Wohnzimmer erwartungsvoll um, ließ sich dann aufs Sofa fallen und sagte: »Die haben uns angerufen wegen Jirgalem. Aber bei uns ist er nicht. Logo. Ist er bei euch?«

Zum Glück war Jirgalem oben in der Dachkammer, um ein bisschen Gitarre zu üben. Gesa drehte das Radio auf volle Lautstärke. Deutscher Rock. Ulf grinste.

Sie sprachen eine Weile über Rike. Er sei auch dafür, dass Rike wieder nach Hause komme. Onkel Bernd müsse in dieser Sache mehr tun. Er erinnere ihn fast jeden Tag daran. Es habe deshalb schon Knatsch zwischen ihnen gegeben …
Und dann, plötzlich, sagte Ulf: »Du, ich geh mal auf den Dachboden. Da war's doch immer so schön zum Spielen –«
Und schon sauste er hinaus.
Gesa rannte ihm nach und schrie: »Ulf! Du hast nicht das Recht, dich hier zu benehmen, als wär das dein Zuhause! Du bist hier Gast und hast dich auch so zu verhalten!«
Dann waren sie beide auf dem Dachboden. Gesa lauschte angstvoll, aber in der Kammer war es ganz still.
»Ich möchte nur mal wieder in die Puppenstube kriechen«, sagte Ulf und ging auf den Kleiderschrank zu. Er grinste: »Sieh mal an«, sagte er, »so habt ihr das also arrangiert. Keine üble Idee …«
Gesa sprang vor ihn und verwehrte ihm den Zugang zum Schrank. »Du gemeiner Kerl!«, schrie sie ihm entgegen. »Er ist dein Bruder! Als wenn's davon abhinge, ob man von derselben Mutter geboren wurde und ob man die gleiche Hautfarbe hat!«
»Ja glaubst du denn, ich will ihn verraten?«, fragte Ulf erstaunt. »Sieht aus, als wär ich für dich schon der reinste Buhmann geworden. Dem du *alles* zutraust. Ulf, das Feindbild, eh?«
Gesa sah ihn unsicher an. »Du hast auch einigen Anlass dazu gegeben«, sagte sie.
Er drehte sich wortlos um und ging die Treppe wieder hinunter. Gesa lief ihm nach.
Er zog ein winziges Plüschkätzchen aus der Jackentasche,

warf es auf den Wohnzimmertisch und sagte: »Wenn ihr Rike wieder mal ein Päckchen schickt, dann tut's mit hinein. Und grüßt Jirgalem von mir.« Und schon war er fort. Gesa fiel auf den nächsten Stuhl. »Glaubst du, man kann ihm trauen?«, fragte sie.

»Wir haben gar keine andere Wahl«, sagte Opi Jupp. »Vielleicht hat er inzwischen auch die Nase voll von den Geschners, und es zieht ihn wieder heim.«

»Das allein genügt nicht«, sagte Gesa. »Es steht zu viel auf dem Spiel, als dass wir sagen könnten: ›Ja, komm!‹«

Opi Jupp nickte. »Wir müssen ihm Zeit lassen«, sagte er.

63

Es gab jetzt keine so lärmenden Silvesternächte mehr wie vor der Jahrhundertwende. Die Flaute hatte der teuren Knallerei ein schnelles Ende bereitet. Und nun, im Aufwärtstrend, traute man sich nicht mehr, private Feuerwerke zu veranstalten, seit Schlott einmal gegen diese in Luxuszeiten entstandene Unsitte gewettert hatte. Seitdem spendete man »Silvestergelder« für Projekte des Umweltschutzes, unter dem Motto »Für eine gesunde Zukunft«. Der Jahreswechsel wurde in geschlossenen Räumen gefeiert, natürlich nach einer Schlott-Ansprache.

»Die können wir uns sparen«, sagte Opi Jupp und schrieb stattdessen wieder Briefe nach Kiel: an den Freund eines Freundes, an einige evangelische Pfarreien in der Stadt, an das Heim selbst mit der dringenden Bitte um Besuchserlaubnis.

Währenddessen kauerte Gesa bei Jirgalem im Kämmerchen

und hörte zu, wie er spielte und sang. Er hatte seine Lieder nicht vergessen. »Lasst mich nicht im Stich« und »Löwenzahn« und die über Äthiopien. Aber als er den »Schlund« anstimmte, wehrte sie ab: Mit *diesem* Lied wollte sie nicht ins neue Jahr kommen!

Und Kiel?

Der Freund des Freundes, die Pfarrer, die Heimleitung selbst – alle schickten die gleiche Antwort: Besuche nicht erwünscht, nicht erlaubt. Nur ein einziger Pfarrer hatte über eine Krankenschwester des Heimes etwas Genaueres erfahren können: Rike Lorbach sei eine sehr unruhige Insassin, eine Belastung.

Gesa und Opi Jupp konnten sich das nicht erklären. Rike unruhig? Eine Belastung? Das ruhige, friedliche Rikele? Da musste eine Verwechslung vorliegen!

»Oder«, meinte Opi Jupp, »sie gehen so mit ihr um, dass sie vor Angst außer sich gerät – und vor Heimweh –«

64

Ende Januar traf Gesa zufällig einmal Andreas, den Jungen, der wegen seines respektlosen Umgangs mit der Nationalhymne von der Schule geflogen war. Seit sie ihn das letzte Mal gesehen hatte, war er sehr gewachsen. Richtig hochgeschossen. Über dem dicken Seemannspulli trug er eine blaue, ölverschmierte Latzhose. Er war auf dem Heimweg, hatte also Zeit und begleitete sie ein Stück. Im Park Schönfeld kauerten sie sich auf eine Bank, die Knie angezogen, einander gegenüber. Es war ein für den Januar warmer, aber sehr feuchter, nebliger Tag. Von den nächsten Bäumen erkannten sie nur die Konturen. Hier würde sie niemand belauschen.

»Schlimm, dass das schief ging«, sagte er und malte das Zeichen für die drei Attentäter auf die nasse Bank.

»Du vertraust mir?«, fragte sie erstaunt. »Ich könnte dich doch verpfeifen!«

»Du gehörst nicht zu den Mitläufern, du bist nicht gelehrig im Buckeln und Kuschen«, sagte er und grinste sie an. »Dir fällt's schwer, den Mund zu halten. Das hab ich gemerkt, als wir noch zusammen im Klassenzimmer gehockt haben.«

Gesa spürte, dass sie rot wurde. »Ich kann nicht so offen sein, wie ich gern möchte«, sagte sie. »Meine Mutter ist tot, mein Vater im Ausland, und ich hab noch Geschwister, für die ich jetzt verantwortlich bin.« Sie begann von Rike und Ulf zu erzählen. Jirgalem erwähnte sie nicht.

Er bohrte nicht, fragte nicht, erzählte selber, kompromittierte sich.

Sie erzählte von Corinna. Dass sie sie im Aids-Lager besucht habe.

»Ja«, sagte er, »wenn wir die in den Aids-Lagern nicht hätten –«

»Wer ›wir‹?«, fragte Gesa erstaunt.

»Wir vom Widerstand«, sagte er leise. »Vorläufig noch lauter kleine Zellen im ganzen Land. Ehemalige Gewerkschafter; Kirchenleute; Mitglieder der früheren Parteien; Kreise, die sich zusammenfanden in gemeinsamer Sorge –« Er schwieg eine Weile, dann sagte er: »Die Älteste von den dreien, die auf Schlott geschossen haben, kannte ich persönlich. Mann – da kommen wir alle nicht mit. Sie war mal hier in Kassel und hat in unserem Kreis gesprochen. Nur zu ein paar Eingeweihten aus der Jugendgruppe unserer Kirche. Und unserem Pfarrer. Ich kann's kaum beschreiben: An diesem Abend ging ich heim, als schwebte ich über Wolken. Vollgetankt mit Hoffnung und Mut. Das konnte sie: Hoffnung geben. Mut machen. Das Gefühl vermitteln: Du stehst nicht allein.« Er schwieg und sah Gesa an. Dann sagte er: »Du hast mir damals Mut gemacht, in der Musikstunde – weißt du noch?«

»Hab ich das?«, fragte sie erstaunt. Sie dachte eine Weile nach. Dann sagte sie: »Wenn ich mich jetzt so aufmüpfig verhalten würde wie damals, als unsere Lehrer noch so ratlos und verstört waren, könnte ich danach wohl nicht mehr ungeschoren heimgehen – als Schulmädchen, das man nicht ernst nimmt.«

»Arne, Anke und Andrea *sind* von den Schlotts ernst genommen worden«, sagte er. »Todernst! Das war ein Fehler. Damit haben sie sie zu Märtyrern gemacht. Zu Vorbildern.« Er starrte in den Nebel. »Früher kam ich immer in Verlegenheit, wenn ich nach meinen Vorbildern gefragt wurde. Gandhi, hab ich dann gesagt. Oder Albert Schweitzer. Oder Mutter Teresa. Aber – ehrlich gesagt – sie ließen mich kalt. Sie waren schon auf einem zu hohen Podest. Zu entfernt. Unerreichbar. Das, was die drei Attentäter getan haben, das reißt mit, das ist überzeugend. Und sie waren keine alten Männer und Frauen, sondern jung wie wir!«

»Einfach so aufs Ganze gehen, ich meine, den Tod riskieren – das würde ich nicht schaffen«, sagte Gesa.

Er nickte. »So geht's mir auch. *Noch* nicht. Aber vielleicht irgendwann. Wenn das Maß voll ist. Wenn man's nicht mehr ertragen kann –«

Sie schwiegen lange. »Man steht ja auch so allein«, sagte Gesa dann. »In der Schule zum Beispiel. Man weiß nicht, was die anderen *wirklich* denken. Und ob man sich ihnen anvertrauen kann.«

»Bei meiner Gruppe weiß ich, woran ich bin«, antwortete er lebhaft. »Lauter junge Leute aus einer katholischen Pfarrei. Nein, lass nicht gleich die Jalousien runter. Ich bin zwar katholisch getauft, aber ich hab mit dem Brimbamborium der Kirche nie was am Hut gehabt. Fand das alles stinklangweilig, denn womit die Herren Pfarrer auch immer anfingen zu predigen – mit dem Treibhauseffekt oder dem Ausländerhass oder den banalsten Alltagsproblemen –, immer ließen sie früher oder später das liebe Jesulein aus dem Sack, mit dem wir – so, wie sie den Mann aus Nazareth gestylt hatten – nichts anfangen konnten. Und dann dieser Autoritätsanspruch, dieses Taktieren und Heucheln, dieses Immer-auf-Seiten-der-Mächtigen-Sein, diese patriarchalische und verknöcherte Hierarchie! Und jetzt: Wie sie Schlott umschleimen, diese Kirchenbosse. Kein Wunder, dass die Kirchen leer waren, noch lange vor Schlotts Zeiten. Jetzt sind sie zwar voll – aber nicht aus Überzeugung, sondern aus Konformismus. Mit lebendiger Kirche hat das nichts zu tun. In Wirklichkeit ist die offizielle Kirche auch heute ohne Jugend, ausgetrocknet, tot. Ein leeres Gebäude.«

Gesa hörte ihm atemlos zu.

»Aber unten, in den Katakomben«, sagte Andreas, »da be-

ginnt sich wieder was zu regen, da pulst es wieder. Das sind wir! Mit Jesus, dem Mann im Hintergrund. Der neben uns kauert, nicht über uns thront. Der weiß, wie einem zumute ist, wenn man vor Angst schwitzt. Mit *dem* können wir uns identifizieren. *Wir* sind die Kirche!«

»Leise!«, warnte sie.

Er senkte die Stimme und flüsterte weiter: »Jetzt haben sie unseren Pfarrer eingelocht, der – zum Missvergnügen des Bischofs – in seinen Predigten von Sonntag zu Sonntag deutlicher wurde. Von der Tugend Zivilcourage sprach er. Die nicht zu den Tugenden der Deutschen gehöre. Und dass sich die Kirche – verdammt noch mal! – in die Politik einzumischen habe, wenn es um Freiheit und Menschenwürde geht. Stell dir das vor! Von weither kamen Widerständler, um sich das anzuhören und Mut und Hoffnung mit heimzunehmen. Die Kirche platzte fast. Und die Schlotts unter der Kanzel, die Angepassten, schrien nach Vater Staat. Jetzt sitzt er also in so einem Lager, unser Pfarrer. Aber der lässt sich nicht umerziehen. Der nicht. Eher lässt er sich erschlagen. Und wir kümmern uns inzwischen um die vier Homosexuellen, die er – ich sag dir nicht, wo – versteckt hat. Aber ich erzähl dir jetzt das Allerwichtigste: Seit sie ihn eingelocht haben, kommen umso mehr und wollen mitmachen!« Er hatte sich so in Hitze geredet, dass sich seine Wangen röteten.

»Du vertraust mir«, sagte sie. »Vertrauen gegen Vertrauen: Ich habe auch jemanden versteckt …«

»Du?«, rief er überrascht. Sie spürte, wie er sich freute. »Willst du nicht mal zu uns kommen? Uns kennen lernen?«

Sie zögerte.

»In der Gruppe ist der Widerstand leichter –«, sagte er.

Aber dann schüttelte sie den Kopf. Sie wollte nichts riskieren, was Jirgalem gefährdete.

Bevor sie sich voneinander verabschiedeten, tauschten sie ihre Adressen aus. »Dort arbeite ich«, erklärte er. »Autoreparaturwerkstatt. Dort triffst du mich während der Arbeitsstunden immer.«

Erst während des Heimwegs begann sie, sich Vorwürfe zu machen. Nie hätte sie auch nur andeuten dürfen, dass sie jemanden versteckte! Während der nächsten Tage schlief sie schlecht und aß wenig. Sie war krank vor Angst.

Aber allmählich, als keine Polizei erschien und keine Schwarze Garde, fand Gesa wieder Ruhe und schämte sich, dass sie so misstrauisch gewesen war.

65

Der Winter wollte nicht enden. Gesa hatte viel für das Abitur zu lernen. Wohl half ihr Jirgalem dabei, hörte sie ab, schlug für sie in Büchern nach, half ihr formulieren. Aber die Sorge um ihn und Rike lenkten sie ab. Eisern musste sie sich immer wieder zwingen, sich auf den Lernstoff zu konzentrieren.

Jirgalems Blutergüsse verschwanden, seine Wunden verheilten, er nahm wieder zu. Jetzt ging er in seinem engen Kämmerchen oft hin und her, hin und her. Manchmal stundenlang. An einem Tag im Februar, in der Abenddämmerung, stürzte er bei dichtem Flockenwirbel in den Garten hinaus und tobte dort herum. Er schlug Rad, machte Handstände und wälzte sich im Schnee, umkläfft von den Spitzen, die das als fröhliches Spiel verstanden. Der frisch gefallene Schnee bedeckte seine Spuren.

Am Abend des Fastnachtsdienstags war er einfach nicht

mehr zu bändigen. Er schnitt sich schmale Schlitze in einen Socken, zog ihn über den Kopf, setzte sich eine Schiebermütze auf, wie sie Einbrecher auf Cartoons tragen, und zog sich Opi Jupps abgeschabten Sakko an. Dann streifte er Handschuhe über, legte sich einen Sack über die Schulter und stürmte, einen großen Schlüsselbund in der Hand, hinaus ins Fastnachtsgetümmel. Emmi Wetzel winkte ihm zu. Sie war eingeweiht.
Gesa litt Todesangst. Ihr stand das Herz still, als er bei einem Purzelbaum die Mütze verlor. Aber der Socken bedeckte den ganzen Kopf. Jirgalem setzte die Mütze wieder auf und hüpfte, joggte, rannte durch die Stadt. Vorbei an seiner alten Schule, vorbei an der früheren Wohnung in der Lessingstraße, an der Klinik. Gesa kam kaum nach. Und dann, schon weit nach Mitternacht, geriet er in eine Schar von Betrunkenen. Einer von ihnen griff grölend nach Jirgalems Mütze, hob sie hoch und zog ihm blitzschnell den Strumpf vom Kopf.
Die Typen waren so verblüfft und so randvoll, dass er ihnen entkommen konnte. Aber er zitterte noch, als er schon wieder in seinem Kämmerchen war und Gesa ihm, noch außer Atem, einen Krug Apfelsaft heraufbrachte.
Von da ab verließ Jirgalem Opis Haus nicht mehr.

66

Es wurde ein quälendes Frühjahr, obwohl es so strahlend, so unschuldig-heiter kam. Wer das Radio einschaltete, konnte wählen, was er wollte: Volksmusik, Klassisches oder Rock. Der Jugend gegenüber zeigte Schlott sich

großzügig, um sie bei Laune zu halten. Er hatte die Deutschen nun fest an der Kandare.
Aber was die Nachrichten betraf, herrschte nach wie vor strenge Auswahl: nichts als Produktionssteigerung für Schlott, Kunst im Dienst für Schlott, Veranstaltungen der JfD, des Frauenbundes, Schlotts Schwarzer Garde, Schlotts Wetter, Schlotts Werweißwasnochalles. Ich bin der Schlott, dein Gott.
Und am Ende, ganz nebenbei, die Kurzmeldung: Erneuter Ausbruch des Pinatubo. Über zwölftausend Tote.
Um objektiv zu erfahren, was außerhalb des Grenzwalls vor sich ging, musste man schon ausländische Sender hören. Neuerdings gab es jetzt auch eine FREIE DEUTSCHE STIMME, die aus Prag kam. Vati gehörte zu den Gründern und zum Mitarbeiterstab dieses Senders. Noch konnte man das Programm gut hören. Aber bald sollte der Empfang – wie schon in anderen Fällen geschehen – gestört werden. Doch Vatis Leute gaben sich nicht geschlagen und versuchten eine neue Frequenz zu erhalten.
Die Nachrichten aus Prag hörte Gesa am liebsten oben bei Jirgalem, mit ihm zusammen. Dann und wann sprach auch Vati. Solche Tage waren Festtage für die Lorbachs. Aber auch sonst war Gesa oft bei Jirgalem, und nicht nur, damit er ihr bei den Vorbereitungen für das Abitur half. Er konnte in diesem engen Kämmerchen ja nicht viel mehr tun als schlafen oder dösen, lesen oder Gitarre spielen. *Leise* spielen! Gesa aber ertrug in diesem Frühjahr keine andere Musik mehr als seine Lieder.

Die klangen jetzt so: »Hoch über dem Regenbogen, / wo's nicht mehr nach Deutschland riecht …« oder »Ich singe gegen den Grenzwall an, auf dass ich ihn dehne und sprenge ...«

Der deutsche Grenzwall – Anlass zur Empörung der ganzen Welt. Und doch träumten manche reiche Staaten auch von so einem Monstrum.

»Wenn ich Malerin wäre«, sagte Gesa zu Jirgalem, »würde ich unzählige Bilder vom Grenzwall malen. Riesige Flächen einfach nur schwarz ...«

67

Mitte März fuhr Gesa wieder einmal zu Corinna, den Arm voller Osterglocken und Forsythienzweige. Was für ein Gelb!

Corinna sah fast durchsichtig aus und lächelte herzzerreißend. Ihre Augen glänzten, als Gesa sagte: »Übrigens, wenn du was zu lachen haben willst – auf Opi Jupps Dachboden gespenstert's. Da geht ein schwarzer Mann um!«

Sie hatte verstanden. Und sie verstand auch, was in Gesas nächsten Sätzen mitschwang. »Zu Ostern will ich mit Rike herkommen. Hoffentlich klappt's.«

»Ich würde mich riesig freuen«, antwortete Corinna. Sie hustete ein bisschen und sagte: »Ja, ja, Grippezeit. Wir leben alle falsch. Wir müssten viel mehr Widerstand gegen diese aggressiven Viren entwickeln. Viel mehr Widerstand ...«

Auch Gesa hatte verstanden und nickte. Aber noch ehe sie überlegt hatten, wie das, was noch zu sagen war, unverfänglich formuliert werden konnte, stand Corinna auf und sagte: »Entschuldige, Gesa, dass ich jetzt gehe. Morten ist sehr krank. Mein Freund. Ich hab dir von ihm erzählt. Er wird den Tag wahrscheinlich nicht überleben. Mach's gut. Und grüß mir den schwarzen Mann ...«

Aufgewühlt fuhr Gesa heim. Jetzt stand Corinna ihrem Freund beim Sterben bei. Und auch sie würde nicht mehr lange leben, diese schöne Frau, die von Besuch zu Besuch – wie es Gesa schien – Mutti ähnlicher wurde.

Ja, Widerstand. Corinna hatte leicht reden. Sie trug für niemanden Verantwortung. Sie, Gesa, aber konnte nichts riskieren, ohne Jirgalem in Gefahr zu bringen. Opi Jupp, so hinfällig er in letzter Zeit geworden war, *konnte* ihn nicht allein versorgen. Außerdem: Wenn Rike jetzt bald aus Kiel kam und hier blieb ...

Widerstand. Sie musste an Andreas denken. Der genoss die Geborgenheit in seiner Gruppe. Sie musste auch an die drei Attentäter denken. Gewiss, sie waren mutig gewesen, sie hatten mit ihrem Leben bezahlt. Aber jemanden töten, kalt berechnend – also morden? Das würde sie nie fertig bringen. Auch wenn's der Schlott wäre. Nein. Nicht so.

Gesa färbte Eier für Rike, Jirgalem, Opi und seine Nachbarin Emmi Wetzel. Ja, auch für Ulf. Er war jetzt schon so lange nicht da gewesen. Vielleicht hätte er gern mitgemalt? Aber dazu fühlte er sich wohl schon zu erwachsen. Seine Eier waren früher nicht die schönsten, aber meist die originellsten gewesen.

Gesa bastelte auch Osternester und Osterkörbchen. Vor allem Rike würde sich darüber freuen. Jetzt musste doch bald Nachricht kommen, wann ihr Urlaub begann!

68

Der Brief aus Kiel kam zwei Wochen vor Ostern. Er enthielt die dürre Mitteilung, dass Rike am 28. Februar an Herzversagen gestorben und auf dem anstaltseigenen Friedhof begraben worden sei.

»Wir sind schuld, Opi!«, schrie Gesa außer sich. »Wir haben die Sache schleifen lassen! Wir haben nicht Gott und die Welt rebellisch gemacht für sie! Wir haben gedacht, es wird schon gut gehen!«

Opi Jupp ließ sich schwer auf den nächsten Stuhl fallen. »Rike.« Und nach einer langen Pause: »Wer wird der Nächste sein?«

Jirgalem sagte nichts, nachdem er den Brief gelesen hatte. Tagelang schwieg er und aß auch fast nichts. Einmal, als Gesa abends über den Dachboden zu seinem Kämmerchen schlich, hörte sie ihn weinen. Da kehrte sie wieder um.

Am darauf folgenden Sonntagmorgen erfuhr auch Vati von Rikes Tod. Und dann zwang sich Gesa, Geschners anzurufen. Sie verlangte Ulf. Nach seinem »Ja?«, sagte sie: »Rike ist in dem Heim in Kiel umgebracht worden. Als lebensunwertes Leben.«

»Rike?«, fragte er erschrocken. »Unsere Rike?«

»**VERSTORBEN AN HERZVERSAGEN** nennt man das heute«, sagte Gesa hart. »Bei Hitler hieß das **VERSTORBEN AN LUNGENENTZÜNDUNG.**«

»Rike –«, hörte sie ihn noch mit zitternder Stimme sagen. Dann legte sie auf. Sollte doch er es Onkel Bernd und Tante Irene sagen …

Gesa fuhr in den Osterferien nicht zu Corinna. Sie schrieb

nur ein paar Zeilen und teilte ihr Rikes Tod mit. Corinna antwortete kurz. Auch sie hatte einen Tod zu beklagen: Morten.

Gesa widmete Opis Narzissen- und Tulpenpracht im Garten kaum einen Blick. Sie beugte sich über ihre Bücher und hielt sich die Ohren zu. Oder sie kauerte bei Jirgalem im Kämmerchen und versank in Gedanken, in die Jirgalems Gitarrenmelodien sich verwoben. So nahm sie, oft wie entrückt, daran teil, wie er stundenlang an einem einzigen Lied feilte. Es sollte heißen: »Süßer Vogel Tod, nimm mich auf deine Flügel«. Dessen letzte Zeilen mochte sie besonders: »Ich wollt, ich kreiste schwerelos / durch Farben, Zeit und Raum / und schliefe dann geborgen ein / in deinem schwarzen Flaum …«

69

In diesem Mai blühte der Flieder besonders üppig. Sein Duft erinnerte Gesa an Dennis.

Und oft sah sie Rike vor sich, entzückt an Fliederblüten schnuppernd.

Sie trug Arme voll Flieder in Jirgalems Kämmerchen hinauf. Er freute sich an dem üppigen weißen und violetten Blütenschaum. Aber er fand, dass Flieder nach Tod dufte – was Gesa absurd fand. Sie konnte sich kaum etwas vorstellen, das mehr Lebenssymbol war als ein blühender Fliederzweig!

Auch am Schulhof entlang blühten Fliedersträucher. Gesa ließ sich in der Pause unter ihnen nieder und lernte. Einmal setzte sich ein Mädchen zu ihr. Gesa kannte die große,

etwas schlaksige Blonde. Susanne hieß sie. Susanne fragte: »Bist du nicht die Tochter des Schriftstellers Lorbach?«
Gesa nickte.
»Wir haben sein Buch **NICHT NOCH EINMAL!** im Bücherschrank stehen«, flüsterte sie. »In der hinteren Reihe, weil's verboten ist. Meine Mutter hat's kürzlich von einer Freundin zugesteckt bekommen, heimlich natürlich. Sie ist ganz hin und weg davon. Jetzt lese ich's und denke nun auch ganz anders über das alles. Ich frage mich nur, wie es passieren konnte, das mit Schlott. Wir können doch nicht behaupten, von nichts gewusst zu haben und unerfahren hineingeschlittert zu sein! Meine Großeltern sagen jetzt: ›Ja, wenn wir *das* gewusst hätten, wozu der Schlott fähig ist, dann hätten wir nicht mitgemacht.‹ Aber sie *haben* es doch gewusst!«
»Die meisten waren zu träge, zu bequem, um sich zum Widerstand aufzuraffen, als der Sog begann und der Schlund sich auftat«, sagte Gesa. »Die Menschen sind eben Herdentiere. Auch die Alten. Die haben uns das eingebrockt. Wir, die Jungen, müssen es auslöffeln.«
»Jetzt ist es zu spät, was dagegen zu machen«, sagte Susanne düster. »Er hat alles im Griff.«
»Es wäre anfangs leichter gewesen, dagegenzusteuern«, sagte Gesa versonnen. »Man hätte viel Schlimmes verhindern können. Aber zu spät ist es noch immer nicht. Nie!«
Susanne sah sie erstaunt an: »Glaubst du?« Sie dachte nach, dann fragte sie: »Würdest du dich trauen, Gesa, so was ganz Großes zu unternehmen, so wie die drei Attentäter im letzten Herbst?«
»Etwas Kleineres. Vielleicht. Und nur, wenn ich damit nie-

manden, der von mir abhängig ist, ins Verderben brächte.« Sie bog einen Fliederzweig herab und roch daran. »Aber die ziehen an einem, die drei«, flüsterte sie, »und sie sagen: Komm. Spring!«

Nach der Pause wurde Gesa zum Direktor gerufen. Er war freundlich, ja, herzlich, erwähnte die Freundschaft zwischen seinem Vater und Großvater Geschner und lobte Gesas Leistungen. Sie werde wahrscheinlich als eine der besten diesjährigen Abiturienten abschneiden. Das schriftliche Abitur habe sie jedenfalls mit Bravour bestanden, trotz des so plötzlichen Verlustes ihrer Mutter und Großmutter, deren tragischer Tod ihn erschüttert habe, und des Todes ihrer jüngeren Schwester. Wo sie doch schon durch die Abwesenheit ihres Vaters genug gestraft – er verbesserte sich: geschlagen sei. Und da sie auch in Deutsch hervorragende Leistungen erbracht habe, meinte er, sei sie wohl die am besten Geeignete des Jahrgangs, um bei der Abiturfeier für die Abiturienten zu sprechen. Sie wisse ja noch von den vergangenen Jahren her: Erst spreche der Direktor, dann der Vertreter der Abiturienten, dann finde die feierliche Zeugnisübergabe statt. Dazwischen, vorher und zum Schluss musikalische Umrahmung. Nun?

»Warum wählen wir Abiturienten unseren Sprecher nicht selber?«, fragte sie.

»Ja, früher lief das so«, hörte sie, wie aus der Ferne, den Schulleiter antworten. »Aber schon als dein Bruder Jirgalem Abitur gemacht hat, war das anders.«

 Er fragte nicht nach ihm. Wie es ihm gehe. Und sie wusste, warum er das nicht tat.

Sie erschrak. Was war in einer solchen Rede zu sagen? Lob

der Schule? Ausblick aufs Leben? Ihr kam ein tröstlicher Gedanke: Jirgalem würde ihr dabei helfen. Sie würde alles das sagen, was *er* damals hätte sagen wollen, bei seinem Abitur, als eine andere Hautfarbe bereits als Makel galt.

»Ja«, sagte sie. »Ich mach's.«

Beschwingt ging sie heim. Das würde Jirgalem aufmuntern. Eine Aufgabe, die ihm Abwechslung brachte!

70

»Jirgalem gefällt mir nicht«, sagte Opi Jupp, als sie zu Hause ankam. »Er steht nur noch auf, wenn er auf die Toilette muss. Ich hab mich heute zu ihm hineingequält und mich eine Weile zu ihm gesetzt. Aber es kam kein Gespräch mit ihm zustande. Nur als ich das Wort Hoffnung in den Mund nahm, wurde er lebhaft. Ich solle dieses Scheißwort nicht benutzen, das sei ein ungedeckter Scheck. Wo denn für ihn Hoffnung herkommen solle. Er habe keine andere Perspektive – im günstigsten Fall –, als jahrelang, vielleicht jahrzehntelang in dieser Einzelzelle dahinzuvegetieren.«

»Und womit hast du ihn getröstet?«, fragte Gesa.

»Getröstet?«, fragte Opi Jupp müde zurück. »Womit hätte ich ihn denn trösten sollen? Er sieht seine Lage völlig nüchtern. So ist sie!«

Gesa griff nach einer Suppenschüssel und wollte sie mit Opis Linseneintopf füllen. Aber Opi Jupp nahm sie ihr wieder ab. Wie die Schüssel in seiner Hand zitterte! Von Tag zu Tag wurde es schlimmer.

»Er will heute nichts zu Mittag essen«, seufzte er. »Und er

will nicht bedrängt werden. ›Lasst mich in Ruhe‹, hat er gesagt, als ich oben war.«

Gesa schöpfte sich einen Teller voll Linsen und löffelte ihn gedankenabwesend aus. Dann ging sie hinauf. Sie wollte gleich mit Jirgalem über die Rede sprechen. Das würde ihn aus dem Tief herausholen.

»Hallo!«, rief sie, als sie auf dem Dachboden ankam. «Ich bin's, Gesa. Arbeit für dich –!«

Er gab keine Antwort. Schlief er? Trotzte er? Sie schob die Kleider auseinander, öffnete die Schiebetür, dann die Wandtür, bückte sich, schob sich in den kleinen Raum – und prallte zurück: Vor ihr, als Silhouette vor dem runden Fenster, hing Jirgalems Körper.

71

Er war schon tot. Opi Jupp half, ihn vom Strick zu schneiden. Gesa drückte Jirgalem die Augen zu, dann rief sie Emmi Wetzel aus dem Nachbarhaus herüber. Gemeinsam trugen sie den Toten vom Dachboden herunter und legten ihn behutsam auf Opi Jupps Bett.

Wie er so dalag mit geschlossenem Mund, sah er fast aus wie früher. Gesa saß lange neben ihm und beobachtete ihn. Hatte nicht gerade ein Augenlid gezuckt, ein Finger sich bewegt? Hob nicht eben ein Atemzug die Brust? Aber Opi Jupp schüttelte den Kopf: »Finde dich damit ab, Gesa: Er kommt nicht mehr zurück.«

Gesa weinte nicht. Sie war wie erstarrt.

Sie stand auf und begann mit Schaufel und Spaten im Garten zu graben. Es war eine mühselige Arbeit. Ein Nachbar

fragte sie über den Zaun, was sie denn da mache. »Einen Hund begraben«, antwortete sie.
Er konnte nur ihren Kopf zwischen den Büschen sehen, nicht aber das Grab. Das war gut so. Es war verboten, Menschen in Gärten zu verscharren. Aber diesen Jirgalem Lorbach gab es ja gar nicht. Zumindest nicht hier. Wie hätten sie ihn also auf dem Friedhof begraben lassen können? Dann wäre alles herausgekommen.
Drei Stunden lang grub Gesa. So lange, bis das Grab fast so tief war wie sie selbst groß. Dann legte sie die Grube mit Fliederzweigen aus. Es war gut, dass Opi Jupp seinen Garten so dicht mit Büschen umgeben hatte.
Maitage sind lang. Noch um zehn Uhr abends war es nicht ganz dunkel. Sie mussten warten, bis die Dunkelheit verbarg, was sie taten. Dann trugen sie den Toten, eingehüllt in ein Laken, zu dritt in den Garten hinaus und senkten ihn mit großer Mühe ins Grab. Aber keiner von ihnen brachte es fertig, Erde auf ihn zu schaufeln.
»Wartet«, flüsterte Emmi Wetzel und tappte durch die Dunkelheit hinüber zu ihrem Haus.
Gesa hatte den ganzen Nachmittag lang nicht geweint. Aber jetzt, als sie neben Großvater Jupp im Dunkeln stand und der Flieder so wunderbar duftete und eine Amsel irgendwo in den Nachbargärten sang, brach es über sie herein. Sie tastete nach Opi Jupp und umarmte ihn. So standen sie und weinten, bis Emmi Wetzel mit einem riesigen Jasminstrauß zurückkehrte und Zweig um Zweig auf Jirgalem fallen ließ, bis er von den weißen Blüten ganz bedeckt war.
Da lief Gesa ins Haus zurück, rannte hinauf in das Käm-

merchen, holte Jirgalems Gitarre und senkte sie behutsam hinab auf die Blüten. Erst dann begann sie, das Grab zuzuschaufeln. Ein Erdklumpen brachte eine Gitarrensaite zum Tönen.

Emmi Wetzel führte Opi Jupp schon ins Haus, während Gesa das Grab noch einebnete. Am nächsten Morgen, nach einer schlaflosen Nacht, besäte sie es mit Grassamen, bevor sie zur Schule fuhr.

Am Sonntag, der Jirgalems Tod folgte, berichtete Gesa Vati, was geschehen war: »Die Ebenholzfigur ist zerbrochen. Von selbst.«

Danach rief sie Ulf an: »Jirgalem ist tot.« Er blieb einen Augenblick stumm, dann hörte sie ihn gepresst sagen: »Ich komme.«

Eine halbe Stunde später war er da. Als ihm Opi die Tür öffnete, trat er mit gesenktem Kopf ein. Gesa fiel auf, dass er in letzter Zeit sehr gewachsen war. Vatis Länge hatte er jetzt sicher erreicht.

»Solltest du noch immer daran interessiert sein, wieder mal einen Blick in die Puppenstube zu werfen«, sagte Gesa hart, »dann kannst du das jetzt tun.«

Er sah sie an, dann stieg er die Treppe hinauf. Leichenblass kam er wieder herunter. Opi Jupp bot ihm einen Tee an. Er trank schweigend. Als Gesa ihn hinausbegleitete, stammelte er: »Aber die Gitarre – er hatte doch eine Gitarre ...«

»Die ist bei ihm«, sagte Gesa.

Onkel Bernd und Tante Irene riefen nicht an. Offenbar hatte ihnen Ulf von Jirgalems Tod nichts gesagt.

In den nächsten Tagen räumte Gesa geschäftig ihr Bettzeug hinauf in Jirgalems Kämmerchen, auf Jirgalems Matratze, und stellte ihre Bücher in Jirgalems Regal. Dort oben schlief sie nun, obwohl sie ein Stockwerk tiefer ein so schönes und geräumiges Zimmer besaß.

In diesem Kämmerchen schrieb sie an ihrer Rede. Immer wieder überarbeitete sie die Seiten, feilte aus, verbesserte Formulierungen. Und natürlich lernte sie, oft bis in die späte Nacht, für das mündliche Abitur. Wenn sie morgens aufwachte, fiel ihr zuerst der Haken über dem Fenster ins Auge.

Aber Gesa hatte noch mehr zu tun: Sie schrieb einen Brief an Corinna. Darin teilte sie Jirgalems Tod verschlüsselt mit und kündigte an, sie, Gesa, werde nach dem Abitur für längere Zeit nicht mehr daheim sein. Sie könne sie auch nicht besuchen und ihr nicht schreiben. Aber sie werde oft an sie denken.

Gesa kramte alle Briefe und Manuskripte von Vati aus dem Umzugsgepäck, das noch unberührt in ihrem Zimmer stand, tat sie in eine große Schachtel, die sie verschnürte und ins Kämmerchen stellte. Auf die Oberseite der Schachtel schrieb sie groß: **FÜR ULF LORBACH.**

Sie ging hinüber zu Emmi Wetzel und teilte auch ihr mit, dass sie nach dem Abitur für längere Zeit werde verreisen müssen. Ob sie, Emmi, so nett sei, sich während dieser Zeit ein bisschen um Opi Jupp zu kümmern?

»Das ist doch selbstverständlich«, sagte die Nachbarin. »Inzwischen ist das ja keine pure Nachbarschaftshilfe mehr, sondern deinen Großvater und mich verbinden Erinnerungen. An seine Frau, mit der ich mich gut verstand. An Notlagen und Engpässe – wie damals, als das Ausländerheim brannte.«

Und dann warf sie einen Blick durch das Fenster in Opis Garten und umarmte Gesa.

»Kommen Sie zu meiner Abi-Feier?«, fragte Gesa. »Ich werde für die Abiturienten sprechen. Und könnten Sie danach meinen Großvater mit heimnehmen? Ich werde sicher in der Schule noch aufgehalten werden …«

Gesa rief auch Ulf an und lud ihn und Onkel Bernds Familie ein. Sie ging zu Elke, Muttis Mitarbeiterin damals im Buchladen – die ihr überaus verlegen begegnete –, und bat sie ebenfalls, zu ihrer Abi-Feier zu kommen. Elke nickte und versprach es. Ja, sie habe von Muttis und Großmutters Tod gehört und sei erschüttert gewesen. Nach Jirgalem und Rike fragte sie nicht.

Gesa verschaffte sich die Adresse ihrer ehemaligen Musiklehrerin Meiches und lud sie ein. Die Meiches geriet vor Freude ganz außer sich: »Ja so was – dass sich noch einer von euch an mich erinnert …!«

»Ihre letzte Musikstunde«, antwortete Gesa, »hat ganz gewiss niemand von uns vergessen.«

Gesa ging auch zur Wohnung des Lehrers Körber. Aber sie traf nur seine Frau an. Die erzählte weinend, ihr Mann sitze in einem UL. Er sei zu unvorsichtig gewesen. Aber sie selbst wolle, wenn die Einladung auch für sie gelte, gern kommen.

Gesa fand die Reparaturwerkstatt, die Andreas ihr als Adresse angegeben hatte. Er war unterwegs. So ließ sie einen Zettel mit der Einladung für ihn zurück. Unter ihren

Gruß kritzelte sie noch schnell: Ich hab jetzt Mut gesammelt.
Sie lud auch die Lehndorfs und Frau Siebert aus der Lessingstraße ein. Und ihre Grundschul-Klassenlehrerin. Und die Mädchen aus ihrem ehemaligen JfD-Mittwochskreis. Auch den Nachbarn, der sie am Tag von Jirgalems Begräbnis über den Zaun gefragt hatte, was sie da mache. Und den Besitzer des Kiosks, an dem sie jeden Tag auf dem Schulweg vorübergekommen war. Sogar wildfremde Leute auf der Straße, im Bus oder in der Straßenbahn. Alle, alle lud sie zu ihrer Abiturfeier ein und vergaß nie, darauf hinzuweisen, dass sie als Vertreterin der Abiturienten dort eine Rede halten werde.

73

Opi Jupp drückte ihr in der Woche der Prüfungen jeden Morgen die Daumen. Und auch Vati hatte ihr bewegt ein »toi, toi, toi« mitgegeben. Sogar Tante Irene und Onkel Bernd riefen an und wünschten ihr, auch in Boris' Namen, Erfolg und gute Nerven. Ja, selbstverständlich würden sie alle drei, zusammen mit Ulf, an der Feier teilnehmen.
Gesa wunderte sich selbst darüber, wie ruhig sie die mündlichen Prüfungen nahm. Manchmal fühlte sie sich dabei, als säße sie zwischen den Prüfern und sähe sich selber sprechen: Dieses schmale, blasse, dunkelhaarige Mädchen beherrschte den Stoff und gab klare Antworten. Ihre Hände zitterten nicht.
Sie bestand das Abitur als Jahrgangsbeste. Als sie nach der letzten Prüfung heimkam, war Emmi Wetzel bei Opi Jupp.

Sie hatten zusammen ein Festessen vorbereitet und den Tisch geschmückt, und beide umarmten Gesa und gratulierten ihr. Nach dem Essen übernahm Emmi das Geschirrspülen und schickte Opi Jupp auf sein Sofa. Gesa half ihr abtrocknen. Sie hatte ein gutes Gefühl. Nicht, was das Abitur betraf, sondern weil sich Emmi so nett um Opi kümmerte.

Als Emmi wieder heimgegangen war, holte Gesa das Konzept ihrer Rede aus dem Kämmerchen, legte sich damit in den Garten, neben das frisch angesäte Rasenstück, und ging den ganzen Text noch einmal gründlich durch. Hier und dort fand sie noch immer Stellen, die sich klarer und unmissverständlicher formulieren ließen – so, dass auch Frau Siebert, die Lehndorfs und die Mädchen aus dem JfD-Kreis verstehen konnten, was sie meinte.

Als Gesa fertig und mit ihrem Text rundherum zufrieden war, lag sie eine ganze Weile mit ausgebreiteten Armen da, hörte dem Gezwitscher der Vögel zu, sah die Wolken über den leuchtend blauen Himmel ziehen, roch den Komposthaufen des Nachbargartens, auf dem sich abgeschnittene, welke Fliederblüten häuften. Ein Marienkäfer kroch über ihren bloßen Arm. Als er auf einer Fingerspitze angekommen war, breitete er die Flügel aus und flog davon.

Sie schlief ein und erwachte erst wieder, als der Schatten des Gebüschs sie erreichte. Fröstelnd sprang sie auf und schrieb die Rede ins Reine. Schon seit Jahren hatte sie sich nicht mehr so frei und unbeschwert gefühlt.

Am Morgen des Tages, an dem die Feier stattfinden sollte, fuhr Gesa schon sehr früh in die Schule. Der Unterricht hatte noch nicht begonnen. Sie ging geradewegs zur Aula. Die Tür war auf.

Entschlossen trat sie ein. Wie riesig die Halle war! Noch nie war ihr das so aufgefallen, obwohl sie hier im Lauf der Schulzeit schon oft im Publikum gesessen oder im Chor mitgesungen hatte. Und alles war vorbereitet für die Feier, Stuhlreihe hinter Stuhlreihe, Platz für etwa siebenhundert Personen. Dazu noch der Rundgang oben.

Sie stieg die Stufen hinauf zur Bühne. Hier waren die Notenständer des Schulorchesters und die Stühle der Musiker aufgestellt. Dort würde der Schulchor stehen. An der Wand im Hintergrund, auf der riesigen Fahne, hing ein großes Bild von Schlott. Am Bühnenrand reihten sich Blumenkästen mit blühenden Geranien aneinander.

Gesa trat ans Rednerpult. So also fühlte man sich da. Neben dem Pult, auf der hölzernen Säule, stand die geschnitzte Büste von Schlott, überlebensgroß.

Gesa erinnerte sich: Einmal hatte es große Aufregung gegeben, weil sich ein Schüler bei der Chorprobe gedankenverloren an diese Säule gelehnt hatte. Da war sie gekippt. Schlotts Kopf war herabgestürzt, aber weich in einer großen Blumenschale gelandet. *Die* war allerdings zu Bruch gegangen. Der Unglücksrabe hatte einen strengen Verweis erhalten.

Dieser Kopf wurde unter den Schülern, wenn kein Lehrer in der Nähe war, »geschlitzte Schnottbüste« genannt – nach dem Versprecher des jungen Referendars, den Jirgalem so bewundert hatte. Der Mann hatte sich zwar sofort verbessert und eine Entschuldigung gemurmelt, aber er konnte nicht verhindern – und hatte das wohl auch nicht vor –, dass die »geschlitzte Schnottbüste« zum geflügelten Wort in der ganzen Schule wurde. Heimlich natürlich. Offensichtlich hatte niemand den jungen Mann verraten, denn er war noch immer an der Schule, jetzt bereits als Studienrat. Nachdem Gesa ihn besser kennen gelernt hatte, mochte sie ihm nicht mehr abnehmen, dass der Versprecher unbeabsichtigt gewesen war. Der Mann hatte viel riskiert.

Gesa verließ das Schulgebäude. Die erste Unterrichtsstunde hatte gerade angefangen. Ihr blieb noch viel Zeit. Ein paar Stunden. Es würde ein wunderbarer Junitag werden. Schon löste sich der Morgendunst auf, schimmerte Bläue. Auf der Wilhelmshöhe erschien der Herkules: die mächtige Figur, die den Superman aus der griechisch-römischen Mythologie darstellte. Schier Unmögliches zu vollbringen – das schien seine Eigenart gewesen zu sein. Jetzt, zu Beginn des einundzwanzigsten Jahrhunderts, wirkte die Figur in ihrer erhabenen Haltung – noch dazu ganz und gar hohl – ziemlich lächerlich. Aber der Herkules gehörte nun mal zu dieser Stadt, und von dort, wo er aufragte, hatte man eine wunderbare Aussicht auf Kassel.

Kurz entschlossen nahm Gesa ein Taxi. Ein teurer Spaß – aber heute kam es nicht mehr darauf an. Ihr letztes Taschengeld wollte sie für etwas anlegen, von dem sie noch eine lange Zeit würde zehren können: für einen Blick auf ihre schöne Stadt.

Als Gesa in schwarzen Jeans und einer fliederfarbenen Hemdbluse, die Mutti gehört hatte, an das Rednerpult trat, zitterte das Blatt mit dem Text in ihren Händen. Sie warf einen Blick in den Saal.

Das Publikum saß dicht an dicht. In der vordersten Reihe der Direktor mit den Ehrengästen. Er erwartete jetzt die Rede, deren Entwurf er sich von ihr zur Genehmigung hatte vorlegen lassen. Er hatte sich sehr anerkennend und zufrieden über den Inhalt geäußert.

Aber *diese* Rede würde er *nicht* zu hören bekommen.

In der zweiten und dritten Reihe saßen die Lehrer, dahinter die Abiturienten, dann die Schüler der Oberstufe. Die rückwärtige Hälfte des Saales füllten Eltern, Freunde und Geschwister. Und oben auf dem Rundgang drängte sich die Mittelstufe.

Gesa schaute ganz nach links zu Opi Jupp hinüber. Sie selbst hatte ihm und Emmi dort Plätze reserviert, damit er sich nicht durch die Reihen quälen musste. Aber nun hatte sich doch noch jemand einen Stuhl verschafft und sich drangehängt an diese Bankreihe. Ulf!

Der Applaus für die Darbietung des Schulorchesters schwoll ab, verstummte. Gesa legte ihr Blatt auf das Pult, warf einen Blick auf die Säule neben sich und begann zu sprechen.

»Sehr geehrter Herr Direktor, liebes Kollegium, liebe Gäste, liebe Mitschülerinnen und Mitschüler …«

Jetzt war es so weit. Sie spürte, wie sie ganz ruhig wurde. Sie holte tief Luft. »Wir, die neuen Abiturienten, treten nun ins Leben hinaus –« Sie sah in der ersten Reihe das Gesicht des Direktors ihr zulächeln. »– in ein Leben, aus dem alle Freiheit verbannt worden ist.«

Totenstille entstand. Neben ihr knarrten nicht einmal mehr die Stühle des Orchesters.

»Unsere Zukunft«, fuhr Gesa fort, »die man uns in dieser Schule so hoffnungsträchtig darstellte – sie wird in Wahrheit ganz anders sein. Wir werden sie entweder in Umerziehungslagern verbringen, wo man uns unsere Jugend, unsere Freiheit und unsere Menschenwürde nehmen wird, oder buckelnd und kuschend vor Schlott, dem Diktator!«

Jetzt wurde es unruhig in der ersten Reihe. »Aufhören! Sofort aufhören!«, befahl der Direktor empört und gestikulierte.

Aber sie hörte nicht auf. Ganz hinten sprang ein junger Mann in einem blauen Monteuranzug auf und schrie: »Ja! Weiter! Wir wollen *alles* hören!« Das Publikum drehte sich nach ihm um.

»Ihr Älteren«, rief Gesa, »ihr Erwachsenen, warum habt ihr euch vor der Mitverantwortung gedrückt? Warum habt ihr unsere Demokratie so wenig geschätzt, dass ihr sie freiwillig für die Diktatur dieses Massenmörders eingetauscht habt?«

»Aufhören, aufhören!«, brüllten jetzt mehrere Stimmen in der ersten Reihe. Mit zorngerötetem Gesicht reckte sich der Schulleiter über den Bühnenrand und machte Gesa energische Zeichen. Das übrige Publikum saß wie gelähmt. Nur der Mann im Monteuranzug schrie weiter: »Ja, ja, ja!« Das war Andreas' Stimme. Und eine zweite Stimme gesellte sich dazu – Opis heisere, alte Stimme, nicht so laut, aber doch deutlich: »Ja, Gesa!«

Sie sprach weiter, sie musste sich beeilen, viel Zeit blieb ihr nicht mehr. »Ihr alle, die ihr jung seid«, rief sie, »wehrt euch! Macht nicht mehr mit! Macht den Mund auf! Befreit die Gefangenen aus den Lagern, reißt den Grenzwall ein, holt die Geflohenen heim!«

Oben auf dem Rundgang begannen jetzt die von der Mittelstufe zu applaudieren, die Vierzehn- und Fünfzehnjährigen. Während mehrere Männer, allen voran der Direktor, die Stufen zur Bühne heraufgehastet kamen, hörte Gesa viele Stimmen lauthals schreien: »Lasst sie reden! Weiter, weiter!«

Ihr wurde ganz schwindlig. Aber nun musste sie schnell handeln.

»Stürzt ihn!«, schrie sie, so laut sie konnte. »Stürzt ihn!«

Sie wich der hochgereckten Hand des Schulleiters geschickt aus, sprang dann auf die Säule zu und kippte sie. Polternd schlug die Schlott-Büste vor der Bühnenrampe auf das Parkett.

»Geschlitzte Schnottbüste! Geschlitzte Schnottbüste!«, johlten sie auf dem Rundgang.

»Du mieses Stück«, zischte ihr der Direktor zu, als er sie von der Bühne hinunterzerrte. Ihre Wange brannte von seiner Ohrfeige.

Aber sie spürte den Schmerz kaum, denn die ganze Oberstufe war aufgesprungen und applaudierte, und auch unter den Gästen erhoben sich viele und klatschten, und vom Rundgang oben ertönte jetzt ein Sprechchor rhythmisch: »Stürzt ihn! Stürzt ihn!« Das Publikum vor der Bühne übernahm den Ruf. Er füllte den Saal, hüllte Gesa ein und trug sie.

Und da war noch etwas, was ihr Kraft gab: Sie würde ihren Kindern – wenn sie überhaupt mit dem Leben davonkam und Kinder haben würde – nicht sagen müssen: Wir haben nichts gewusst, wir konnten nichts tun. Sie würde ihnen Rede und Antwort stehen können!

Als sie aus dem Saal gezerrt und gestoßen wurde, erhaschte sie noch einen Blick auf die Schlott-Büste, die gerade von drei Herren aufgehoben wurde. Sie war mitten durchgespalten.

Und bevor sich alles um Gesa herum in einer wilden Spirale zu drehen begann, sah sie noch ganz nah vor sich Ulf, ihren Bruder. Er rief ihr zu: »Halt die Ohren steif!«

Lies mich ...

Leseprobe aus dem Ravensburger Taschenbuch 58027 „Die Wächter“ von John Christopher

Die öffentliche Bibliothek lag in einer recht düsteren Straße dem Park gegenüber. Sie grenzte an einen weitschweifigen, baufälligen Gebäudekomplex, in dem früher die Büros des Stadtrates untergebracht waren, der heute aber als Lagerhaus diente. Die Bibliothek war fast genauso alt – eine sich von der Mauer lösende Gedenktafel erinnerte an die Eröffnungsfeier im Jahre 1978 – und ziemlich brüchig. Über ihre einst weiße, nun schmutzig graue, schwarz gestreifte Betonfassade zogen sich mehrere breite Risse.

Um das Innere war es nicht viel besser bestellt. Das künstliche Licht, ergänzt von der schwachen Helle, die an diesem trüben Aprilnachmittag hereinsickerte, rührte nicht von Lumigloben her, sondern noch von altmodischen Leuchtröhren. Sie flackerten und summten; eine war kaputt, und eine andere ging zuckend aus und an. Der Bibliothekar, der hinter seinem Schreibtisch saß, schien das nicht zu bemerken. Es war ein großer, gebeugt gehender Mann mit einer hohen Stirn und einem schlaffen weißen Schnurrbart, den er dauernd zwirbelte.

Er war wortkarg und sprach mit Ausleihern nur, wenn es unbedingt erforderlich war. Vor ein paar Jahren hatte er Rob einmal in ein Gespräch verstrickt – einige Monate nach dem Tode seiner Mutter. Anfangs war Rob mit ihr zur Bibliothek gegangen, später dann allein. Der Bibliothekar hatte ihm erzählt, dass er seit seinem Schulabgang vor fast fünfzig Jahren hier arbeite und dass er damals einer von sechs Assistenten gewesen sei. Es habe der Plan bestanden, in ein neues größeres Gebäude zu ziehen und mehr Personal anzustellen. Aber bereits vor vier Jahrzehnten sei dieser Plan aufgegeben worden und er müsse nun alles allein tun. Er sei schon über das Rentenalter hinaus, bleibe aber noch, weil er es wolle. Im Stadtrat sei die Rede davon, die Bibliothek zu schließen und das Gebäude abzureißen. Aber so lange lasse man die Dinge noch laufen.

Er redete halb wehmütig, halb zornig über den so gut wie völligen Rückgang des Lesens. In seiner Jugend habe es zwar keine Holovision, aber immerhin Television, also das Fernsehen gegeben. Trotzdem hätten die Leute noch Bücher gelesen. Die Leute seien damals anders gewesen, individueller, wissbegieriger. Rob sei der einzige Besucher unter fünfzig, der in die Bibliothek komme.

Er hatte ihn dabei mit einer Hoffnung, ja einem Hunger angeschaut, die Rob beunruhigend und peinlich fand. Für ihn war die Bibliothek mit den Erinnerungen an seine Mutter verbunden. Er las Bücher, weil sie es getan hatte, wenn auch nicht die gleichen. Die Bücher, die er las, handelten, wie die, die sie gelesen hatte, von der Vergangenheit, aber sie hatte sich für Liebesgeschichten in ländlicher Umgebung begeistert, während er Abenteurerromane vorzog: Spannung und Schwerterklirren. Er hatte »Die drei Musketiere« gelesen und die Fortsetzungen davon »Zwanzig Jahre später« und »Der Vicomte von Bragelonne« – alle drei sicher ein halbes Dutzend Mal.

Linkisch und unwillig hatte er auf die Bemerkungen des Bibliothekars geantwortet und der alte Mann war entmutigt wieder in seine übliche Schweigsamkeit versunken. An diesem

Nachmittag stempelte er seine Bücher und entließ ihn mit kurzem Nicken. Rob blieb einen Augenblick in der Vorhalle stehen und sah hinaus. Der Himmel war noch dunkler als bei seiner Ankunft und es drohte heftiger Regen. Bis zur Omnibushaltestelle war es nicht weit, aber nach dem Aussteigen musste er ein ganzes Stück zu Fuß gehen; ihre Wohnung lag ziemlich abseits von der nächsten Straße. Andererseits war das Stadion genauso nah, und die Schicht seines Vaters endete in einer Stunde. Er konnte dort solange warten und dann mit ihm im Wagen nach Hause fahren.

Deshalb wandte er sich nicht vom Park ab, sondern durchquerte ihn. Der bot einen schäbigen Anblick. Die Blumenbeete waren ungepflegt und die Bäume mit ihrem kümmerlichen Laub, die ihn säumten, sahen zerzaust und krank aus. Der Rest bestand, abgesehen von einem Kinderspielplatz in einer Ecke und ein paar Rugbytorpfosten, aus fünfundzwanzig Morgen niedergetretenem Gras und Dreck, durch die sich ein halbes Dutzend asphaltierte Wege mit Schlaglöchern zogen. Immerhin hatte man dort das Gefühl, dem Häusermeer entronnen zu sein. Von seiner Mitte aus konnte man über dem niedrigen Horizont im Vordergrund die hoch aufragenden Wohnblöcke sehen, die sich über Groß-London bis zu dem Grüngürtel erstreckten, der diese Konurba* von der nächsten trennte.

Ein paar kleine Kinder spielten kreischend auf den Wippen und Karussells. Einige wenige Leute führten ihre Hunde im Park aus. Mehr Menschen gab es auf dem kurzen Weg zur High Street, und die selbst war ziemlich belebt. Nicht nur

* Bezeichnung für zusammengewachsene Städte, wie sie sich in Deutschland im Ruhrgebiet finden.

von Kauflustigen, wie Rob feststellte, sondern auch von der Menge, die nach den Nachmittagsspielen im Stadion allmählich heimwärts strömte. Sie machten einen einigermaßen geordneten Eindruck und seit mehreren Wochen war es nicht zu ernsthaften Krawallen gekommen – nicht mehr nach den Massenunruhen im Feburar.

Rob bog, gegen den Strom, in die Fellowes Road ein.

Schon bald hörte er einen Ruf vor sich, dem Gegröle folgte: »Die Grünen! Die Grünen!«

Es ertönten noch andere wirre, unverständliche Rufe, und er wurde sich einer Aufregung, einer rascheren Gangart in der Menschenmenge bewusst, die ihm entgegenkam. Jemand setzte sich in Trab, dann andere. Rob suchte nach Deckung, fand aber keine. In dieser Straße standen lauter alte Häuser, aus deren Türen man gleich auf den Bürgersteig trat. Bis zur Kreuzung Morris Road war es nicht mehr weit, und er bemühte sich, bis dorthin zu drängeln. Aber von einem Augenblick zum anderen verwandelte sich die Menge in einen kämpfenden, schreienden, rammenden Sturmbock aus Menschen, der ihn hochhob und zu zermalmen drohte.

Ihm fiel ein, dass an diesem Nachmittag Terraflüge auf dem Programm gestanden hatten. Dabei rasten Elektrorennwagen fast senkrecht an den Steilwänden der Bahn direkt unter den Tribünen vorbei, und von Zeit zu Zeit wurden Hilfsraketen entzündet, sodass die Rennwagen sich vom Boden hoben und durch die Luft flogen – daher der Ausdruck Terraflüge. Unfälle passierten häufig, deshalb war dieser Sport bei den Zuschauern so beliebt. Und die Begeisterung konnte einen solchen Grad erreichen, dass die immer vorhandene Gegnerschaft zwischen den vier Rennställen – den Schwarzen, Weißen, Grünen und Roten – sich zur Wut steigerte. Seit einiger Zeit dominierten die Grünen bei Terraflugwettkämpfen. Vielleicht hatte sich ein Wagen überschlagen oder eine besonders üble Behinderung stattgefunden.

Rob hatte weder Zeit noch Lust, sich weiter den Kopf darüber zu zerbrechen. Sein Gesicht wurde gegen einen braunen Mantel aus grobem, muffig riechenden Stoff gepresst. Der Druck nahm zu und er konnte kaum atmen. Er erinnerte sich, dass bei den Februarunruhen acht und bei denen kurz vor Weihnachten zwanzig Leute zu Tode getrampelt worden waren. Er erhaschte einen Blick von einer Häuserecke und erkannte, dass die Menschenmenge sich in die High Street ergoss. Irgendwo klirrte Metall, Leute schrien, Sirenen heulten auf. Der Druck ließ etwas nach; Rob konnte seine Arme bewegen und mit einem Fuß den Boden berühren. Dann stolperte er über irgendjemanden oder irgendetwas und fiel hin. Jemand trat ihm auf den Arm, ein anderer schmerzhaft ins Kreuz.

Wenn er jetzt nicht etwas unternahm, war es aus mit ihm. Zwischen den Beinen eines Mannes konnte er undeutlich einen Wagen sehen, der zum Stillstand gebracht worden war. Gewaltsam bahnte er sich den Weg dorthin, wobei er noch mehrere Tritte abbekam. Er schlüpfte darunter – es war genügend Platz vorhanden –, blieb benommen und zerschunden dort liegen, beobachtete die Flut der Beine und Füße und lauschte den wilden Schreien und Rufen.

Allmählich wurde der Strom schwächer und verebbte, sodass Rob schließlich hervorkriechen und aufstehen konnte. Mehrere Leute lagen reglos auf der Straße, andere rührten sich und stöhnten. Zwei Polizeihubschrauber befanden sich auf dem Schauplatz, der eine war gelandet, der zweite schwebte ein Stück weiter über der Straße. Ein Mann und eine Frau saßen in dem Wagen, unter dem er Schutz gesucht hatte; der eine vordere Kotflügel war durch den Druck zerbeult worden. Die Frau öffnete ein Fenster und fragte Rob, ob er unverletzt sei. Er konnte nur noch nicken, ehe der Mann den Wagen in Bewegung gesetzt hatte und in Schlangenlinie davonfuhr, um Leichen und anderen Fahrzeugen auszuweichen. Mehrere Wagen waren umgekippt worden und etliche frontal zusammengeprallt.

Ein Ambulanzhubschrauber kreiste über den nahen Dächern, und weitere flogen herbei. Rob suchte seine Bibliotheksbücher, die ihm bei dem Ansturm entrissen worden waren. Eins fand er an der Ecke der Fellowes Road in der Gosse, das andere zehn Meter davon entfernt. Es lag aufgeschlagen und zertrampelt da: Eine Seite zeigte einen tiefen Absatzabdruck, die andere war fast mittendurch gerissen. Rob presste das Buch, so gut er konnte, wieder in seine ursprüngliche Form, klemmte beide Bände unter den Arm und steuerte auf das Stadion zu.

Das Stadion war fünfhundert Meter lang und hob sich hundert Meter in die Höhe, ein von außen in sich geschlossenes mattgoldenes Oval. Einige Leute kamen immer noch aus dem nächsten Tor, und Autos verließen die unterirdischen Parkplätze, aber die Hauptflut war vorüber. Rob ging zu einem Diensteingang und zeigte dem elektronischen Kontrollgerät seine Marke. Es war ein Duplikat, das sein Vater ihm besorgt hatte; eigentlich wurden Marken nur an das Personal ausgegeben, aber man nahm es mit der Vorschrift nicht allzu genau. Die Tür zischte auf und schloss sich dann wieder hinter Rob. Er bog nach rechts ab und folgte einem Korridor mit Wandbeleuchtung, der zur Stromversorgungszentrale führte. Er durfte keinen der Kontrollräume betreten, konnte aber in einem Aufenthaltsraum warten.

Ehe er ihn allerdings erreichte, erblickte er jemanden, den er kannte. Es war am Schnittpunkt mehrerer Korridore und der Mann kreuzte kurz vor ihm seinen Weg. Rob rief ihn, und der Mann blieb stehen, um auf ihn zu warten.

Es war Mr Kennealy, ein Freund seines Vaters, ebenfalls ein Elektriker; ein untersetzter, bedächtig sprechender Mann mit breitem Gesicht und rabenschwarzem Haar. Er zeigte seine Gefühle sonst kaum, aber Rob fand, dass er diesmal bestürzt aussah. Mr Kennealy fragte: »Hat man es dir noch nicht gesagt, Rob?«

»Was denn, Mr Kennealy? Ich wollte mit Dad nach Hause fahren.« Mr Kennealy musterte ihn und bemerkte sein verschmutztes und zerzaustes Aussehen. »Bei der High Street kam es zu Unruhen. Ich musste mich unter einem Auto verkriechen …«

»Ein Unfall ist passiert«, sagte Mr Kennealy ruhig.

»Doch nicht …?«

Er konnte den Satz nicht beenden. Ein dunkles Vorgefühl schnürte ihm die Kehle zu.

Mr Kennealy sagte: »Sie haben deinen Vater sofort ins Krankenhaus gebracht, Rob. Er berührte aus Versehen eine Hochspannungsleitung. Er erhielt einen tüchtigen Schlag, ehe jemand sie ausschalten konnte.«

»Er ist doch nicht …«

»Nein. Aber er wird eine Zeit lang abwesend sein. Ich habe mir dauernd überlegt, wie ich dich benachrichtigen könnte. Ich halte es für das Beste, wenn du erst einmal bei uns bleibst.«

Die Kennealys wohnten in einem Hochhaus mit Ausblick auf das Stadion, also nur ein paar Schritte entfernt. Rob war mit seinem Vater oft dort gewesen und hatte Mrs Kennealy gern, eine große Frau mit rosigem Gesicht, starken Armen und kräftigen Händen. Zu den Kennealys zu gehen, erschien Rob besser als in eine leere Wohnung zurückzukehren. Er fragte: »Darf ich ihn im Krankenhaus besuchen?«

»Nein, heute noch nicht. Morgen ist Besuchstag.« Mr Kennealy schaute auf seine Fingeruhr. »Komm. Ich bringe dich hin. Ich kann heute ausnahmsweise schon so früh Feierabend machen.«

Unterwegs schwiegen sie: Mr Kennealy hatte nichts zu sagen, und auch Rob war es nicht nach Reden zumute. Das, was passiert war, erschütterte ihn nicht nur, sondern verwirrte ihn auch. Sein Vater hatte eine Hochspannungsleitung berührt … aber er war doch immer so vorsichtig, prüfte alles stets mehrmals sorgfältig. Rob wollte Mr Kennealy danach fragen, fürchtete jedoch, dass das nach Kritik aussehen könnte.

Zwei der drei Aufzüge in dem Wohnblock waren außer Betrieb, und sie mussten eine Weile warten, ehe sie hinauffahren konnten. Mr Kennealy beklagte sich darüber bei seiner Frau, die aus der Kochnische kam, als sie in die winzige Diele der Wohnung traten. Die Instandhaltung sei fürchterlich und werde immer schlechter, sagte er.

Sie sagte: »Du musst auch mal nach dem HV-Gerät schauen. Es ist wieder nicht richtig in Ordnung. Du bist ja schon so früh da. Und wie ich sehe, bringst du Rob mit. Kommt Jack später nach?«

Er erzählte ihr kurz, was passiert war. Sie trat zu Rob, legte ihm den Arm um die Schulter und drückte ihn an sich. Er bemerkte die Blicke, die sie wechselten, ohne sie lesen zu können, und er war auch nicht sicher, ob er das gewollt hätte. Sie sagte: »Der Kessel steht schon auf dem Herd. Kommt, setzt euch, dann hole ich euch Tee.«

Im Wohnzimmer zeigte das Holovisionsgerät ein Werbeprogramm. Die Gestalten waren verschwommen, huschten von der dritten in die zweite Dimension, und die Farben wirkten unecht. Mr Kennealy fluchte, schaltete das Gerät aus, nahm die Rückseite ab und fummelte daran herum. Rob schaute ihm eine Weile zu und ging dann in die Kochnische. Da war kaum noch Platz für einen anderen, wenn Mrs Kennealy darin herumwirtschaftete. Sie fragte ihn: »Was ist denn, Rob?«

»Haben Sie vielleicht etwas, womit ich dieses Buch kleben kann? Eine Seite ist zerrissen.«

»Bücher?« Sie schüttelte den Kopf. »Was fängst du eigentlich damit an? Na ja, jedem das Seine. Irgendwo muss Klebeband sein. Ja, dort auf dem Regal.«

Rob legte die zerrissenen Ränder gegeneinander und klebte sie sorgfältig zusammen. Während sie ihn dabei beobachtete, fragte sie ihn, wieso es so zugerichtet sei, und er erzählte ihr von den Unruhen.

Sie sagte: »Rowdys! Es gibt viel zu viel von dieser Sorte. Man sollte sie in die Armee stecken und nach China schicken.«

In China wurde schon so lange Krieg geführt, wie er sich

erinnern konnte. Unruhestifter bekamen manchmal Gelegenheit, sich freiwillig zum Heer zu melden, statt ins Gefängnis zu wandern. Es war alles so weit weg und unwirklich. Sie hatte das beiläufig gesagt, ihre Gedanken waren mehr beim Tee. Jetzt gab sie ihm ein Tablett, auf dem die Teekanne, Tassen und Untertassen sowie ein Schälchen mit Schokoladenkeksen standen.

»Bring es schon hinein, während ich noch schnell aufräume«, sagte sie zu ihm. »Ich komme gleich nach.«

Mr Kennealy fummelte immer noch in dem HV-Gehäuse herum. Rob stellte das Tablett auf einen Teetisch und ging zum Fenster. Der seit langem drohende Regen fiel herab und prasselte in der Schlucht zwischen diesem Wohnblock und dem nächsten auf die dunkle, düstere Straße dreißig Meter tiefer. Rob schaute ihm zu, dachte an seinen Vater und fühlte sich elend.

In der Wohnung war ein unbenutztes Zimmer, das Kennealys Tochter gehört hatte, ehe sie heiratete und fortzog. Dort wurde Rob untergebracht, in einem rosa Bett mit Rosenmuster. Er las noch eine Zeit lang, knipste dann müde das Licht aus und schlief rasch ein.

Rob erwachte, weil er Durst hatte, und machte sich auf den Weg zum Badezimmer, um etwas Wasser zu trinken. Er ging ganz leise, denn er glaubte, es sei mitten in der Nacht, und wollte niemanden stören; aber er hörte Stimmen, als er die Diele durchquerte, und bemerkte einen Lichtstreifen unter der Wohnzimmertür. Männerstimmen, und zwar mehrere. Mindestens drei. Sie schienen sich über irgendetwas zu streiten. Auf dem Rückweg vom Badezimmer hörte er, dass der Name seines Vaters fiel.

Rob blieb stehen, um zu lauschen. Er konnte nur einzelne Wörter auffangen – nicht genügend, um den Sinn des Gesagten zu erfassen. Er wurde sich bewusst, was für einen schlechten Eindruck es machen würde, wenn jemand herauskäme und ihn beim Lauschen ertappen würde, und er ging deshalb wieder ins Bett.

Er schlief allerdings nicht. Er konnte durch die Wand das leise Stimmengemurmel hören und wurde sich klar, dass er angestrengt hinhorchte.

Nach einer, wie es ihm vorkam, langen Zeit öffnete sich eine Tür, und die Stimmen in der Diele draußen wurden lauter und deutlicher.

Ein Mann sagte: »An der ganzen Sache stimmt etwas nicht. Ich habe ihm schon vor einer Woche gesagt, dass er aufpassen soll.«

»Unfälle passieren eben«, sagte eine andere Stimme.

»Man darf kein Risiko eingehen«, beharrte die erste Stimme. »Ich habe ihn gewarnt. Man muss auf Zwischenfälle gefasst sein. Es ist eine gefährliche Sache. Daran sollten wir alle denken. Nicht nur unsretwegen, sondern auch wegen der anderen.«

Mr Kennealy sagte: »Psst. Der Junge schläft in diesem Zimmer. Und die Tür ist nur angelehnt.«

Es folgten Schritte und die Tür wurde leise geschlossen. Rob hörte noch einige Sekunden ihre gedämpften Stimmen, ehe die beiden Besucher sich verabschiedeten und Mr Kennealy in sein Schlafzimmer ging. Er lag noch immer wach und dachte über das Gehörte nach. Er ärgerte sich über das, was die

Männer gesagt hatten, jedenfalls der erste Sprecher. Der hatte nicht nur seinem Vater die Schuld für das zugeschoben, was passiert war, sondern auch angedeutet, dass sein Vater andere in Gefahr gebracht hatte. Wie konnte das wahr sein, wenn es sich doch nur um die Berührung eines Drahtes handelte, der unter Strom stand, während sein Vater gedacht hatte, er wäre isoliert?

Und Mr Kennealy hatte den Mann nur unterbrochen, weil er geglaubt hatte, dass Rob vielleicht lausche. Er hatte seinen Vater nicht in Schutz genommen, was doch seine Pflicht gewesen wäre. Rob hasste deswegen auch ihn, ehe er schließlich einschlief.

Das Krankenhaus war ein ziemlich neues, über vierzig Stockwerke hohes Gebäude aus hellgrünen Plastiksteinen mit Fensterrahmen aus verstärktem Aluminium. Sie glänzten in der Frühlingssonne – bis auf wenige weiße Wolken im Westen war der Himmel strahlend blau. Ganz oben befand sich das Gelände des Dachgartens und der Landeplatz der Hubschrauber, von denen sich einer, der für den Krankentransport bestimmt war, gerade niederließ. Auch die aus dem Landkreis kommenden Ärzte parkten dort ihre Hubschrauber, aber zur Zeit standen nur wenige darauf. Nur ein stark vermindertes Pflegepersonal versah sonntags den Dienst.

Die Kennealys und Rob stellten sich hinten an die Schlange der Leute, die auf die erst zu Beginn der Besuchszeit in Betrieb gesetzten Aufzüge warteten. Da es sich um ein Krankenhaus handelte, funktionierten sie wenigstens alle. Die Besucher wurden zu einer zweiten Schlange hinaufbefördert, die vor

der Tür zur Krankenstation wartete. Ein gelangweilter Pfleger mit modisch gestutztem Haar kreuzte die Namen auf einer Liste ab. Als sie an die Reihe kamen, sagte er: »Randall? Der liegt nicht hier. Sie müssen sich in der Station geirrt haben.«
Mr Kennealy sagte: »Uns wurde F 17 gesagt.«
»Die bringen immer alles durcheinander«, sagte der Pfleger gleichgültig. »Erkundigen Sie sich lieber noch einmal unten.«
Mr Kennealy sagte mit ruhiger, aber fester Stimme: »Nein, rufen Sie dort an. Wir werden unsere Zeit nicht damit vergeuden, wieder nach unten zu fahren, nur weil Sie es sagen.«
»Laut Vorschrift ...«
Mr Kennealy beugte sich über das Schreibpult. »Lassen Sie die Vorschriften beiseite«, sagte er. »Und rufen Sie an!«
Der Pfleger gehorchte mürrisch. Er benutzte nicht das Visofon, sondern sein Handtelefon. Sie konnten zwar das Geflüster am anderen Ende der Leitung hören, aber nicht verstehen; der Pfleger fragte nach Randall, J., der gestern Nachmittag eingeliefert worden sei.
Er sagte: »Ja, ich verstehe« und legte auf.
»Na«, sagte Mr Kennealy, »wo liegt er?«
»Im Leichenschauhaus«, antwortete der Pfleger. »Er wurde heute Morgen einer Intensivbehandlung unterzogen und starb an akutem Herzversagen.«
»Das ist unmöglich!«, rief Mr Kennealy.
Rob sah, dass sein Gesicht kreidebleich war. Ihn selbst traf der Schock. Der Pfleger zuckte die Achseln.
»Der Tod ist nie unmöglich. Genauere Auskünfte bekommen Sie im Büro. Der Nächste, bitte.«

Mrs Kennealy begleitete Rob, um mit ihm seine Sachen auszusuchen. Sie schimpfte etwas über die Unordnung und fing an aufzuräumen, während er seine Sachen einpackte. Die Möbel würden vermutlich verkauft werden. Rob überlegte sich, ob es wohl möglich sei, den Lehnstuhl zu behalten, auf dem seine Mutter zu ihren Lebzeiten immer abends gesessen hatte. Er hätte Mrs Kennealy gern gefragt, ob sie Platz dafür habe, wollte sie aber im Augenblick nicht damit belästigen.

Rob ließ sie beim Putzen und Aufräumen des Wohnzimmers allein zurück und ging in das Schlafzimmer seines Vaters. Das Bett war gemacht, aber ein Handtuch lag unordentlich am Fußende, und zwei Pantoffeln standen an den beiden Außenrändern des Bettvorlegers. Auf dem Nachttisch lag ein halb leeres Päckchen Zigaretten, auch ein Glas mit etwas Wasser und das Miniradio standen darauf, dem sein Vater manchmal nachts gelauscht hatte. Rob erinnerte sich, gelegentlich aufgewacht zu sein und Musik durch die Trennwand gehört zu haben.

Eigentlich konnte er noch immer nicht richtig fassen, was passiert war. Die Plötzlichkeit war genauso erschütternd wie die Tatsache selbst. Seine Mutter war lange Zeit krank gewesen, ehe sie starb – er konnte sich kaum daran erinnern, dass sie jemals nicht krank gewesen war. Ihr Tod war zwar nicht weniger schrecklich gewesen, aber schon mit zehn hatte er gewusst, dass er unvermeidlich war. Sein Vater war hingegen ein kräftiger, tätiger Mann und stets bei bester Gesundheit gewesen. Es schien unvorstellbar, dass er tot war. Er konnte einfach nicht tot sein.

Rob machte den Kleiderschrank auf. Vermutlich würden die Sachen verkauft werden – sie würden Mr Kennealy nicht pas-

sen. Er fühlte, dass ihm die Augen brannten, und zog eine der Schubladen heraus. Noch mehr Sachen. Eine zweite Schublade. Zusammengefaltete Pullover, sowie ein Pappkarton. Darauf stand »Jenny«, der Name seiner Mutter. Er nahm ihn heraus und öffnete ihn.
Als Erstes erblickte er ein Foto von ihr. Er hatte nicht gewusst, dass es existierte: Er erinnerte sich, dass sein Vater sie einmal zu überreden versucht hatte, eine Aufnahme von sich machen zu lassen, und sie das abgelehnt hatte. Dieses Foto war ein altmodischer 2-D-Abzug und zeigte sie wesentlich jünger, als er sie gekannt hatte – knapp zwanzigjährig, mit über die Schultern fallendem braunen Haar, statt des kurz geschnittenen, wie sie es später getragen hatte.
Er betrachtete es lange und versuchte zu erkennen, was sich hinter dem etwas verlegenen Lächeln auf ihrem Gesicht verbarg. Dann hörte er, dass Mrs Kennealy ihn rief. Er hatte noch Zeit, nachzusehen, was sich sonst noch in dem Karton befand – eine Locke in einer durchsichtigen Hülle und ein von einem Gummiband zusammengehaltenes Bündel Briefe. Er machte den Karton zu und stopfte ihn zu seinen anderen Sachen, ehe er zu Mrs Kennealy ging, um zu fragen, was sie von ihm wolle.

Rob wurde aus der Geografiestunde zum Büro des Rektors gerufen. Sie waren während der Stunde ohne Lehrer, standen freilich auf dem Hauptschaltbrett unter Fernsehaufsicht; und das Holovisionsgerät führte sie mit einem straffen flotten Kommentar voller nicht sehr witziger kleiner Scherze durch Australien. Die Stimme verstummte, aber das Bild blieb, und nach einem warnenden Pfeifton sagte eine Stimme: »Randall. Melde dich sofort beim Rektor. Wiederholung. Randall, melde dich im Büro des Rektors.«

Der Kommentar setzte wieder ein. Ein oder zwei Jungen machten ihre eigenen genauso witzlosen Bemerkungen über die möglichen Gründe, warum er zum Rektor zitiert wurde, aber an diesem Vormittag saß Mr Spennals am Schaltbrett, und die meisten richteten ihre Aufmerksamkeit auf den Holovisionsschirm: Mit diesem Mann war nicht zu spaßen.

Außer bei Schulversammlungen hatte Rob den Rektor schon zweimal gesehen; einmal, als er eingeschult worden war, das zweite Mal, als sie sich auf einem Korridor getroffen hatten und er beauftragt worden war, eine Nachricht im Lehrerzimmer abzugeben. Jetzt sah der Rektor Rob so an, als überlege er sich, wer er wohl sei. Das war nicht weiter erstaunlich, denn die Schule zählte fast zweitausend Schüler. Er sagte zögernd: »Randall«, und dann etwas entschlossener: »Randall, das ist Mr Chalmers von der Erziehungsbehörde.«

Im Gegensatz zu dem hageren Rektor war der zweite Mann breit, hatte einen Backenbart und einen ruhigen wachsamen Gesichtsausdruck. Rob sagte: »Guten Morgen, Sir« zu ihm, und er nickte nur wortlos.

Der Rektor sagte: »Mr Chalmers hat sich nach dem bedauernswerten Tod deines Vaters mit deinem Fall befasst. Du hast, wie ich feststelle, nur eine einzige nahe Verwandte, eine Tante, die in ...« er warf einen Blick auf einen Zettel vor sich »... in der Konurba Sheffield wohnt. Sie ist befragt worden. Leider fühlt sie sich nicht imstande, dir ein Zuhause zu bieten. Es gibt da einige Schwierigkeiten ... mit der Gesundheit ihres Mannes steht es nicht zum Besten ...«

Rob schwieg. Es war ihm nicht in den Sinn gekommen, dass dies überhaupt in Betracht gezogen würde.

Der Rektor fuhr fort: »Unter diesen Umständen ist wohl die beste Lösung für dein Problem – ja die einzige Lösung –, dich auf ein Internat zu schicken, wo für dich in jeder Hinsicht gesorgt wird. Wir glauben …«

Rob war so überrascht, dass er den Rektor unterbrach.

»Kann ich denn nicht bei den Kennealys bleiben, Sir?«

»Den Kennealys?« Die beiden Männer sahen sich an. »Wer ist das?«

Rob erklärte es. Der Rektor sagte: »Oh, ich verstehe. Die Nachbarn, die für dich gesorgt haben. Aber auf die Dauer wäre das natürlich nicht das Richtige.«

»Aber sie haben ein freies Zimmer, Sir.«

»Nicht das Richtige«, wiederholte der Rektor mit trockener, autoritärer Stimme. »Du wirst auf das Internat in Barnes geschickt. Für den Rest des Tages bist du vom Unterricht freigestellt. Ein Transporter holt dich morgen Früh um neun Uhr ab.«

Rob nahm den Omnibus zum Stadion, denn er wusste, dass Mr Kennealy Dienst hatte. Unterwegs dachte er über die staatlichen Internate nach. Einige sollten nicht so übel sein wie die anderen, aber alle wurden mit einer Mischung aus Verachtung und Angst betrachtet. Sie sorgten für Waisen und Kinder aus gescheiterten Ehen, aber auch für gewisse Typen von jugendlichen Verbrechern. Es gab hässliche Gerüchte über das Leben dort, besonders über das abscheuliche Essen und die strenge Disziplin.

Die Bestseller von Morton Rhue

Morton Rhue
Die Welle
Wie entsteht Faschismus?
Ein junger Lehrer entschließt sich zu einem ungewöhnlichen Experiment. Er möchte seinen Schülern beweisen, dass Anfälligkeit für faschistoides Handeln und Denken immer und überall vorhanden ist.
Doch die »Bewegung«, die er auslöst, droht ihn und sein Vorhaben zu überrollen: Das Experiment gerät außer Kontrolle.
ISBN 3-473-**58008**-2

Morton Rhue
Ich knall euch ab!
Gary und Brendan sind Außenseiter und werden von den »Stars der Schule gedemütigt und terrori siert. Die Lehrer schauen weg. Allmählich reift in den Köpfen der beiden der Plan, es ihren Mitschülern und Lehrern – nach dem Vorbild der Amokläufer von Littleton – heimzuzahlen. Am Tag des Abschlussballs präparieren sie die Ausgänge der Turnhalle mit Bomben und stürmen das Fest.
ISBN 3-473-**58172**-0